●収録内容一覧

■2025年度中学受験用

順天中学校

4年間スーパー過去問

入試問題と解説・解答の収録内容

2024年度　１回Ａ	算数・社会・理科・国語	実物解答用紙DL
2024年度　１回Ｂ	算数・国語	実物解答用紙DL
2023年度　１回Ａ	算数・社会・理科・国語 （国語は2024年度２回Ａ）	実物解答用紙DL
2023年度　１回Ｂ	算数	実物解答用紙DL
2022年度　１回Ａ	算数・社会・理科・国語 （国語は2024年度２回Ｂ）	実物解答用紙DL
2022年度　１回Ｂ	算数	実物解答用紙DL
2021年度　１回Ａ	算数・社会・理科・国語 （国語は2024年度３回）	
2021年度　１回Ｂ	算数	

※著作権上の都合により国語が掲載できない試験については，国語のみ削除または別の試験回のものに差し替えて収録しています。

～本書ご利用上の注意～　以下の点について，あらかじめご了承ください。

★別冊解答用紙は巻末にございます。実物解答用紙は，弊社サイトの各校商品情報ページより，一部または全部をダウンロードできます。
★編集の都合上，学校実施のすべての試験を掲載していない場合がございます。
★当問題集のバックナンバーは，弊社には在庫がございません（ネット書店などに一部在庫あり）。

合格を勝ち取るための『スーパー過去問』の使い方

本書に掲載されている過去問をご覧になって，「難しそう」と感じたかもしれません。でも，多くの受験生が同じように感じているはずです。なぜなら，中学入試で出題される問題は，小学校で習う内容よりも高度なものが多く，たくさんの知識や解き方のコツを身につけることも必要だからです。ですから，初めて本書に取り組むさいには，点数を気にしすぎないようにしましょう。本番でしっかり点数を取れることが大事なのです。

過去問で重要なのは「まちがえること」です。自分の弱点を知るために，過去問に取り組むのです。当然，まちがえた問題をそのままにしておいては意味がありません。

本書には，長年にわたって中学入試にたずさわっているスタッフによるていねいな解説がついています。まちがえた問題はしっかりと解説を読み，できるようになるまで何度も解き直しをしてください。理解できていないと感じた分野については，参考書や資料集などを活用し，改めて整理しておきましょう。

このページも参考にしてみましょう！

◆どの年度から解こうかな　「入試問題と解説・解答の収録内容一覧」

本書のはじめには収録内容が掲載されていますので，収録年度や収録されている入試回などを確認できます。

※著作権上の都合によって掲載できない問題が収録されている場合は，最新年度の問題の前に，ピンク色の紙を差しこんでご案内しています。

◆学校の情報を知ろう!!「学校紹介ページ」

このページのあとに，各学校の基本情報などを掲載しています。問題を解くのに疲れたら息ぬきに読んで，志望校合格への気持ちを新たにし，再び過去問に挑戦してみるのもよいでしょう。なお，最新の情報につきましては，学校のホームページなどでご確認ください。

◆入試に向けてどんな対策をしよう？「出題傾向＆対策」

「学校紹介ページ」に続いて，「出題傾向＆対策」ページがあります。過去にどのような分野の問題が出題され，どのように対策すればよいかをアドバイスしていますので，参考にしてください。

◇別冊「入試問題解答用紙編」

本書の巻末には，ぬき取って使える別冊の解答用紙が収録してあります。解答用紙が非公表の場合などを除き，（注）が記載されたページの指定倍率にしたがって拡大コピーをとれば，実際の入試問題とほぼ同じ解答欄の大きさで，何度でも過去問に取り組むことができます。このように，入試本番に近い条件で練習できるのも，本書の強みです。また，データが公表されている学校は別冊の１ページ目に過去の「入試結果表」を掲載しています。合格に必要な得点の目安として活用してください。

本書がみなさんの志望校合格の助けとなることを，心より願っています。

株式会社　声の教育社　編集部

順天中学校

所在地	〒114-0022 東京都北区王子本町1-17-13
電　話	03-3908-2966(代)
ホームページ	https://www.junten.ed.jp/contents/
交通案内	JR京浜東北線・東京メトロ南北線「王子駅」より徒歩3分 東京さくらトラム「王子駅前」より徒歩3分

くわしい情報は
ホームページへ

トピックス

★2026年以降,北里研究所(北里大学・大学院)が設置する学校となります(予定)。
★多面的入試の英語は,英検3級レベルでリスニングも含みます(参考：昨年度)。

創立年 1834年　男女共学　高校募集あり

応募状況

年度	募集数		応募数	受験数	合格数	倍率
2024	①A 25名	男	100名	88名	21名	4.2倍
		女	61名	57名	20名	2.9倍
	①B 25名	男	198名	179名	41名	4.4倍
		女	104名	100名	22名	4.5倍
	②A 20名	男	180名	106名	25名	4.2倍
		女	84名	52名	15名	3.5倍
	②B 15名	男	226名	143名	35名	4.1倍
		女	124名	77名	14名	5.5倍
	③ 5名	男	40名	26名	5名	5.2倍
		女	29名	21名	4名	5.3倍

学校説明会・公開行事日程(予定)

【学校説明会】※要予約
6月22日／7月27日*／8月24日*／
10月5日／11月9日／12月14日*
*は9：00～。ほかは14：00～。
【帰国生対象学校説明会】※要予約
7月15日　10：00～
【北斗祭(文化祭)】※要予約
9月28日　12：00～16：00
9月29日　9：00～16：00

入試情報(参考：昨年度)

〔第1回A入試〕
2024年2月1日　8：40集合
〔第1回B入試〕
2024年2月1日　14：40集合
〔第2回A入試〕
2024年2月2日　8：40集合
〔第2回B入試〕
2024年2月2日　14：40集合
〔第3回多面的入試〕
2024年2月4日　14：40集合
＊試験科目
A入試：4科(国算社理)
B入試：2科(国算)
国・算…(各50分，各100点)
社・理…(各30分，各60点)
多面的入試：算＋［国または英］＋マイ・プレゼンテーション
国・算・英…(各50分，各100点)
マイ・プレゼンテーション(10分)
※2科を70点換算＋プレゼン30点の計100点満点

2024年春の主な大学合格実績

＜国公立大学＞
東京大，北海道大，筑波大，千葉大，東京都立大
＜私立大学＞
慶應義塾大，早稲田大，上智大，東京理科大，明治大，青山学院大，立教大，中央大，法政大，学習院大，成蹊大，成城大，明治学院大，津田塾大，東京女子大，日本女子大

編集部注―本書の内容は2024年5月現在のものであり，変更されている場合があります。正確な情報は，学校のホームページ等で必ずご確認ください。

算数 出題傾向＆対策

◆基本データ（2024年度１回Ａ）

試験時間／満点	50分／100点
問題構成	・大問数…５題 計算１題（２問）／応用小問１題（８問）／応用問題３題 ・小問数…18問
解答形式	解答のみを記入する形式になっている。必要な単位などは解答用紙にあらかじめ印刷されている。
実際の問題用紙	Ｂ５サイズ，小冊子形式
実際の解答用紙	Ｂ５サイズ

◆出題傾向と内容

▶過去３年の出題率トップ３
１位：角度・面積・長さ16％　２位：四則計算・逆算13％　３位：相似８％
▶今年の出題率トップ３
１位：角度・面積・長さ，四則計算・逆算13％　３位：数列10％

計算問題は，他校と比べるとやや少なめで，それほど複雑なものではありません。

応用小問（一行問題）では，数の性質，割合，図形，特殊算などが出されています。入試算数の基本となる図形問題や特殊算は，いかに速く，正確に解けるかがポイントになります。十分に慣れておきましょう。

応用問題は，割合と比，規則性，速さ，グラフ，平面図形，立体図形などの分野から出題されています。

なお，問題用紙には１ページごとに計算のための余白がもうけられていますから，十分に活用しましょう。

◆対策～合格点を取るには？～

まず，正確ですばやい計算力を，毎日の計算練習でモノにする必要があります。無理なくこなせる問題量を決め，コツコツと続けましょう。

数の性質，規則性，場合の数では，はじめに参考書にある重要事項を自分なりに整理し，さらに類題を数多くこなして，基本的なパターンを身につけてください。

図形では，まず求積問題を重点的に学習して，基本パターンを徹底的に身につけましょう。そのうえで，比を利用してすばやく解けるようにすると効果的です。

分野 ＼ 年度		2024		2023		2022	
		１Ａ	１Ｂ	１Ａ	１Ｂ	１Ａ	１Ｂ
計算	四則計算・逆算	◎	◎	◎	◎	◎	◎
	計算のくふう						
	単位の計算						
和と差	和差算・分配算					○	
	消去算						
	つるかめ算	○	○		○		○
	平均とのべ	○	○				
	過不足算・差集め算			○			○
	集まり						
	年齢算						
割合と比	割合と比	○		○	○	○	
	正比例と反比例						
	還元算・相当算		○		○	○	
	比の性質	○					
	倍数算						
	売買損益						
	濃度						○
	仕事算			○			
	ニュートン算					○	
速さ	速さ		◎				○
	旅人算						○
	通過算						
	流水算				○		
	時計算						
	速さと比	○	○				
図形	角度・面積・長さ	◎	◎	◎	●	◎	●
	辺の比と面積の比・相似	○	○	○	○	◎	○
	体積・表面積	○			○	○	○
	水の深さと体積			○			
	展開図						
	構成・分割		○				
	図形・点の移動						
表とグラフ		○	○	○	○		○
数の性質	約数と倍数		○				
	N進数						
	約束記号・文字式						
	整数・小数・分数の性質			◎	○	○	○
規則性	植木算						
	周期算						
	数列	◎	○			○	
	方陣算						
	図形と規則			○	○	○	○
場合の数		○	○	○	○	○	○
調べ・推理・条件の整理							○
その他							

※　○印はその分野の問題が１題，◎印は２題，●印は３題以上出題されたことをしめします。

社会 出題傾向＆対策

◆基本データ(2024年度１回Ａ)

試験時間／満点	30分／60点
問題構成	・大問数…３題 ・小問数…37問
解答形式	記号選択と用語の記入(漢字指定のものもある)が大半をしめるが，１～２行程度の短文記述もある。
実際の問題用紙	Ｂ５サイズ，小冊子形式
実際の解答用紙	Ｂ４サイズ

分野 ＼ 年度			2024	2023	2022	2021
日本の地理		地図の見方				
		国土・自然・気候	○	○	○	○
		資源			○	
		農林水産業	○	○	○	○
		工業				○
		交通・通信・貿易		○		
		人口・生活・文化	○	○	○	○
		各地方の特色				
		地理総合	★	★	★	★
世界の地理			○	○	○	○
日本の歴史	時代	原始～古代	○	○	○	○
		中世～近世	○	○	○	○
		近代～現代	○	○	○	○
	テーマ	政治・法律史				
		産業・経済史				
		文化・宗教史				
		外交・戦争史				
		歴史総合	★	★	★	★
世界の歴史						
政治		憲法	○	○	○	○
		国会・内閣・裁判所	○	○	○	○
		地方自治				○
		経済	○			○
		生活と福祉	○			
		国際関係・国際政治	○	○	○	○
		政治総合	★	★	★	★
環境問題						
時事問題			○	○	○	○
世界遺産						○
複数分野総合						

※　原始～古代…平安時代以前，中世～近世…鎌倉時代～江戸時代，近代～現代…明治時代以降

※　★印は大問の中心となる分野をしめします。

◆出題傾向と内容

●地理…日本の国土や自然，雨温図，農林水産業，工業の特色，伝統的工芸品，交通・貿易についての出題をはじめ，世界の国々(オーストラリア・ロシア連邦など)や宗教などについてもはば広く問われています。

●歴史…古代から近現代までの政治・文化・産業などについてまんべんなく出題されています。絵画や記録物を示してことがらを問うもの，人物に焦点をあてて関連するできごとを問うもの，ある期間の中で起きたできごとを問うものなど，形式も多様です。また，できごとを年代順に並べ替える問題が毎年出題されています。

●政治…内閣制度や国際関係などについての出題がめだっています。また，基本的人権や自衛隊，社会保障制度などについてもふれられており，はば広い知識が求められます。現在の国内外の政治の動向や円安と物価上昇，労働問題など，時事的な内容について問うものも毎年数多く出題されています。

◆対策～合格点を取るには？～

はば広い知識が問われていますが，問題のレベルは標準的ですから，まず，基礎を固めることを心がけてください。教科書のほか，説明がていねいでやさしい標準的な参考書を選び，基本事項をしっかりと身につけましょう。

地理分野では，地図とグラフが欠かせません。つねにこれらを参照しながら，白地図作業帳を利用して地形と気候をまとめ，そこから産業のようす(もちろん統計表も使います)へと広げていってください。

歴史分野では，教科書や参考書を読むだけでなく，自分で年表をつくって覚えると学習効果が上がります。できあがった年表は，各時代，各分野のまとめに活用できます。本校の歴史の問題にはさまざまな分野が取り上げられていますから，この作業はおおいに威力を発揮するはずです。

政治分野では，日本国憲法の基本的な内容と三権についてはひと通りおさえておいた方がよいでしょう。また，時事問題については，新聞やテレビ番組などでニュースを確認し，国の政治や経済の動き，世界各国の情勢などについて，ノートにまとめておきましょう。

理科　出題傾向＆対策

◆基本データ（2024年度１回Ａ）

試験時間／満点	30分／60点
問題構成	・大問数…５題 ・小問数…27問
解答形式	適語（数値）の記入が大半をしめている。ほかに，２～３行程度の短文記述や作図の問題もある。
実際の問題用紙	Ｂ５サイズ，小冊子形式
実際の解答用紙	Ｂ４サイズ

◆出題傾向と内容

各分野からまんべんなく出題されています。文章から読み取り，考える問題なども出されているため，注意が必要です。

●生命…ヒマワリをもとにした植物の特ちょう，昆虫のからだのつくり，標識再捕法，アユとメダカの生態，ライオンとシマウマの生態などが出題されています。

●物質…塩酸とアルミニウムの反応，気体の発生と性質，マグネシウム・銅の燃え方と重さ，ものの溶け方と結晶の形，水溶液の性質などが取り上げられています。グラフを読み取り，計算をする問題が多いのが特ちょうです。

●エネルギー…音の伝わり方・速さ，光の反射，動滑車・定滑車を使った力のつり合い，ふりこの周期，電気回路と豆電球の明るさなどが取り上げられています。計算問題も見られるので注意が必要です。

●地球…地層のでき方と化石，火山と火成岩，月食と日食，水の循環，エネルギーなどのほかに，台風などが出題されています。

分野	年度	2024	2023	2022	2021
生命	植物	★			
	動物	○	★	★	★
	人体				
	生物と環境				
	季節と生物				
	生命総合				
物質	物質のすがた				
	気体の性質	○		○	○
	水溶液の性質			★	★
	ものの溶け方	★			
	金属の性質				
	ものの燃え方		★		
	物質総合				
エネルギー	てこ・滑車・輪軸			○	★
	ばねののび方				
	ふりこ・物体の運動			○	
	浮力と密度・圧力				
	光の進み方		★		
	ものの温まり方			○	
	音の伝わり方	★			
	電気回路		★		
	磁石・電磁石				
	エネルギー総合			★	
地球	地球・月・太陽系			★	
	星と星座				
	風・雲と天候				★
	気温・地温・湿度				
	流水のはたらき・地層と岩石	★	○		
	火山・地震		★		
	地球総合				
実験器具					
観察					
環境問題					
時事問題					○
複数分野総合					

※　★印は大問の中心となる分野をしめします。

◆対策～合格点を取るには？～

さまざまな題材をもとにつくられており，多くは実験・観察の結果を総合的にはあくした上で，筋道を立てて考えていく必要がある問題です。基礎知識はもちろんのこと，それらを使いこなす応用力もためされます。「生命」「物質」「エネルギー」「地球」の各分野からバランスよく出題されているので，かたよりのない学習が必要です。

なによりもまず教科書を中心とした学習によって，基本的なことがらを確実に身につけることが大切ですが，教科書の学習以外に必要とされる知識も少なくありません。そのためには，身近な自然現象に日ごろから目を向けることです。また，テレビの科学番組，新聞・雑誌の科学に関する記事，読書などを通じて多くのことを知るのも大切です。科学に目を向けるふだんの心がけが，はば広い知識を身につけることにつながります。

基礎的な知識がある程度身についたら，標準的な問題集を解き，知識を活用する力を養いましょう。そのさい，わからない問題があってもすぐに解説解答にたよらず，じっくりと自分で考えること。この積み重ねが考える力をのばすコツです。

国語 出題傾向＆対策

◆基本データ（2024年度１回Ａ）

試験時間／満点	50分／100点
問題構成	・大問数…２題 文章読解題２題 ・小問数…17問
解答形式	記号選択や本文中のことばの書きぬきに加えて，文章中のことばや自分のことばでまとめる記述問題も数問出題されている。
実際の問題用紙	Ｂ５サイズ，小冊子形式
実際の解答用紙	Ｂ４サイズ

◆出題傾向と内容

▶近年の出典情報（著者名）
説明文：榎本博明　稲垣栄洋　本川達雄
小　説：瀬尾まいこ　小川　糸　江國香織

●読解問題…説明文・論説文・随筆，小説・物語文から２題出題され，論理的にものごとを考える力と文学作品を理解する力との両方がバランスよく備わっているかどうかが問われます。設問内容は，説明文・論説文・随筆では接続語の補充，指示語の内容，語句の意味，文脈や内容のはあく，小説・物語文では場面・登場人物の気持ちや性格の読み取りなどが出されています。

●知識問題…読解問題の小問として出題されています。漢字は読みと書き取りが合わせて10問程度で，やや難しいものも出されます。慣用句，四字熟語などが出題される場合は，入試国語の基本となるものがほとんどです。

◆対策～合格点を取るには？～

読解力を養うには，いろいろなジャンルの本を読むことが第一です。しかし，ただ本を読むだけでは，入試問題で高得点をあげることはできません。一冊の本を単に読み進めるのとちがって，入試問題では内容や心情の読み取りなどが細部まで質問されるからです。したがって，本を読むさいには，①指示語のさす内容，②段落・場面の構成，③人物の性格と心情などに注意しながら読み進めるようにしましょう。

漢字については，教科書で確認するのはもちろん，問題集を使って音訓の読み方や熟語の練習をしましょう。

分野		年度	2024 1Ａ	2024 1Ｂ	2024 2Ａ	2024 2Ｂ	2024 3回
読	文章の種類	説明文・論説文	★	★	★	★	★
		小説・物語・伝記	★	★	★	★	★
		随筆・紀行・日記					
		会話・戯曲					
		詩					
		短歌・俳句					
解	内容の分類	主題・要旨	○				
		内容理解	○	○	○	○	○
		文脈・段落構成	○	○	○		○
		指示語・接続語	○	○	○	○	○
		その他	○	○	○	○	○
知	漢字	漢字の読み	○	○	○	○	○
		漢字の書き取り	○	○	○	○	○
		部首・画数・筆順					
	語句	語句の意味	○		○		○
		かなづかい					
		熟語					○
		慣用句・ことわざ		○		○	
	文法	文の組み立て					
		品詞・用法	○				
識		敬語					
	形式・技法					○	
	文学作品の知識						
	その他						
	知識総合						
表現	作文		○	○		○	○
	短文記述						
	その他						
放送問題							

※　★印は大問の中心となる分野をしめします。

カコを追いかけ
ミライをつかめ
「今の説明、もう一回」を何度でも
web過去問
ストリーミング配信による入試問題の解説動画
もっと古いカコモンないの?
カコ過去問
「さらにカコの」過去問をHPに掲載(DL)
声の教育社
詳しくはこちらから

2025年度　中学受験用

順天中学校　4年間スーパー過去問

をご購入の皆様へ

お詫び

本書、順天中学校の入試問題につきまして、誠に申し訳ございませんが、以下の問題は著作権上の都合により掲載することができません。設問と解説、解答は掲載してございますので、ご必要とされる方は原典をご参照くださいますよう、お願い申し上げます。

記

2024年度〈第３回入試〉国語　二　の問題文

以上

株式会社　声の教育社　編集部

2024年度

順天中学校

【算　数】〈第１回Ａ入試〉（50分）〈満点：100点〉

1　次の計算をしなさい。

(1) $\left(\frac{4}{5}+\frac{4}{9}\right)\div\left(2\frac{1}{3}-\frac{14}{15}\right)=\square$

(2) $\left(1\frac{1}{8}-\frac{2}{3}\right)\div 2\frac{4}{9}+2.25\times\frac{5}{6}=\square$

2　次の□にあてはまる数を求めなさい。

(1) 九州地方の県別人口を表にまとめました。福岡県の人口は九州地方全体の約□％です。四捨五入して整数で答えなさい。

九州地方の県別人口　（単位　万人）

福　岡	佐　賀	長　崎	熊　本	大　分	宮　崎	鹿児島	合　計
514	81	131	174	112	107	159	1278

［2020年国勢調査をもとにおよその数で表した］

(2) Ａ，Ｂ２つのクラスで，Ａクラスの人数はＢクラスより８人多く，Ｂクラスの人数はＡクラスの$\frac{5}{7}$です。Ａクラスは［ア］人，Ｂクラスは［イ］人です。

(3) 表は，30人のクラスで行った計算テストの結果です。30人全体の平均点はちょうど6.9点で，３点以下の人はいませんでした。５点の人数は［ア］人で，10点の人数は［イ］人です。

得点	0	1	2	3	4	5	6	7	8	9	10	合計
人数	0	0	0	0	3	ア	6	7	5	5	イ	30

(4)　５つの数字１，２，３，４，５から異なる３つを選び，それらを並べて３桁《けた》の整数をつくると，偶数《ぐうすう》は［　ア　］個，奇数《きすう》は［　イ　］個つくれます。

(5)　次のように，ある規則で整数を並べました。Aにあてはまる数は［　　　］です。

３，７，15，31，63，A，255，……

(6)　長方形ABCDで，対角線の交点をOとします。点Oを中心として，矢印の方向に25度回転しました。xは［　　　］度です。

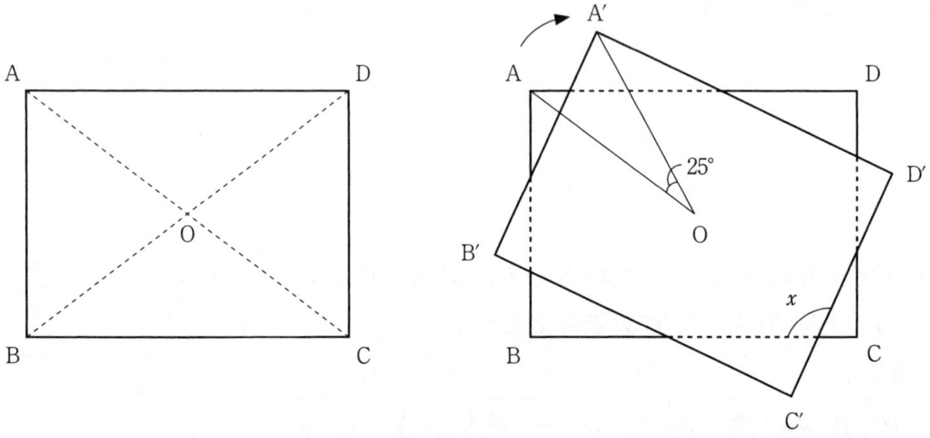

(7)　方眼紙の１目盛りを１cmとし，円周率を3.14とします。方眼紙に大小２種類の半円と，円を組み合わせてかきました。影《かげ》をつけた部分の面積は［　　　］cm^2です。

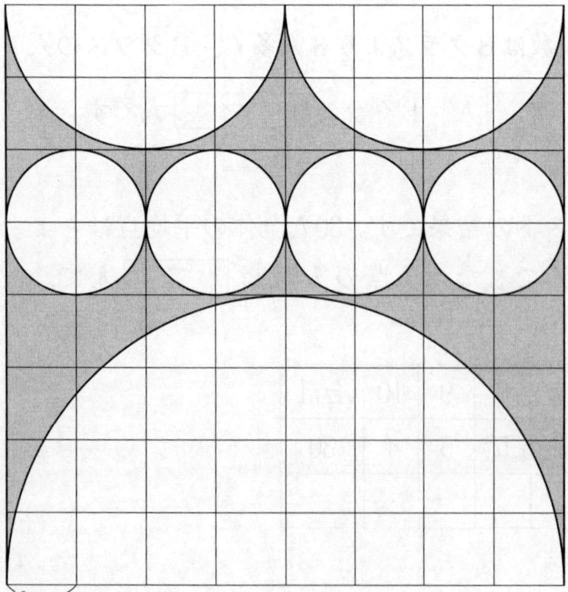

(8) 図は，三角柱からその一部を，底面に平行，および垂直な平面で切りおとした立体です。この立体の体積は ア cm^3 であり，表面積は イ cm^2 です。

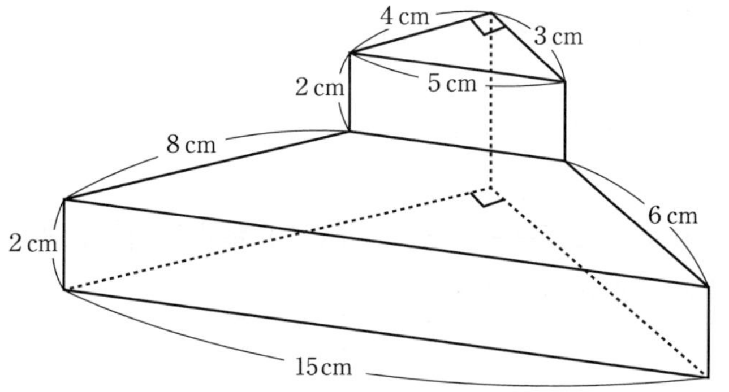

3 次のように，２桁の整数のうち，数字の４と９を用いた整数を除いて，小さい方から並べました。数字の４と９を用いた整数とは，例えば，14，19，40，44，92のような整数です。

10，11，12，13，15，16，17，18，20，……，ア

また，これらの整数を右の表に書き入れます。一部の整数を書き入れてあります。次の問いに答えなさい。

	10	11	12	13	15	16	17	18
	20	21	22					
	30							
	50							
	60							
	70							
	80							
合計		A						B

(1) 上の並べた整数で，最後の整数アはいくつですか。また，整数アは最初の数10から数えて何番目の数ですか。

(2) 表のA，Bにあてはまる数を求めなさい。

(3) 上の並べた整数の，10からアまでのすべての整数の和を求めなさい。

4　私と兄の２人がＰ地点とＱ地点の間を往復しました。２人とも休むことなく進み，Ｑ地点に着くとすぐに引き返しました。２人は往復ともそれぞれ同じ速さで進みました。Ｒ地点で私は兄に追い越《こ》され，Ｓ地点ですれ違《ちが》いました。グラフは，２人が進んだ様子を表しています。次の問いに答えなさい。

(1)　グラフの a，b，c にあてはまる数を求めなさい。

(2)　もし，私が帰りの速さを，行きより速くして進み，兄と同時にＰ地点に着くためには，帰りの速さを行きの何倍にすればよかったですか。

(3)　Ｐ地点からＳ地点までの道のりと，Ｓ地点からＱ地点までの道のりの比を，最も簡単な整数の比で答えなさい。

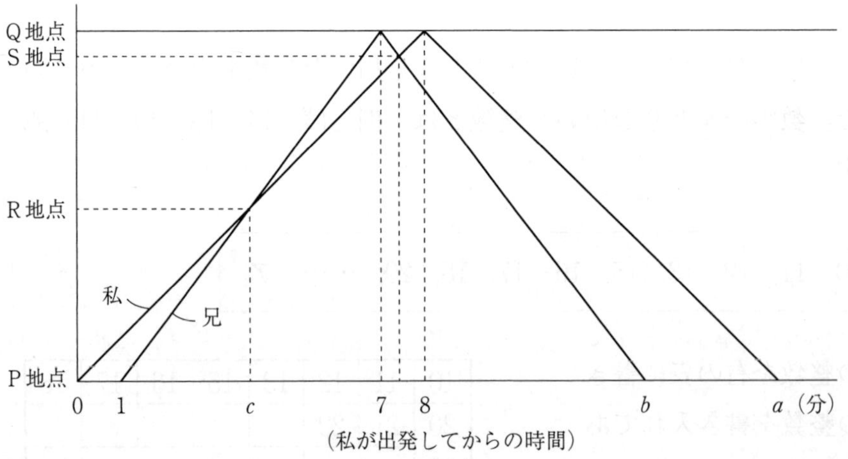

5　図１，図２は合同な正六角形を並べたものです。重なることなく，すき間なく並べました。次の問いに答えなさい。

(1)　図１で，頂点Ａと頂点Ｂ，頂点Ａと頂点Ｃをそれぞれ直線で結びました。影をつけた部分の面積は，図形全体(太線で囲まれた部分)の何分のいくつですか。

(2)　図２で，頂点Ａと頂点Ｄ，頂点Ａと頂点Ｅをそれぞれ直線で結びました。

①　x，y，z の長さの比を，最も簡単な整数の比で答えなさい。

②　影をつけた部分の面積は，図形全体(太線で囲まれた部分)の何分のいくつですか。

図１

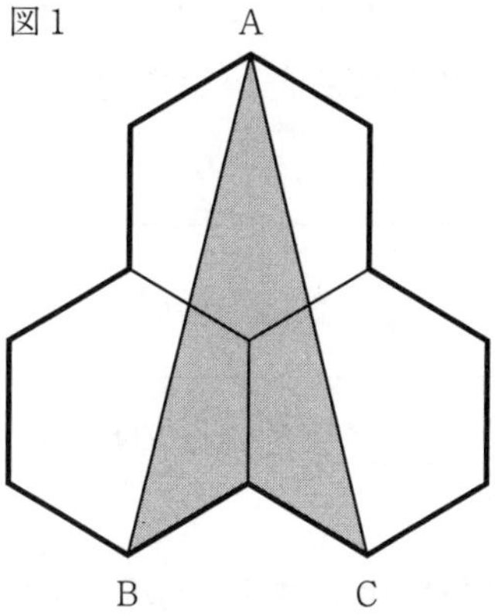

図２

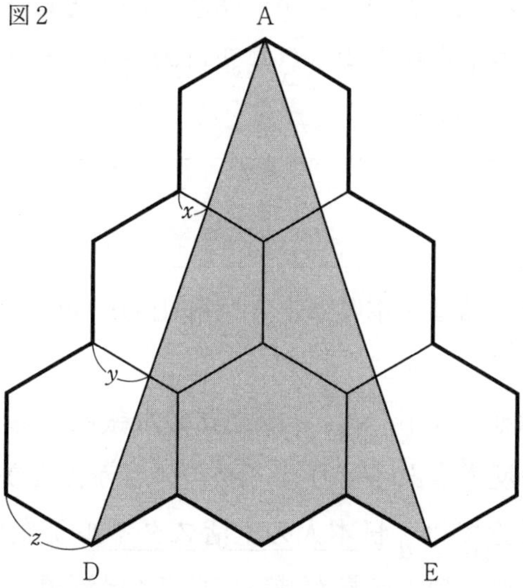

【社　会】〈第１回Ａ入試〉（30分）〈満点：60点〉

1　次の文章は，全国各地に住む小学６年生がオンライン会議で，自分の住んでいる都道府県の特徴について発表している様子をまとめたものです。この文章を読んで，後の問いに答えなさい。

順太《じゅんた》さんの発表

こんにちは。今日は僕が住んでいる群馬県の特徴について説明します。
みなさんは「a上毛《じょうもう》かるた」という遊びを知っていますか？
上毛とは群馬県の昔の呼び方のことで，群馬県の小学生はかるたを通じて楽しく群馬県の自然や歴史を勉強することができます。
ただ，僕は県庁所在地である［　あ　］市からずっと西側にある，嬬恋《つまごい》村という場所に住んでいるのですが，嬬恋村のことは上毛かるたに書かれていません。いつか群馬県を代表するb嬬恋村のキャベツのことが書かれるといいなと思っています。

天音《あまね》さんの発表

こんにちは。私は熊本県にある阿蘇山の周囲に広がるcカルデラという地形の中で暮らしています。
熊本県ではかつて［　い　］市で有機水銀による公害病が発生しましたが，現在ではその反省もあってリサイクルのさかんな美しい都市になっています。
ですが，最近ではd日本人の生活スタイルが変化した影響《えいきょう》もあって，特産品である「い草」の生産量が減っているのが心配です。

学人《まなと》さんの発表

こんにちは。今日は私が住んでいる石川県の特徴について説明します。
石川県は伝統的工芸品の生産で有名です。私はどうして石川県で伝統的工芸品がさかんにつくられるようになったのか気になったので調べてみました。
するとe日本海側でよくみられる気候との関係が深いことがわかりました。そしてf日本海側の気候は本州中央部に位置する山地が影響していることもわかりました。これらのことから，私たちの生活は自然環境の影響を大きく受けていることに気づきました。

みなさんも石川県に来た際には，そんな自然の影響を受けた g石川県の伝統的工芸品をお土産によろしくお願いします。

園《その》子《こ》さんの発表

みなさんこんにちは。今日は私が住んでいる北海道の特徴について説明します。

まずはこちらの【北海道の地図】をご覧ください。点Ｘが北海道庁のある [　う　] 市です。

h北海道では農業がさかんですが，地域によって異なる農業が行われています。また，観光業も発達しており，新型コロナウイルスの影響が広がる前には，i海外から観光しに来る人もたくさんいました。

みなさんも，コロナの不安がなくなったら北海道に来てください。

問１　文中の空らん [　あ　] ～ [　う　] にあてはまる地名を**漢字**で答えなさい。

問２　下線部ａの読み札として**あやまっているもの**（**存在しないもの**）を，下の**ア**～**エ**から１つ選び，記号で答えなさい。

ア　古代の鉄剣　稲荷山古墳

イ　利根は※坂東一の川

ウ　日本で最初の富岡製糸

エ　ねぎとこんにゃく下仁田名産

※坂東＝関東地方のこと。

問３　下線部ｂの栽培方法の特徴として**適切でないもの**を，下の**ア**～**エ**から１つ選び，記号で答えなさい。

ア　夏でも涼しい気候をいかした高原で栽培されている。

イ　夜の間も照明をつけておくことで，効率よく栽培している。

ウ　他の産地の生産量が落ちる時期でも出荷できる。

エ　東京に近い利点をいかして，輸送費が節約できる。

問４　下線部ｃの地形の説明文として正しいものを，下の**ア～エ**から１つ選び，記号で答えなさい。

ア　火山が噴火することで地下にあったマグマが減り，山全体が沈《しず》んでできたくぼ地。

イ　火山灰が溜《た》まってできた石灰岩の台地が，雨などに削《けず》られてできたくぼ地。

ウ　山地を流れる河川が長い年月をかけてつくった，周囲を山に囲まれた平地。

エ　大昔は海底だったが，温暖化や地震などの影響で現在は陸地になった平地。

問５　下線部ｄについて，なぜ「い草」の生産量が減っているのか，**日本人の生活スタイルの変化に注目して**説明しなさい。

問６　下線部ｅについて，石川県の県庁所在地における平均気温と降水量を示した図として正しいものを，下の図中の**ア～エ**から１つ選び，記号で答えなさい。

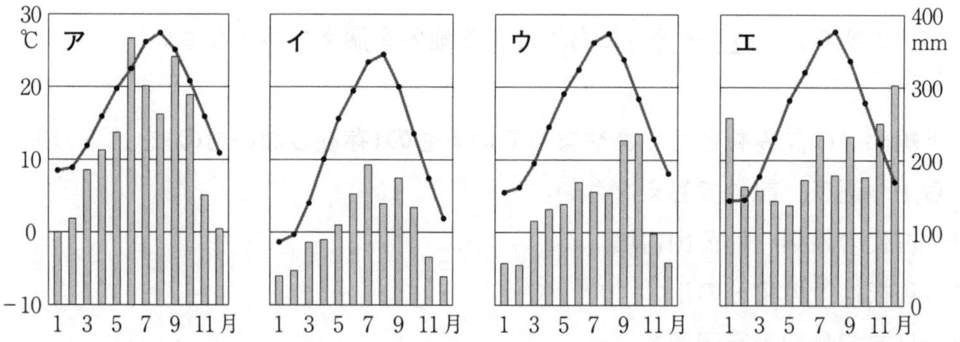

気象庁Webサイトより作成

問７　下線部ｆについて，飛驒山脈を示しているものを，下の地図中の**ア～エ**から１つ選び，記号で答えなさい。

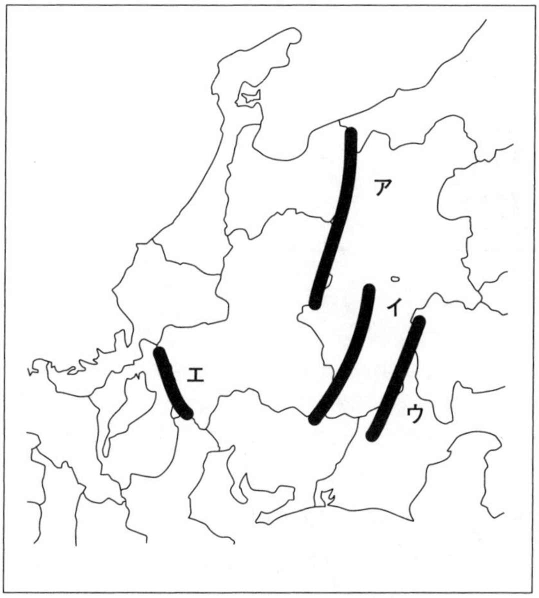

問８　下線部ｇとして適切なものを，下の**ア～エ**から１つ選び，記号で答えなさい。

ア　燕鍛冶の金属食器　　　　**イ**　南部鉄器の急須《きゅうす》

ウ　曲げわっぱのお弁当箱　　**エ**　輪島塗のお椀

問９　下線部ｈについて，後の【北海道の地図】中のＡ～Ｃの地域で行われている主な農業の組み合わせとして適切なものを，下の**ア**～**カ**から１つ選び，記号で答えなさい。

	ア	**イ**	**ウ**	**エ**	**オ**	**カ**
Ａ	畑作	畑作	稲作	稲作	酪農	酪農
Ｂ	稲作	酪農	畑作	酪農	稲作	畑作
Ｃ	酪農	稲作	酪農	畑作	畑作	稲作

【北海道の地図】

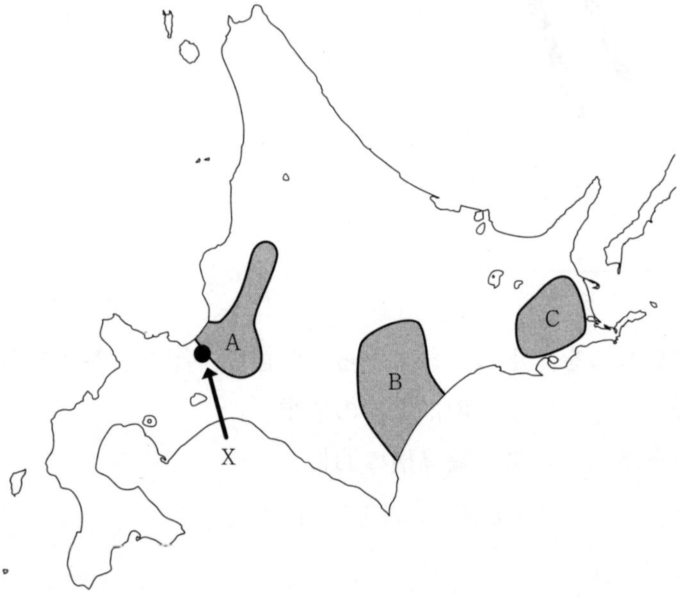

図中のＸは北海道庁所在地を示す。

問10　下線部ｉについて，後の表は2010年～2019年における(※)訪日外客数と，出国日本人数を比較したものです。この表から読み取れることとして**あやまっているもの**を，下の**ア**～**エ**から１つ選び，記号で答えなさい。

（※）訪日外客数とは，日本に来た外国人数から日本に住んでいる外国人数を引いた数字のことである。

ア　2010年に対して2018年の訪日外客数は３倍以上増加した。
イ　2012年の訪日外客数は，出国日本人数の半分以下だった。
ウ　2015年以降は，訪日外客数が出国日本人数よりも多くなった。
エ　2010年から2019年までは，訪日外客数も出国日本人数も常に増加していた。

調査年	訪日外客数	出国日本人数
2010	8,611,175	16,637,224
2011	6,218,752	16,994,200
2012	8,358,105	18,490,657
2013	10,363,904	17,472,748
2014	13,413,467	16,903,388
2015	19,737,409	16,213,789
2016	24,039,700	17,116,420
2017	28,691,073	17,889,292
2018	31,191,856	18,954,031
2019	31,882,049	20,080,669

JINTO日本政府観光局　訪日外客統計「年別 訪日外客数 出国日本人数の推移」より
単位は人

2　次の先生と生徒の会話文を読んで，後の問いに答えなさい。

Ａさん：順天高校の研修旅行コースには，海外だけでなく東北や北海道があるんですね。

先　生：そうだね，せっかくだから今日は東北・北海道をめぐった，江戸時代後期の旅人の話をしよう。菅江《すがえ》真澄《ますみ》(本名白井秀雄)という人物は知っているかな？

Ｂさん：え～，聞いたことないなぁ……。

先　生：高校生になったら学習するよ。a三河《みかわ》国(現在の愛知県の東部)出身のb和歌やc国学に詳《くわ》しい人物で，自分のことを[　あ　]の家臣である白井《しらい》太夫《だゆう》の子孫と主張していたんだ。30歳で故郷を出発して，なんと死去するまでの約46年間も色々な場所で過ごしたんだよ！　彼は地域の伝承《でんしょう》・風習・地理・歴史を豊かな色彩の絵と文章によって表現しているんだ。秋田のなまはげや，d三内《さんない》で発掘された土器の絵も素朴《そぼく》で味わいがあるね。e鎌倉時代に幕府から代官として認められていた安藤氏という一族が治めて栄えていた十《と》三湊《さみなと》，俳人松尾芭蕉も訪れたf平泉，g天明のききんで被害にあった津軽地域など，現地の人々と交流しながらめぐって記録に残しているね。さらに，1792年にはロシア人[　い　]の来航の知らせも，近くの里の人から聞いていたらしいよ。

Ａさん：津軽地方を何度も訪れているんですね。もしかすると，真澄さんもおいしいリンゴを食べたのかな。

先　生：いやいや，青森県でリンゴの栽培が本格化するのは士族授産《しぞくじゅさん》が進んでからだよ。

Ｂさん：「士族授産」って，明治時代に失業していたh士族に仕事を与えることですか？

先　生：その通り。北海道の開拓《かいたく》・防備のために移住した人々を指す[　う　]もその政策の一つですね。

Ａさん：それにしても，江戸時代にこんな人がいたなんて知らなかったなぁ……。真澄さんは当時から有名だったんですか？

先　生：いや，そうとは限らないんだ。そもそも菅江真澄の名が広まったのは，民《みん》俗学《ぞくがく》を確立したともいわれる柳田《やなぎた》国男《くにお》という人物が紹介してからなんだ。

Ａさん：あ，聞いたことあります！『遠野《とおの》物語』の著者ですよね。

先　生：そう，よく知っているね。柳田国男は貴族院書記官長や新聞記者，$_{i}$国際連盟で$_{j}$委任統治《いにんとうち》委員という役職も務めていたんだよ。

Ｂさん：菅江真澄の素晴らしい業績に気づいたこの人も，よく旅をしたそうですね。

先　生：そうだね。人間の一生は旅に例えられるけれど，菅江真澄にとっては，まさに「旅こそ人生そのもの」。こうした先人の足跡《そくせき》をたどるのも，旅の楽しみ方の一つでしょうね。

問１　下線部ａについて，この国の出身で，関ヶ原の戦いで勝利し，のちに江戸幕府を開いた人物を**漢字**で答えなさい。

問２　下線部ｂに関連して，下の２つの文Ａ・Ｂを読み，両方とも正しければ**ア**，Ａのみ正しければ**イ**，Ｂのみ正しければ**ウ**，両方ともあやまっていれば**エ**と答えなさい。

Ａ　奈良時代には，漢字の音を日本語にあてはめて『万葉集』がつくられた。

Ｂ　平安時代には，藤原定家らによって『古今和歌集』がつくられた。

問３　下線部ｃについて，江戸時代の国学者で，『古事記伝』を著した人物を，下の**ア**～**エ**から１人選び，記号で答えなさい。

ア　平賀源内　　**イ**　伊能忠敬　　**ウ**　本居宣長　　**エ**　菱川師宣

問４　空らん［あ］にあてはまる，太宰府天満宮にまつられ，「天神さま」・「学問の神様」として親しまれている人物を**漢字**で答えなさい。

問５　下線部ｄについて，これは現在の三内丸山遺跡にあたる場所と考えられています。この遺跡が栄えた時代のものとして**適切でないもの**を，下の**ア**～**エ**から１つ選び，記号で答えなさい。

ア　埴輪　　**イ**　弓矢　　**ウ**　土偶　　**エ**　骨角器

問６　下線部ｅについて，下の**ア～エ**は鎌倉時代の出来事です。これらを年代の古い順に並べ替《か》え，記号で答えなさい。

ア　文永の役・弘安の役という２度のモンゴル襲来（元寇）を退けた。

イ　後鳥羽上皇側が兵をあげた承久の乱で，幕府側が勝利した。

ウ　困窮《こんきゅう》していた御家人を救済するために，永仁の徳政令を出した。

エ　土地をめぐる裁判の基準などを示した，御成敗式目を制定した。

問７　下線部ｆについて，下の写真はこの地に藤原清衡が築《きず》いた建築物です。この名称を**漢字６字**で答えなさい。

問８　下線部ｇについて，このききんは田沼意次が幕府の政治の中心を担う役職に就いていた頃の出来事です。この人物が行った改革について述べた文として，もっとも適切なものを，下の**ア～エ**から１つ選び，記号で答えなさい。

ア　江戸でたびたび起こる火事に対応するために，町火消を設置した。

イ　犬をはじめとした動物を保護するために，生類憐《しょうるいあわれ》みの令を出した。

ウ　荒れてしまった農村を復興させるために，人返しの法を出した。

エ　新田の開発や洪水対策のために，印旛沼《いんばぬま》の干拓を行った。

問９　空らん［い］にあてはまる人物を**カタカナ**で答えなさい。

問10　下線部ｈに関連して，明治時代に特権を奪われ不満を募らせた不平士族は，武力による反乱で敗れたのち，言論による運動を展開していきました。その運動の名称と，内容について簡単に説明しなさい。

問11　空らん［う］にあてはまる語句を**漢字**で答えなさい。

問12　下線部ｉに関連して，下の２つの文Ａ・Ｂを読み，両方とも正しければ**ア**，Ａのみ正しければ**イ**，Ｂのみ正しければ**ウ**，両方ともあやまっていれば**エ**と答えなさい。

Ａ　本部はアメリカのニューヨークに置かれ，日本は非常任理事国となった。

Ｂ　ポツダム宣言を受け入れて終戦をむかえると，日本は国際連盟を脱退した。

問13　下線部ｊについて，「委任統治」とは第一次世界大戦によって敗戦した国の植民地の統治を，国際連盟の指示のもとに別の国に任せることです。日本が任されたのはどの国の植民地か，適切なものを下の**ア**～**エ**から１つ選び，記号で答えなさい。

ア　ドイツ　　**イ**　イギリス　　**ウ**　フランス　　**エ**　ロシア

3　次のグループ学習における会話を２つ読んで，後の問いに答えなさい。

グループⅠ

班　長「今日は，2023年の５月19日から21日にかけて［　あ　］で行われた主要国首脳会議，通称サミットについてみんなで話し合おうよ。」

Ａさん「いいね，aＧ７の首脳たちが日本に集まるなんてめったにないからね。」

Ｂさん「そうよね，でも今回の会議が初の日本開催なのかしら？」

班　長「それについて調べてみたんだけれど，開催する国のことを議長国というんだ。日本がＧ７サミットの議長国となったのは，今回が７回目らしいよ。初めて議長国になったのはb1979年に開催された東京サミットの時なんだ。そして６回目は，2016年の伊勢志摩サミットで，その時のc内閣総理大臣はd安倍晋三さんだったんだ。」

Ｂさん「なるほどね，７年前ということは私たちが小学校２年生の時なんだね。全然覚えてないわ。でも７回も日本で開かれているなんて驚きだわ。ちなみに何で今回の開催地は［　あ　］なのかしら？」

Ｃさん「それは，e1945年８月６日に原子爆弾が投下された被爆地だからじゃないかな。そして，議長を務めた岸田文雄首相の選挙区も確か［　あ　］だったと思うよ。」

班　長「よく知ってるね。その通りで，岸田首相がf衆議院議員に当選した選挙区は［　あ　］１区なんだ。また，外務省のサミット情報を見ると，ウクライナ侵攻における武力侵略も核兵器による脅《おど》しも世界が断固として拒否すると首相は述べているんだ。被爆から復興を遂げた［　あ　］の姿を世界に向けて発信することで，平和の素晴らしさを改めて強調していく意義についても記されていたよ。」

Ｃさん「さすが班長！　そういえばウクライナの［　い　］大統領もサミットに参加していたよね。早くウクライナにも平和が訪れ，復興を成し遂げてもらいたいね。」

班　長「本当にそう思うよ。次回のグループ学習の時には，今回のサミットで話し合われた内容について考えてみよう。それぞれ調べてきてもらえるとありがたいな。」

グループⅡ

班　長「私たちのグループは，2023年８月31日に西武百貨店池袋本店で行われた［　う　］について話し合いたいと思います。」

Ｄさん「それ新聞で見たよ。百貨店業界では1962年以来，61年ぶりと書いてあったのでその頃のことを調べたら，ｇ高度経済成長期のちょうど真っただ中だったことがわかったよ。」

班　長「新聞の記事から，そこまで調べるのは偉《えら》いね。私は，［　う　］について少し調べてみたわ。これは同盟罷《ひ》業ともいい，ｈ労働者が労働条件の要求を実現するために団結して働くことを拒否する行為なの。これは労働三権のうちの一つ，［　え　］権の行使でもあるのよ。」

Ｅさん「すごいね，そんな所まで調べているなんて。でも，［　う　］という言葉，ニュースとかでもあまり聞いたことがなかったわ。他の企業でも，よく行われているのかな？」

班　長「ｉ厚生労働省の統計を調べてみると，2022年の半日以上の同盟罷業は33件だったわ。ちなみに1970年は2256件ととても多いのにびっくりしたの。」

Ｅさん「そうなのね。なんで，こんなにも減っているのかな？」

班　長「同盟罷業は労働組合を中心に行われているの。2022年の雇用者数に占める労働組合員数の割合を表す労働組合の推定組織率が，16.5％と戦後最低となっているわ。これが同盟罷業件数が減少している大きな要因だと私は思っている。」

Ｄさん「なんで労働組合の推定組織率が減っているのかな？」

班　長「その要因の一つは，［　　Ｘ　　］からだと思う。」

Ｄさん「なるほどね。さすが班長！　今日のグループ学習は本当に勉強になったよ。」

問１　空らん［あ］にあてはまる地名を**漢字２字**で答えなさい。

問２　下線部ａについて，次の問いに答えなさい。

①　Ｇ７の国々の中で，2022年度におけるGDP(国内総生産)額・面積の広さ・人口の多さのすべてにおいて，世界ランキング第５位までに入っている国を，下の**ア**～**エ**から１つ選び，記号で答えなさい。

ア　ドイツ　　　　**イ**　カナダ

ウ　フランス　　　**エ**　アメリカ

②　Ｇ７の国々に関する説明として**適切でないもの**を，下の**ア**～**エ**から１つ選び，記号で答えなさい。

ア　アメリカでは４年に１回大統領選挙が行われ，今年実施されることになっている。

イ　イギリス女王の死去にともない，新国王就任を表明する戴冠式《たいかんしき》が2023年に行われた。

ウ　ドイツの首都で，夏季オリンピックが今年開催されることになっている。

エ　フランスで2015年に開かれた会議で，温室効果ガス削減に向けた協定が締結された。

問３　下線部ｂに関する下の文章の□にあてはまる語句を答えなさい。

> イランで起きた革命によって，イランで産出されるある資源の輸出が全面的に禁止されたことにより，1979年以降その資源の価格が上昇し約２倍となった。これにより日本経済も大きな打撃を受けた。これを第２次□という。

問４　下線部ｃについて，内閣総理大臣の権限としてもっとも適切なものを，下の**ア**～**エ**から１つ選び，記号で答えなさい。

ア　裁判官の任命　　　**イ**　条約の締結

ウ　国務大臣の任命　　**エ**　臨時国会の召集

問5　下線部dの人物の内閣総理大臣在任中に成立した法律としてもっとも適切なものを，下の**ア～エ**から1つ選び，記号で答えなさい。

ア　PKO協力法　　**イ**　消費税法
ウ　特定秘密保護法　　**エ**　郵政民営化法

問6　下線部eよりも前の出来事として適切なものを，下の**ア～エ**から**すべて**選び，記号で答えなさい。

ア　ソ連の対日参戦
イ　東京大空襲
ウ　日本へのポツダム宣言受け入れ勧告
エ　長崎への原子爆弾投下

問7　下線部fについて，下の文章中の**ア～オ**から**あやまっているもの**を1つ選び，その記号と正しい答えを解答らんに書きなさい。

> 衆議院は任期が**ア**4年と参議院に比べ短く，任期途中の解散もあるため，国民の意見が反映されやすく参議院よりも優遇《ゆうぐう》されている。これを**イ**衆議院の優越という。衆議院議員総選挙は，小選挙区比例代表並立制という方式がとられ，小選挙区で立候補した者が落選したとしても，比例代表での復活当選が認められる。これを**ウ**重複《ちょうふく》立候補制という。衆議院において，内閣不信任決議案が可決された際に，内閣は**エ**10日以内に内閣総辞職か，衆議院の解散を選択することができる。過去においては，すべて衆議院の解散が選択されている。内閣不信任決議案可決による衆議院の解散数は，天皇の国事行為による解散数と比べると**オ**多い。

問8　空らん［い］にあてはまる人物名を**カタカナ**で答えなさい。

問9　空らん［う］にあてはまる語句を**カタカナ**で答えなさい。

問10　下線部ｇに関する景気として適切なものを，下の**ア～エ**から１つ選び，記号で答えなさい。

ア　アベノミクス景気　　　**イ**　いざなみ景気

ウ　岩戸景気　　　　　　　**エ**　バブル景気

問11　下線部ｈに関連する下の日本国憲法条文の［　　］にあてはまる語句を**漢字２字**で答えなさい。

第27条「すべて国民は，［　　　］の権利を有し，義務を負ふ《(う)》。」

問12　空らん［え］にあてはまる語句を**漢字**で答えなさい。

問13　下線部ｉについて，厚生労働省の仕事に関する記述として**適切でないもの**を，下の**ア～エ**から１つ選び，記号で答えなさい。

ア　感染症などの病気の克服《こくふく》と健康の増進を目指す仕事を行う。

イ　障がい者の自立や社会参加を目指す仕事を行う。

ウ　安心して出産や子育てができる社会を目指す仕事を行う。

エ　水害などの災害の防止，防災対策などにより暮らしやすい社会を目指す仕事を行う。

問14　下の【語群】の語句を**１つ以上**用いて，文章中の空らん［Ｘ］にあてはまる言葉を考え，意味が通るように記述しなさい。

【語群】

サービス業　　　第３次産業　　　パート・派遣労働者

賃金　　　　　　休暇

【理　科】〈第１回Ａ入試〉（30分）〈満点：60点〉

1　下の表は，ホウ酸と食塩の100ｇの水に溶《と》ける最大量を表したものです。以下の問いに答えなさい。

水の温度／物　質	０℃	20℃	40℃	80℃	100℃
ホウ酸（ｇ）	2.8	4.9	8.9	23.6	38.0
食塩（ｇ）	35.7	35.8	36.3	38.0	38.6

問１　40℃の水200ｇにホウ酸20ｇを加えたとき，溶け残っているホウ酸は何ｇですか。

問２　80℃の水100ｇにホウ酸を溶けるだけ溶かしました。その後，水を50ｇ蒸発させてから，この液を０℃まで冷やしたとき，出てくるホウ酸は何ｇですか。

問３　53.7ｇの食塩をすべて溶かすためには，20℃の水は何ｇ必要ですか。

問４　100℃の水100ｇにホウ酸を溶けるだけ溶かしたホウ酸水と，100℃の水100ｇに食塩を溶けるだけ溶かした食塩水をそれぞれ用意しました。この２つをゆっくりと20℃に冷やしていったとき，結晶《けっしょう》がより多く得られるのはホウ酸と食塩のどちらか答えなさい。

問５　食塩の結晶の形を次の①～④から１つ選び，番号で答えなさい。

①　②　③　④

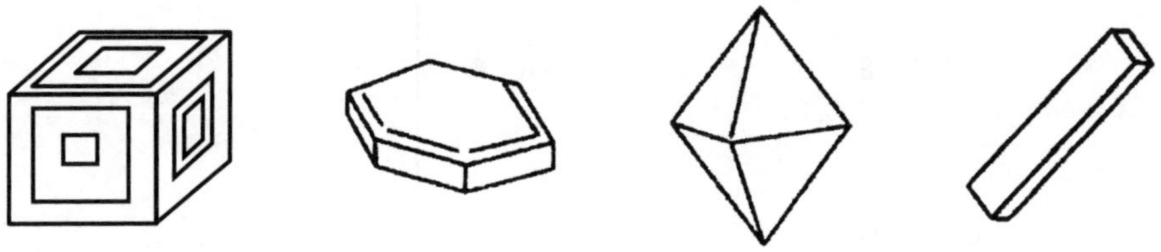

問6　水酸化カルシウムは水の温度が上がると溶ける最大量が減る物質です。水酸化カルシウム水溶液の別名を答えなさい。

問7　水酸化カルシウム水溶液にBTB溶液を加えると何色に変わるか答えなさい。

問8　水酸化カルシウム水溶液に通すと，それを白くにごらせる気体を答えなさい。

問9　**問8**の気体を解答欄《らん》の図のような実験装置で発生させて，できるだけ純すいな気体を空気と混ざらないように集めます。このときの気体の集め方を，解答欄の図にかき加えて完成させなさい。

2　下の図は，学校の校舎とグラウンドの配置を表しており，４人の生徒が図の位置に立っています。Aさん，Bさん，Cさんの３人は１列に等しい間隔《かんかく》で並んでいます。Aさんが陸上競技用のスターターピストルを鳴らし，ほかの３人がピストルの音を聞く実験をしました。音が空気中を伝わる速さは秒速340mとして，以下の問いに答えなさい。

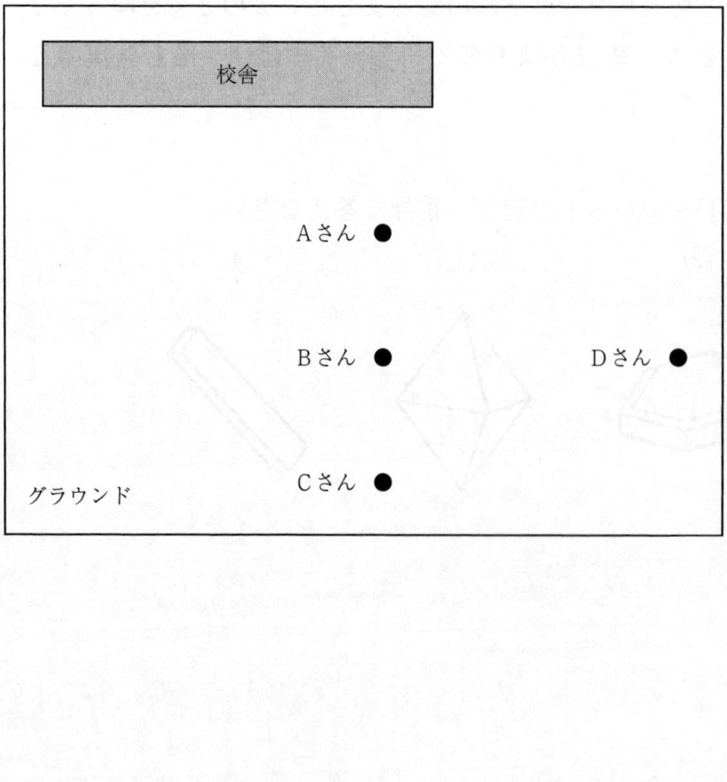

問１　Ｂさんにはピストルの音が２回聞こえました。１回目の音はＡさんがピストルを鳴らしてから0.5秒後に，２回目の音は１回目の音が聞こえてから１秒後に聞こえました。次の距離《きょり》をそれぞれ求めなさい。

(1)　Ａさんと Ｂさんの距離

(2)　校舎とＡさんの距離

問２　ＣさんとＤさんが聞いた音について，正しいものを次の①～④からそれぞれ１つずつ選び，番号で答えなさい。

①　２回音が聞こえて，１回目と２回目の間隔は１秒より短かった。

②　２回音が聞こえて，１回目と２回目の間隔は１秒だった。

③　２回音が聞こえて，１回目と２回目の間隔は１秒より長かった。

④　音が１回しか聞こえなかった。

問３　音が空気中を伝わる速さは，気温が高いほど速くなります。この日よりも気温の高い日に同じ実験をした場合，Ｂさんに聞こえる１回目と２回目の音の間隔はどうなりますか。次の①～③から１つ選び，番号で答えなさい。

①　１秒より短くなる

②　１秒のまま

③　１秒より長くなる

3　夏休み中の順子さんと天彦さんの２人の会話文を読み，以下の問いに答えなさい。

天彦さん：毎日暑いなあ。そういえば，家で育てているヒマワリが咲《さ》いたんだよ。ヒマワリは背も高いし，花びらが大きくて目立つからかっこいい。花も大きいよね。

順子さん：ヒマワリの花が大きい？　そうかな。ヒマワリの花は小さいよ。

天彦さん：え？　家で育てているヒマワリの花は僕の顔より大きいよ。小さいってどういうこと？

順子さん：ヒマワリって，小さい花の集まりなんだって。

天彦さん：本当？　僕が１つの花だと思ってるものの中に，小さい花がいっぱい詰《つ》まってるってこと？

順子さん：うん，そうなの。実はヒマワリの外側に見える黄色い花びら１枚１枚が，それぞれ１つの花なんだって。「舌《ぜつ》状《じょう》花《か》」っていうの。

天彦さん：じゃあ真ん中の黒っぽいところは何？

順子さん：そこにも小さな花がびっしり詰まってるんだよ。こっちは大きな花びらはないけど，ひとつひとつの花にめしべもおしべもあるんだよ。「筒《とう》状《じょう》花《か》」っていうの。

天彦さん：じゃあ，その花の数だけ種ができるってこと？　すごい！　今から楽しみ。

順子さん：天彦さんはいいなあ。私のヒマワリは枯《か》れそうなの。

天彦さん：え？　どうしたの？

順子さん：葉っぱに黄色いしみみたいなものができたと思ったら，あっという間に全部の葉に広がって，どの葉も枯れてきちゃって。

天彦さん：日当たりが悪いのかな？　それとも病気かな？　きっと原因があるんだよ。ヒマワリをよく見て調べてみよう。

順子さん：葉の裏は，黒い小さな点々だらけね。待って！　灰色っぽい何かが付いてる。

天彦さん：本当だ。何これ？　大きさは１～３mmぐらいだね。１つの葉に同じようなものが１，２，３，……，15個付いてる。似たような形で，大きさが違《ちが》うものがある。これ，動くよ！

順子さん：ということは，小さな虫か何かが葉を食べてるのかな。黒い点々はフンかも。

天彦さん：葉に穴が開いていないから，食べるっていうより，葉の汁《しる》を吸うんじゃない？　ダニの仲間か，カメムシの仲間か，どっちかじゃないかな。よく観察すれば見分けられるよ。

順子さん：小さいから，虫眼鏡で拡大して見てみよう。私のヒマワリを枯らした犯人は，何だろう。

問１　ヒマワリと同じように，夏に花を咲かせる植物の名前を次から選びなさい。また，その植物の図を下の①～④から１つ選び，番号で答えなさい。

［植物の名前］

ツユクサ　　　ナズナ　　　キンモクセイ　　　スイセン

［植物の図］

①　　　②　　　③　　　④

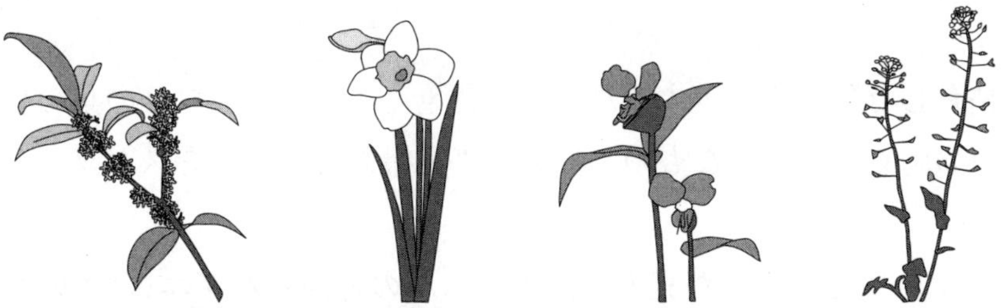

問２　ヒマワリの子葉の図を次の①～⑤から１つ選び，番号で答えなさい。

①　　　②　　　③　　　④　　　⑤

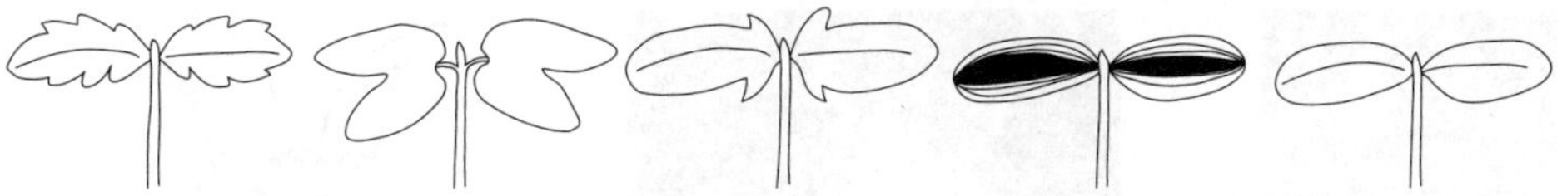

問３　ヒマワリのように小さな花が集まってできたものを「集合花」といいます。次の①～⑦の植物のうち，集合花を形成するのはどれですか。２つ選び，番号で答えなさい。

①　アブラナ　　　②　イネ　　　③　エンドウ　　　④　コスモス

⑤　オシロイバナ　　　⑥　タンポポ　　　⑦　スギナ

問４　ヒマワリのような集合花は，ひとつひとつの花が独立して咲く花よりも植物にとってメリット(利点)があると考えられます。ヒマワリの花は昆虫《こんちゅう》によって受粉することに着目して，どのようなメリットがあるのか，考えて答えなさい。

問５　ヒマワリの集合花１つには，非常に多くの種ができます。種がびっしりと詰まった１つの集合花にどれだけの数の種があるのか，短い時間でおおよその数を推測する方法を考えて答えなさい。

問６　カメムシの仲間は，細い針のような口で植物の汁を吸います。次の①～⑦の動物のうち，カメムシの仲間はどれですか。２つ選び，番号で答えなさい。

①　クマゼミ　　　②　アブラムシ
③　カブトムシ　　④　ナナホシテントウ
⑤　イナゴ　　　　⑥　モンシロチョウ
⑦　ギンヤンマ

問７　ヒマワリを枯らした犯人を特定するために，黄色くなったヒマワリの葉の裏と，そこにいた灰色の動く虫のようなものの拡大写真を撮影《さつえい》し，それをスケッチしました。

順子さんのヒマワリを枯らした犯人は，カメムシの仲間かハダニ(はねのあるダニ)の仲間，どちらだと考えられますか。あるいはどちらかにはっきり決めることができないですか。解答欄の該当《がいとう》するものを○で囲み，そう考えた理由を答えなさい。

ヒマワリの葉の様子

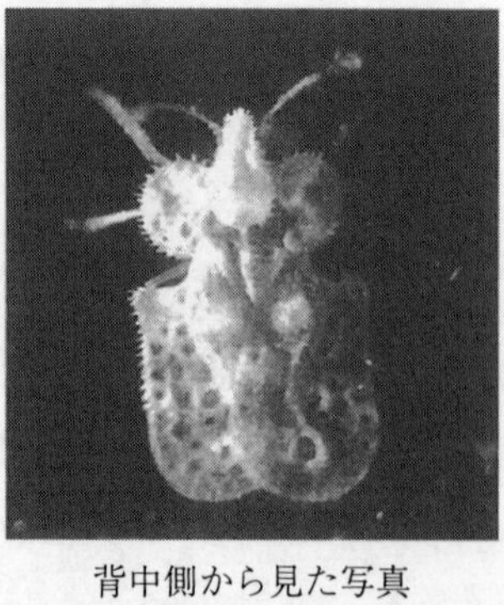
背中側から見た写真

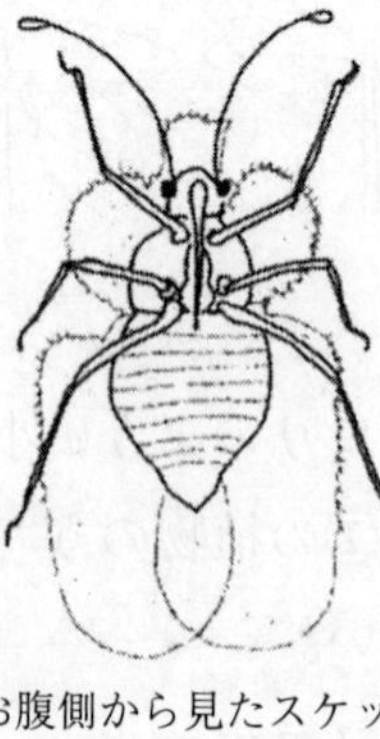
お腹側から見たスケッチ

４　ある場所で，下の図のような地層を見つけました。以下の問いに答えなさい。ただし，地層は逆転していないものとします。また，不整合とは，上下の堆積《たいせき》層どうしに，時間的な連続がないことをいい，この２つの層の間にある境界面のことを不整合面と呼びます。

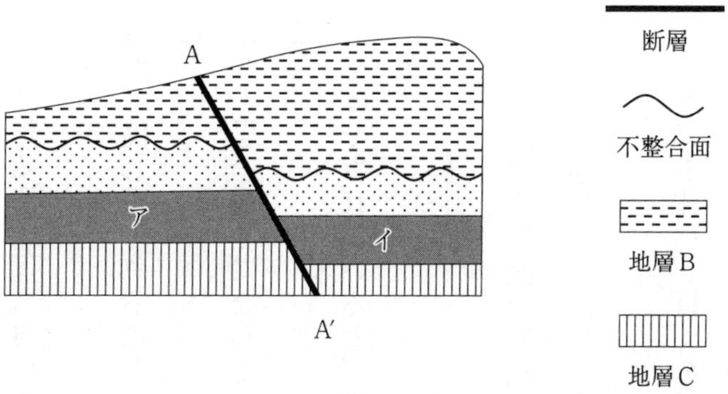

問１　図中のアの層とイの層は断層Ａ―Ａ′によって切れてずれていました。アとイの層はどのような力を受けましたか。次の①～③から１つ選び，番号で答えなさい。

①　左右に大きな力で引っ張られた。
②　左右から大きな力で押《お》された。
③　下から大きな力で押された。

問２　図中の断層Ａ―Ａ′は何断層というか答えなさい。

問３　図中の断層と不整合面のうち，先にできたのはどちらか答えなさい。

問４　図中の断層と地層Ｂのうち，先にできたのはどちらか答えなさい。

問５　地層Ｃは古生代の地層であることがわかりました。この地層から見つかる可能性のある化石を①～④から２つ選び，番号で答えなさい。

①　サンヨウチュウ　　②　フズリナ
③　ビカリア　　　　　④　マンモス

ア　自分が自覚している悪い面も良い面としてとらえられると、それを改善することなく、誤った人生を歩むことになるということ。

イ　入院中、皆から優しくされることに慣れてしまうと、退院後の普通の社会生活との差を埋めるために苦労してしまうということ。

ウ　なんでも自分の思い通りになってしまうと張り合いがなく、我慢や苦労をしたすえに得られる達成感を抱けなくなるということ。

エ　日常的にちやほやされていると、自分には甘く、他人に厳しい価値観が形成され、自分をみがくことができなくなるということ。

問八　――線④「ぼくは体全部を使って『やったー』と叫びそうになった」とありますが、なぜですか。これまでの状況と比較しながら、七十字以内で説明しなさい。

問九　――線⑤「あまりにも短い、ぼくの夏休みがようやく始まる」とありますが、このときの「ぼく」の気持ちを説明したものとして最も適当なものを次の**ア**～**エ**から選び、記号で答えなさい。

ア　二泊三日ではあるが、自分と同じ病気を持つ男の子なら悩みや苦しみを分かち合えると思い、男の子と何から話そうか考えている。

イ　短いものの、小学生らしく普通に楽しく遊べる時間をどう過ごそうかと思いめぐらし、男の子が来るのを待ち遠しく思っている。

ウ　ようやく同学年の男の子がやって来るので期待してはいるものの、どんな性格をしているのかわからないので、少し警戒している。

エ　男の子が来ることで、数日間ではあるが一緒に病院の外に出ることが許されるので、夏らしい暑さを体感できると、胸が躍っている。

問四　本文からは次の一段落が抜けています。もどす場所として最も適当なものを本文中の 1 ～ 4 から選び、番号で答えなさい。

> そのままの思いを口にして通じる心地よさ。底抜けに楽しい笑える時間。もしかしたら、それが味わえるかもしれない。小学校の休み時間や放課後がよみがえってくる。あの最高の時間をここでも過ごせたらどんなにいいだろう。

問五　――線①「これは大正解だった」とありますが、そう言えるのはなぜですか。その理由として最も適当なものを次の**ア**～**オ**から**二つ**選び、記号で答えなさい。

ア　お母さんの監視から逃れることで、友達が多くいるプレイルームに自由に出入りできるようになったから。

イ　話すこともほとんどなくなってしまったなか、病室でお母さんと一緒にいる息苦しさから解放されたから。

ウ　病室でお母さんに「大丈夫だよ」と言われるたびよみがえっていた検査のつらさを思い出さなくてすむようになったから。

エ　静寂《せいじゃく》から解放され、自由に外出できるようになったことで、お母さんが感じていた精神的な苦痛をやわらげることができたから。

オ　お母さんが病室から外出することで、病院にはない「ぼく」のほしいものを買ってきてもらえるから。

問六　――線②「これほど便利な話題はない」とありますが、そう言える理由を五十字以内で答えなさい。

問七　――線③「許されることが増えることは、本当は悲しいことなのかもしれない」とありますが、これはどのようなことを言ったものですか。その説明として最も適当なものを次の**ア**～**エ**から選び、記号で答えなさい。

問一　――線ア～オの漢字の読みをひらがなで答えなさい。

問二　～～線Ａ・Ｂのことばと同じ使い方がされているものを後の**ア**～**エ**からそれぞれ選び、記号で答えなさい。

Ａ「られる」

ア　かつての恩師が会いに来られる。
イ　この問題は実に考えさせられる。
ウ　地道な活動が世間に認められる。
エ　このクッキーはまだ食べられる。

Ｂ「の」

ア　私は日本全国を旅するのが好きだ。
イ　友人の佐藤さんとは最も仲がいい。
ウ　彼の描いた絵は見事なものだった。
エ　テーブルにあるカメラは彼女のだ。

問三　＝＝線「途方に暮れて」の本文中での意味として最も適当なものを次の**ア**～**エ**から選び、記号で答えなさい。

ア　思い通りにいかずいらだって
イ　これからの人生を悲観して
ウ　どうしたらよいかわからず困って
エ　不安で落ち着きがなくなって

病院で過ごす時間は一時間でも短いほうがいい。男の子が来るのを待ち遠しく思うのは、よくないことかもな。

「瑛介君、仲良くなれるといいねー」

「たぶんなれる。じゃあ、今日は夕方からずっとプレイルームで過ごそうっと」

「あはは。いいね。あ、背は小学一年生くらいだろうけど……」

興奮したぼくが失礼なことを言わないようにか、三園さんが付け加えた。

「うんうん、だろうね。見た目が赤ちゃんだろうと、じいさんだろうと、中身が小学三年生なら、大歓迎」

ぼくはそう言いながら、自分の病室に戻るため、プレイルームを片付けた。部屋に戻って、その子と遊ぶためのおもちゃを用意しなくては。

テレビでは、さっきまで「命に危険のある暑さだ」「対処するように」とオ深刻な顔で告げていたくせに、今は最高気温を達成したのはどこの地点だろうかと盛り上がっている。映し出された中継では、もぐらのような着ぐるみのゆるキャラが、大きな温度計の前で踊っている。危険な暑さなのに、着ぐるみの中に入るのは大丈夫なのだろうか。「今日は四〇・六度を達成です！」と女の人が声を上げると、もぐらゆるキャラは万歳をし始めた。四〇・六度。ここにいると、それがどれくらいのものかわからない。倒れそうな暑さだけど、着ぐるみではしゃげる暑さ。この部屋の設定温度は入院した六月末と同じ二十六度。プレイルームの窓は大きいけど、外の温度を少しも伝えない。命に危険を及ぼすほどの暑さを、ぼくも感じてみたい。入院してくる男の子は、この夏を知っているだろうか。ああ、その子と何を話そう。何をして遊ぼう。

少ししか一緒にいられないんだ。相手に緊張されている暇はない。早いところ、打ち解けてしまわないと。二泊三日。⑤あまりにも短い、ぼくの夏休みがようやく始まる。

（瀬尾まいこ『夏の体温』による。作問の都合上、本文の一部を変更しています。）

＊三園さん…東棟にいる保育士の女性。

＊ＭＲＩ…磁気と電波を用いて、体の内部情報を画像にする検査。

な声で慰《なぐさ》め、願いを聞いてくれる。

入院前は欲しいものなんてクリスマスか誕生日にしかもらえなかったし、しんどいと言ったって「ぐずぐず言わないの」と怒られていた。

なんでもＯＫになると、わがままは成り立たない。それに、どれだけ買ってもらっても、欲しいものを手に入れた気分にはなれなかった。③許されることが増えることは、本当は悲しいことなのかもしれない。

「そうそう、大ニュースがあるよ」

女の子たちが採血の時間になり、三園さんはぼくに近づいてそう言った。

「何？」

「今日の夕方から小学三年生の男の子が検査入院するんだって。瑛介君と同じ学年だよね」

小学三年生。しかも男子。三園さんの報告に、④ぼくは体全部を使って「やったー」と叫びそうになった。これはビッグプレゼントだ。

低身長は三歳半検診でエ指摘されることが多いらしく、検査入院してくるのは幼稚園児がほとんどだ。残念ながら、幼稚園の子どもとは、まるで話が合わない。お店屋さんごっこも「おかあさんといっしょ」もアンパンマンも、ぼくには何の興味もないものだ。

看護師さんも三園さんもいい人だし、検査を受けにくる子どもの親たちも、ぼくに気を遣《つか》ってくれている。でも、それは合わせてくれているだけで、一緒にいることが楽しいわけではない。

［　４　］

「それは大ニュースだね。でも、夕方？」

だいたい検査入院の子たちは午前中にやってくる。早く会いたいのに、夕方まで待たないといけないなんて。

「そう。何回目かの検査で、＊ＭＲＩは終わってるとかで、今日の夜からで間に合うらしいよ」

「そうなんだ。ま、来てくれるだけいいかな」

病院で出会ったとなると、どこまで相手のことに踏み込んでいいかわからない。暗くなる会話もタブーだし、ぼくがここにいる手前か、外の話は避けたほうがいいと思うようだ。誰も傷つけずに誰でもわかる天気は、ちょうどいいテーマみたいだ。今年のこの暑さは、みんなに話題をせっせとウ提供してくれている。

2

「こっちに、太鼓もあるよ」
女の子たちがピアノのおもちゃを取り合っていたから、ぼくは棚《たな》の奥から太鼓のおもちゃを出してきた。
「わたしたたく！」
「わたし先だよー」
さっきまでピアノを弾きたがっていたくせに、今度は二人とも太鼓のおもちゃを奪い合っている。
「じゃあ、こっちは？」
ドレッサーのおもちゃを出してくると、二人とも「わたしが先に使う」と主張する。女の子っていうのは、どうしようもない。
「ごめんねー。わがままで」
「自己主張が強くって、うちの子」
母親たちはそう言いながら、子どもたちに「ほら順番しないと」と注意をし、
「お兄ちゃんは優しいね」
とついでにぼくを褒《ほ》めてくれた。

3

ぼくは優しくはないし、それこそわがままだ。ベイブレード、ゲーム、アニメのカード。欲しいと言えば、その週のうちに手に入った。
帰りたい、しんどい、もう嫌だ。そう言えば、「そうだね、しんどいよね」「もう少しがんばろう」とお母さんが穏やか

「ええ。もうあと三時間の辛抱《しんぼう》です」

母親はほっとした顔でそう言ってから、退院を喜ぶのはぼくに悪いと思ったのか、「あ、えっと、どうやら外はずいぶん暑いみたいですね」

と慌てて話を変えた。

「そうそう。昨日は熱中症で運ばれた患者が過去最高だったって」

三園さんはプレイルームのテレビをつけた。

テレビから流れるニュースは、記録的な猛暑だ、命の危険がある暑さだから不要な外出を控えるように、などとイ緊迫感のある声で伝えている。

「異常気象ですよね。昨日は突然、大雨降ったし」

「ああ、すごい雨でしたね」

プレイルームにやってきたもう一組の親子も、会話に加わった。

検査入院も午前中で終わりとなる子どもたちは、採血用の管を左腕に刺したままでおもちゃを自由に取り出し遊んでいる。管を刺された直後は腕を動かしにくそうにしていたり、外したいと訴えていたりしたのに、二日目には違和感なく腕を使っている。子どもって本当にすぐに慣れるんだよな。ぼくも同じ、ここでの生活が日常となった。そして、慣れた分、退屈で先が見えなくて途方に暮れてしまっている。

「去年涼しかった分、こたえますよね」

「本当に」

「エアコン代もばかにならないなあ」

「外では遊べないし、休み中は子どもとショッピングモールをうろうろすることになりそうですよね」

二人の母親はずっと天気について話している。ぼくたち子どもは、天気の話なんてしないけれど、②これほど便利な話題はないと、ここで知った。

　いつもお母さんは九時過ぎに三園さんに挨拶してから家に戻り、昼食の時に病院に来て、そのままぼくの病室に泊まる。前までは土日にお父さんと交代するまで、病院から一歩も外に出なかったけれど、今では午前中は家に帰るようになった。日中は三園さんもいるし、いざという時には看護師さんもいる。検査がある日以外は、お母さんがいる必要はない。

　最初はお母さんが帰ることをずるいと思った。ここでぼくが死ぬほどの退屈を味わっている時に、外に出られるなんて不公平だって。病気でしんどいのはぼくなのに、お母さんだけ自由だなんてありえないって。

　でも、三園さんは、

「じっとそばにいられるより、外に出てもらったほうが瑛介君も気楽じゃない？　たぶん、大丈夫だよ、ね。うん、五時まで私がいるし、どうぞ行って行ってー」

とお母さんに外出を勧めてしまった。

　①これは大正解だった。

　ここに閉じ込められて同じ時間を共に送っているのだ。お母さんと話すことはもうほとんどなかった。みっちり一緒にいるＢのは相当の息苦しさだったと、離れてみてわかった。それに、お母さんが外に出れば、病院の売店では売っていないお菓子やおもちゃも買ってもらえる。未《いま》だにお母さんは申し訳なさそうに出て行くけど、ぼくはお母さんの外出には大賛成だった。

［ 1 ］

　病気もつらい。検査も治療もしんどい。でも、元気な体でここに閉じ込められる苦しさもある。適温できれいな病室。それなのに、ここには動かない空気しかない。外の空気に触れたい。歩ける足が、伸ばせる手があるのだから、今吹いている風に触れてみたい。そう思うのは当然だ。

「あ、れいかちゃんおはようー。今日で検査終わりだね」

　低身長検査の親子がプレイルームに入ってきて、三園さんが声をかけた。月曜に入院した低身長の子どもたちは、水曜日の今日が退院だ。

二

次の文章を読んで、後の問いに答えなさい。ただし、字数制限のある解答については、句読点・記号も一字とします。

血小板が少ないことから、経過観察のため県立病院に長期入院している「ぼく」（高倉瑛介《たかくらえいすけ》）は、退屈《たいくつ》な日々を送っていた。小児科の入院病棟《びょうとう》の東棟には、「ぼく」のような経過観察の患者《かんじゃ》や検査入院の子どもたちが、西棟には重病患者が滞在《たいざい》している。

この病院に来た時は採血だけで泣き叫んで逃れようとしていた。でも、その上があるのだ。麻酔《ますい》を打たれて機械に入ったり、骨髄《こつずい》検査を受けたりした。ぼくは麻酔や薬の副作用を受けやすい体質らしく、検査のたびに体が参った。半分起きているような、意識があるようなないような、それでいて体が動かない状態。痛みより、それが怖かった。ふわふわと熱があるようにうなされていて、自分がどうなっていくのかわからない感覚。「助けてー」と叫んでいるつもりなのに、体のどこにも力が入らず声にならない。眠りなのか、だるさや苦しみなのか、よくわからないものに呑《の》み込まれるように意識が遠のいていく。ぼくはまたここに戻ってこＡられるのだろうか。その不安のまま意識が消えていく。それが何よりも怖かった。

ああ、やだやだ。ぼくは検査漬《づ》けの日々を思い出してア身震いした。ここは東棟だ。もう怖いことはない。ここで血小板の数が増えれば、退院できる。大丈夫だ。自分にそう言い聞かせていると、

「お母さんは？」

と＊三園さんに聞かれた。

「今日は用事があるって、いつもより早く出て行った。昼過ぎに戻ってくるかな」

「そっか。そりゃ、忙しいよねー」

三園さんはそう言って、エプロンをつけた。

問六 ――線③「欧米の文化」・――線④「日本の文化」とありますが、これはどういうことですか。その説明として最も適当なものを次の**ア**～**エ**から選び、記号で答えなさい。

ア 欧米の文化は、自分自身の気持ちや意見に従ってものごとを判断する文化であるのに対して、日本の文化は、相手の気持ちや立場を考慮してものごとを判断する文化である。

イ 欧米の文化は、自分の意見と他者の意見を比較したうえで、自分の意見を優先する文化であるのに対して、日本の文化は、自分の意見よりも他者の意見に配慮する文化である。

ウ 欧米の文化は、個として独立している、他者とは切り離された文化であるのに対して、日本の文化は、他者との関係のうえでしか成立しない文化である。

エ 欧米の文化は、自分のありかたを必ず問題にする主観的な文化であるのに対して、日本の文化は、相手の気持ちや立場を常に気にする調和的な閉じた文化である。

問七 ――線⑤「個として閉じておらず、他者に対して開かれている」とはどういうことですか。その説明として最も適当なものを次の**ア**～**エ**から選び、記号で答えなさい。

ア 自分の意見があいまいで、常に他者の意見を参考にすること。

イ 自分の意見を存分に主張しながらも他者をよく理解すること。

ウ 相手の気持ちや立場に配慮しつつ、常に自己の意見を優先すること。

エ 自己主張は適度に抑えながら、相手のことを十分に尊重すること。

問八 ――線⑥「『おもてなし』の精神」とありますが、あなたの家に外国の方がいらっしゃったという状況で、どのような「おもてなし」ができますか。具体例を挙げ、あなたの考えを八十字以上百字以内で述べなさい。

問三 [A]～[D]に入ることばとして最も適当なものを次の**ア**～**エ**からそれぞれ選び、記号で答えなさい。ただし、同じ記号を二度以上使ってはいけません。

ア つまり　**イ** たとえば　**ウ** だから　**エ** だが

問四 ――線①「ここにあげてきたような態度」とありますが、ここにあげられたものとして**適当でないもの**を次の**ア**～**エ**から一つ選び、記号で答えなさい。

ア 購入したばかりの車の不具合を訴えに販売店に行くと、担当者が「どうしてほしいんだ?」などと言って、横柄な態度で応対してくること。

イ 部屋の空調の不具合を業者に伝えると、平気な顔で「使い方が悪いんじゃないか」などと、相手に対する配慮のない態度を取りはじめること。

ウ 予約した部屋がダブルブッキングであってもまったく悪びれもせず、キャンセルが出たら「あんたはラッキーだ」と言うだけで、何の謝罪もないこと。

エ スーパーのレジで店員が「休憩時間だから、30分後には戻る」と並んでいる客たちに言って、申し訳なさそうにレジを締めてしまうこと。

問五 ――線②「従業員は過剰なストレスにさらされるようになった」とありますが、その理由を本文中のことばを使って、五十字以上六十字以内でわかりやすく説明しなさい。

こうした日本的な自己のあり方に対して、欧米かぶれの人たちは主体性がないなどと批判的なことをいう。［Ｄ］、自己主張を適度に抑え、相手を尊重しようという、個として凝《こ》り固まらず、他者に対して開かれた姿勢が、争い事の少ない調和的な社会を生み出しているのである。

そして、そうした姿勢こそが「⑥『おもてなし』の精神」につながっているのである。

（榎本博明『「おもてなし」という残酷社会　過剰・感情労働とどう向き合うか』による。
作問の都合上、本文の一部を変更しています。）

問一　――線ア～オのカタカナを漢字に直して答えなさい。

問二　――線ａ・ｂのことばの本文中での意味として最も適当なものを後の**ア**～**エ**からそれぞれ選び、記号で答えなさい。

ａ「傍若無人」

ア　相手に対して敵意をむき出しにする様子
イ　周りをやたらと気にする様子
ウ　他人のことを気にかけない自分勝手な様子
エ　自分の言動にまったく責任を持たない様子

ｂ「肩をすくめる」

ア　せつない気持ちのため両肩をすぼめる
イ　どうしようもないという思いで両肩をあげる
ウ　あまりのことに驚いて両肩をちぢめる
エ　やり場のない怒りで両肩をふるわせる

諦《あきら》める。店員にも個人のエケンリがあるのだし、当然のことと受け止められるようだ。

日本だったら、①ここにあげてきたような態度をとる店員はいないはずだ。特別に「『おもてなし』の精神」に溢《あふ》れた店員でなくとも、もっと客の立場や気持ちを思いやって、感じよく対応してくれるのではないだろうか。

これまでの日本のやり方で、十分気持ちよかったはずだ。それにもかかわらず、わざわざ過剰な「お客様扱い」を奨励などするものだから、客の自己愛がやたら増殖し、過剰な期待や要求をもつようになり、②従業員は過剰なストレスにさらされるようになった。

「『おもてなし』の精神」をアピールするのは問題ないし、海外に拡げるのはよいことだと思う。だが、これまでの日本のおもてなしの仕方を変える必要など、さらさらなかったはずである。

過剰な「お客様扱い」を奨励したりするものだから、せっかくの「『おもてなし』の文化」、［C］お互いに気遣いをし合う、やさしく心地よい関係が崩れつつある。

私は、③欧米の文化を「自己中心の文化」、④日本の文化を「間柄の文化」と名づけて対比させている（榎本博明『「みっともない」と日本人』日経プレミアシリーズ）。

「自己中心の文化」とは、自分が思うことを思う存分主張すればよい、ある事柄を持ち出すか持ち出さないかは自分の意見をオキジュンに判断すればよい、とする文化のことである。常に自分自身の気持ちや意見に従って判断することになる。

欧米の文化は、まさに「自己中心の文化」といってよい。そのような文化のもとで自己形成してきた欧米人の自己は、個として独立しており、他者から切り離されている。

一方、「間柄の文化」というのは、一方的な自己主張で人を困らせたり嫌な思いをさせたりしてはいけない、ある事柄を持ち出すか持ち出さないかは相手の気持ちや立場を配慮して判断すべき、とする文化のことである。常に相手の気持ちや立場を配慮しながら判断することになる。

日本の文化は、まさに「間柄の文化」といえる。そのような文化のもとで自己形成してきた日本人の自己は、⑤個として閉じておらず、他者に対して開かれている。

いの応酬《おうしゅう》である。［Ａ］、仕事の場でも、特別に客に対してぞんざいな態度をとることはない。
そのような文化にどっぷり浸かって過ごしてきた日本人が、［Ｂ］アメリカに留学したり赴任したりすると、ビックリさせられることの連続である。
購入したばかりの車の具合が悪いため、購入した販売店に行き、担当した人物に文句をいうと、ふんぞり返った姿勢で、
「で、どうしてほしいんだ？」
などという。申し訳なさそうな態度がまったくみられない。
部屋の空調の具合が悪いため、業者に事情を伝えると、
「使い方が悪いんじゃないか」
などと、平気でいい出す。困っている相手の気持ちへの配慮がまったくない。
電気製品がウコショウし購入した電器店にもっていって事情を説明すると、堂々とした態度で、
「保証書は購入したか？」
などと聞いてくる。申し訳なさそうな雰囲気はまったくない。
ホテルに着いてフロントに行くと、運悪くダブルブッキングされていた。予約証をもっているのに部屋がないのは困る、といっても、
「予約してあるのはわかるが、部屋がないんだ。食事でもしてくれれば。そのうちキャンセルが出るかもしれない」
と、まったく悪びれもせずにいう。そして、キャンセルが出ると、
「あんたはラッキーだ」
と満面の笑みを浮かべ、心配させたことへの謝罪もない。
スーパーのレジに並んでいると、あと数人なのに、腕時計を指さして、
「休憩時間だからいったん閉じる。30分後に戻るから」
といって、レジを締《し》めてしまう。それに対して、並んでいた客たちは、ｂ肩をすくめる程度で、だれも文句をいわずに

2024年度 順天中学校

【国語】〈第一回Ａ入試〉（五〇分）〈満点：一〇〇点〉

一　次の文章を読んで、後の問いに答えなさい。ただし、字数制限のある解答については、句読点・記号も一字とします。

あえて「おもてなし」などと強調するまでもなく、私たち日本人はごく自然に人に対して気を遣《つか》ってきた。

a傍若無人に振る舞う中国人旅行者をみて呆《あき》れ、不快に思うのは、彼らが周囲の人にまったく気を遣わずに自分勝手に振る舞うからである。それを不快に思い、呆れるということ自体、私たちの心に「人を気遣う心」がしっかりと植えつけられている証拠といえる。

「人の目を気にする日本人」などと自嘲《じちょう》気味にいったりして、人の目を気にすることが、いかにもよくないことであるかのように批判するくせに、突然「おもてなし」などといい出す。これでは人々の頭のなかはアコンランする。人の目を気にしないで、どうしたら「おもてなし」がうまくできるのだろうか。

欧米コンプレックスの強い人たちは、日本人は人の目ばかり気にしているが、欧米人のように人の目など気にせずに、もっと自由に堂々と自分の思うことをいい、自分のやりたいようにやればいい、などといったりする。

だが、なぜ外国人と比べて日本人に「『おもてなし』の精神」がイユタかとされるのかをよく考えてみるべきだろう。

「人の目」を気にせずに「おもてなし」などできない。

人の目を気にするということ自体が、人に気を遣っていることを意味する。改めていわれなくても、私たち日本人は、日頃から、人がどう思うか、どう感じるかを気にして、人のことを気遣いながら暮らしているのである。

客の立場に立って親切に応対するのは、じつは日本人はもともと得意なのだ。そもそも日常の人間関係がお互いの気遣

2024年度

順天中学校　▶解説と解答

算数　＜第１回Ａ入試＞（50分）＜満点：100点＞

解答

1 (1) $\frac{8}{9}$　(2) $2\frac{1}{16}$　**2** (1) 40％　(2) ア　28人　イ　20人　(3) ア　3人　イ　1人　(4) ア　24個　イ　36個　(5) 127　(6) 115度　(7) 13.76cm^2　(8) ア　120cm^3　イ　204cm^2　**3** (1) **整数ア**…88／最初から56番目　(2) *A*　327　*B*　376　(3) 2784　**4** (1) a　16　b　13　c　4　(2) 1.6倍　(3) 13：1　**5** (1) $\frac{1}{3}$　(2) ①　1：2：3　②　$\frac{1}{2}$

解説

1 四則計算

(1) $\left(\frac{4}{5}+\frac{4}{9}\right)\div\left(2\frac{1}{3}-\frac{14}{15}\right)=\left(\frac{36}{45}+\frac{20}{45}\right)\div\left(\frac{7}{3}-\frac{14}{15}\right)=\frac{56}{45}\div\left(\frac{35}{15}-\frac{14}{15}\right)=\frac{56}{45}\div\frac{21}{15}=\frac{56}{45}\div\frac{7}{5}=\frac{56}{45}\times\frac{5}{7}=\frac{8}{9}$

(2) $\left(1\frac{1}{8}-\frac{2}{3}\right)\div 2\frac{4}{9}+2.25\times\frac{5}{6}=\left(\frac{9}{8}-\frac{2}{3}\right)\div\frac{22}{9}+\frac{9}{4}\times\frac{5}{6}=\left(\frac{27}{24}-\frac{16}{24}\right)\div\frac{22}{9}+\frac{15}{8}=\frac{11}{24}\times\frac{9}{22}+\frac{15}{8}=\frac{3}{16}+\frac{30}{16}=\frac{33}{16}=2\frac{1}{16}$

2 割合と比，比の性質，平均，つるかめ算，場合の数，数列，角度，面積，体積，表面積

(1) 問題文中の表から，福岡県の人口が514万人で，九州地方全体の人口が1278万人とわかる。よって，5140000÷12780000×100＝40.2…より，四捨五入して整数にすると，福岡県の人口は九州地方全体の約40％となる。

(2) Ｂクラスの人数がＡクラスの$\frac{5}{7}$であることから，ＡクラスとＢクラスの人数の比は，$1:\frac{5}{7}=7:5$である。この比の差の，7－5＝2が8人にあたるので，比の1にあたる人数は，8÷2＝4（人）となる。よって，Ａクラスは，4×7＝28(人)(…ア)，Ｂクラスは，4×5＝20(人)(…イ)である。

(3) 5点の人と10点の人の合計の人数は，30－(3＋6＋7＋5＋5)＝4(人)である。また，30人全体の平均点が6.9点なので，合計点は，6.9×30＝207(点)で，5点の人と10点の人の合計点は，207－(4×3＋6×6＋7×7＋8×5＋9×5)＝207－182＝25(点)となる。4人が全員10点だとすると，合計点は，10×4＝40(点)になり，実際よりも，40－25＝15(点)多い。10点の人1人の点数を5点にすると，合計点が，10－5＝5(点)少なくなるから，5点の人は，15÷5＝3(人)(…ア)，10点の人は，4－3＝1(人)(…イ)となる。

(4) 3桁《けた》の偶数《ぐうすう》をつくるとき，一の位の数字は，2か4の2通りから選ぶことになる。すると，百の位は残りの4通りの数字から，十の位はさらに残りの3通りから選ぶので，3桁の偶数は全部で，2×4×3＝24(個)(…ア)できる。同様に，奇数《きすう》をつくるとき，一の位の数字は，1，3，5の

３通りから選ぶので，３桁の奇数は全部で，３×４×３＝36(個)（…イ）できる。なお，３桁の整数は全部で，５×４×３＝60(個)つくることができ，偶数が24個なので，奇数は，60－24＝36(個)と求めてもよい。

⑸　３×２＋１＝７，７×２＋１＝15，15×２＋１＝31，…のように，問題文中の数列は，前の数を２倍して１を加えた数が順に並んでいる。よって，63×２＋１＝127より，Aには127があてはまる。

⑹　右の図１のように，長方形ABCDの中で，対角線によって分けられた角をそれぞれあ⃝，い⃝とすると，あ⃝＋い⃝＝90(度)である。また，右の図２は，長方形ABCDを，点Oを中心に回転させたときの，角Cが移動した様子を表したものである。三角形OCC′に注目すると，内角の大きさの和は180度だから，

図１

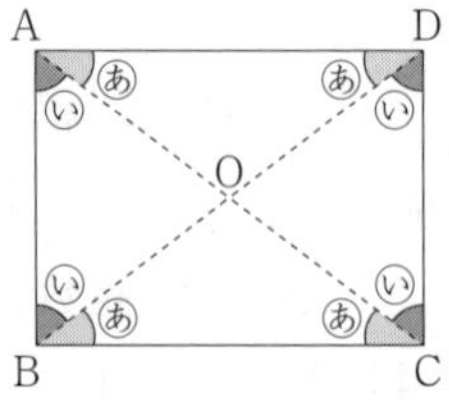

図２

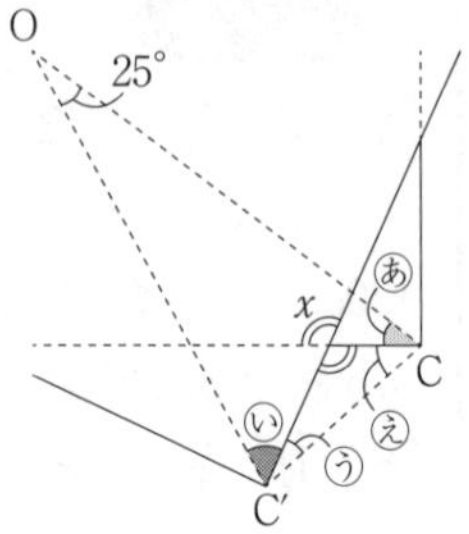

25＋あ⃝＋い⃝＋う⃝＋え⃝＝180(度)より，う⃝＋え⃝＝180－(25＋あ⃝＋い⃝)＝180－(25＋90)＝65(度)とわかる。よって，xは，180－65＝115(度)と求められる。

⑺　問題文中の図形は，１辺８cmの正方形から，半径１cmの円を４個，半径２cmの半円を２個，半径４cmの半円を１個除いたものなので，その面積は，８×８－１×１×3.14×４－２×２×3.14×$\frac{1}{2}$×２－４×４×3.14×$\frac{1}{2}$＝64－４×3.14－４×3.14－８×3.14＝64－(４＋４＋８)×3.14＝64－16×3.14＝64－50.24＝13.76(cm^2)である。

⑻　問題文中の立体は，底面積が，４×３÷２＝６(cm^2)で，高さが２cmの三角柱と，底面積が，(８＋４)×(３＋６)÷２＝54(cm^2)で，高さが２cmの三角柱を合わせたものと考えることができる。よって，この立体の体積は，６×２＋54×２＝120(cm^3)（…ア）となる。また，この立体の各面は，右の図３のように分けることができる。このうち，あ⃝とう⃝を合わせると，お⃝と合同な直角三角形ができるので，あ⃝，う⃝，お⃝の面積の和は，９×12÷２×２＝108(cm^2)となる。また，い⃝の面積は，(３＋４＋５)×２＝24(cm^2)，え⃝の面積は，(９＋12＋15)×２＝72(cm^2)である。よって，この立体の表面積は，108＋24＋72＝204(cm^2)（…イ）と求められる。

図３

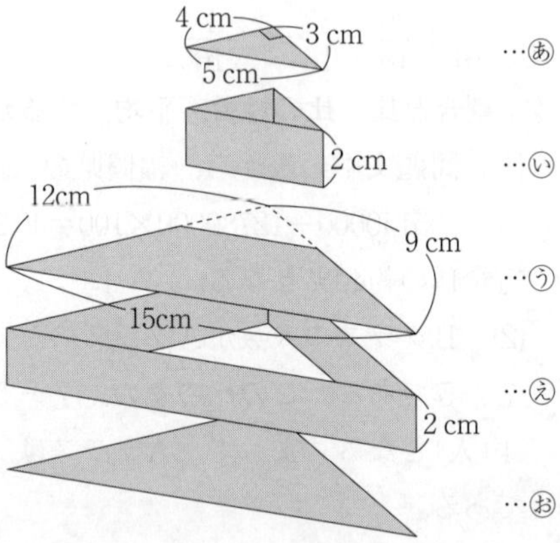

3 数列

⑴　条件にあてはまる２桁の整数のうち，最大の数は88なので，最後の整数アは88である。また，数字の４と９を除くので，十の位に使えるのは，１，２，３，５，６，７，８の７通りで，一の位に使えるのは，０，１，２，３，５，６，７，８の８通りとなる。よって，このような２桁の整数は，７×８＝56(個)つくれるから，整数ア(88)は最初の数10から数えて56番目の数である。

⑵　問題文中の表のAにあてはまる数は，11＋21＋31＋51＋61＋71＋81＝(１＋２＋３＋５＋６＋７＋８)×10＋１×７＝320＋７＝327，Bにあてはまる数は，18＋28＋38＋58＋68＋78＋88＝(１＋

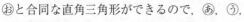

２＋３＋５＋６＋７＋８)×10＋８×７＝320＋56＝376である。

(3)　(2)のAやBのように，表の縦１列に並ぶ数の合計は，320に一の位の数字の７倍を加えたものとなる。よって，10からアまでのすべての整数の和は，320＋(320＋１×７)＋(320＋２×７)＋(320＋３×７)＋(320＋５×７)＋(320＋６×７)＋(320＋７×７)＋(320＋８×７)＝320×８＋(１＋２＋３＋５＋６＋７＋８)×７＝320×８＋32×７＝2560＋224＝2784と求められる。

4　グラフ―速さと比

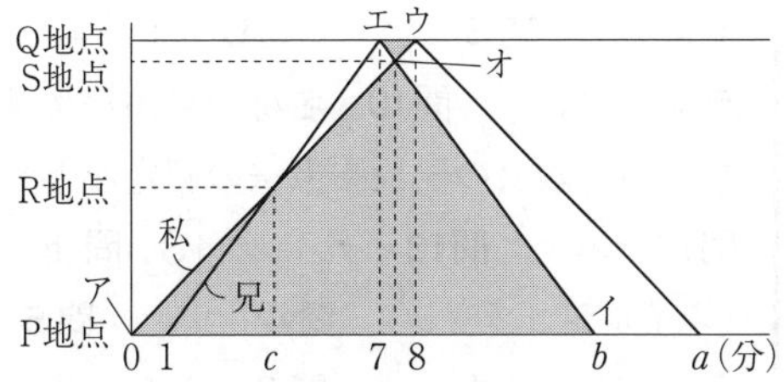

(1)　右の図より，私はＰ地点からＱ地点まで行くのに８分かかっているので，出発してからＰ地点に戻《もど》ってくるのに，８×２＝16(分)かかる。よって，aには16があてはまる。同様に，兄はＰ地点からＱ地点まで行くのに，７－１＝６(分)かかっているので，兄がＰ地点に戻ってきたのは，私が出発してから，７＋６＝13(分後)となり，bには13があてはまる。さらに，Ｐ地点からＱ地点まで行くのに，私は８分，兄は６分かかったので，私と兄が同じ道のりを進むのにかかる時間の比は，８：６＝４：３となる。これより，Ｐ地点からＲ地点まで進むのにかかる時間の比も４：３となる。兄が出発したのは私が出発してから１分後なので，４：３の比の差の，４－３＝１が１分にあたる。したがって，私が４分，兄が３分進んで，Ｒ地点で兄が私に追いついたから，cには４があてはまる。

(2)　私が兄と同時にＰ地点に着くためには，Ｑ地点からＰ地点までを，13－８＝５(分)で進む必要がある。このとき，かかる時間は，５÷８＝$\frac{5}{8}$(倍)になるから，速さは，８÷５＝1.6(倍)にすればよい。

(3)　図で，三角形アイオと三角形ウエオは相似であり，相似比は，アイ：ウエ＝13：１である。Ｐ地点からＳ地点までの道のりと，Ｓ地点からＱ地点までの道のりの比は，三角形アイオと三角形ウエオの相似比と等しいから，13：１とわかる。

5　平面図形―辺の比と面積の比，相似

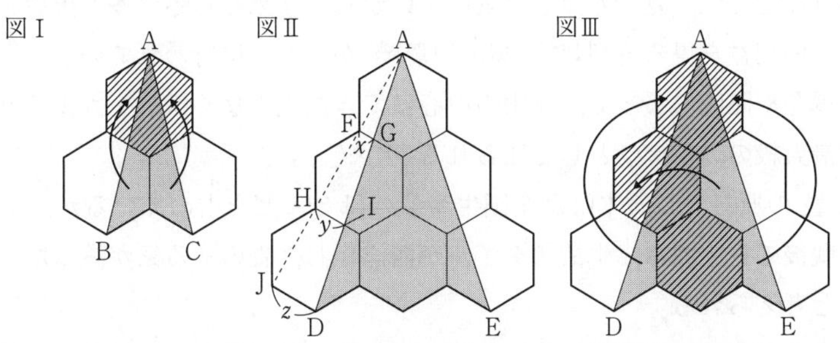

(1)　上の図Ⅰのように，影《かげ》をつけた部分の一部を移動させると，斜線《しゃせん》で示したように１つの正六角形になる。よって，影をつけた部分の面積は，図形全体の$\frac{1}{3}$である。

(2)　①　上の図Ⅱで，三角形AFG，AHI，AJDは相似であり，相似比は１：２：３なので，x，y，zの長さの比も１：２：３である。　②　上の図Ⅲのように，影をつけた部分の一部を移動させると，斜線で示したように３つの正六角形になることがわかる。したがって，影をつけた部分の面積は，図形全体の，$\frac{3}{6}=\frac{1}{2}$である。

社 会 ＜第１回Ａ入試＞（30分）＜満点：60点＞

解 答

1 問１ あ 前橋 い 水俣 う 札幌 問２ ア 問３ イ 問４ ア 問５ （例） い草を使ってつくられる畳のある家が減ったから。 問６ エ 問７ ア 問８ エ 問９ ウ 問10 エ 2 問１ 徳川家康 問２ イ 問３ ウ 問４ 菅原道真 問５ ア 問６ イ→エ→ア→ウ 問７ 中尊寺金色堂 問８ エ 問９ ラクスマン 問10 名称…自由民権運動 内容…（例） 武力ではなく言論の力で政府批判を行い，国会の開設や憲法の制定などを求める運動を展開していった。 問11 屯田兵 問12 エ 問13 ア 3 問１ 広島 問２ ① エ ② ウ 問３ 石油危機（オイルショック） 問４ ウ 問５ ウ 問６ イ，ウ 問７ 記号…オ 正しい答え…（例） 少ない 問８ ゼレンスキー 問９ ストライキ 問10 ウ 問11 勤労 問12 団体行動（争議） 問13 エ 問14 （例） 第３次産業であるサービス業で働く人の割合が多くなっており，賃金額や休暇の水準が上がってきている（パート・派遣労働者の増加により，労働組合が組織しづらくなっている）

解 説

1 日本の都道府県や地方についての問題

問１ **あ** 群馬県の県庁所在地は前橋市である。 **い** 熊本県の水俣市では，工場排水にふくまれていた有機水銀が原因となり水俣病が発生した。 **う** 北海道の道庁所在地は札幌市である。

問２ 稲荷山《いなりやま》古墳は，埼玉県にある古墳である。この古墳から発見された鉄剣には「ワカタケル大王」を表す漢字が刻まれている（ア…×）。

問３ 夜の間も照明をつけておくのは，愛知県の渥美《あつみ》半島や沖縄県などでさかんに行われている電《でん》照菊《しょうぎく》の栽培《さいばい》である。菊に光を当て続けることにより，開花の時期を調整している（イ…×）。なお，群馬県の嬬恋《つまごい》村などでは，夏でも涼《すず》しい気候をいかし，本来なら冬に多く出荷される野菜を夏に出荷することで高い利益を得る抑制《よくせい》栽培（高冷地農業）がさかんに行われている。

問４ 火山の爆発や陥没《かんぼつ》によって，火山の中心にできた大きなくぼ地をカルデラといい，熊本県の阿蘇山は世界最大級のカルデラとして知られる（ア…○）。

問５ い草は畳《たたみ》の原料で，熊本県が全国生産量のほとんどを占《し》めているが，生産量は減っている。第二次世界大戦後の日本では，生活スタイルが西洋化し，畳のある家が減ったことから，い草の生産量が減ったと考えられる。

問６ 石川県の金沢市は日本海側の気候に属している。日本海側の気候では，冬の北西季節風が暖流である対馬海流の上を通ることで水蒸気をたくわえて日本海側の地域に雪をもたらすため，冬の降水量が夏よりも多い（エ…○）。

問７ 飛騨《ひだ》山脈は日本アルプスのうちの北アルプスにあたり，長野県と富山県，岐阜県北部の県境などに位置する（ア…○）。なお，イは中央アルプスの木曽《きそ》山脈，ウは南アルプスの赤石《あかいし》山脈，エは琵琶湖の北東にある伊吹《いぶき》山地である。

問８ 石川県の能登《のと》半島北部の輪島市では，うるしを塗った輪島塗《ぬり》という伝統的工芸品の生産がさかんである(エ…○)。なお，燕鍛冶《つばめかじ》の金属食器は新潟県(ア…×)，南部鉄器は岩手県(イ…×)，曲げわっぱのお弁当箱は秋田県(エ…×)の伝統的工芸品である。

問９　Ａは石狩《いしかり》平野，Ｂは十勝《とかち》平野，Ｃは根釧《こんせん》台地の周辺である。このうち，石狩平野は稲作が，十勝平野では畑作が，根釧台地では酪農《らくのう》が特にさかんに行われている(ウ…○)。

問10　訪日外客数は2010年から2011年にかけて，出国日本人数は2012年から2015年にかけて減少している(エ…×)。

２　順天高校の研修旅行コースをテーマとした古代から近代の歴史に関する問題

問１　三河《みかわ》国(現在の愛知県東部)の出身で，1600年の関ヶ原の戦いで勝利した後に征夷大将軍となり，江戸幕府を開いた人物は徳川家康である。

問２　奈良時代後半には，漢字の音を日本語に当てはめた万葉仮名《がな》を使用した『万葉集』がつくられた(Ａ…正)。『古今《こきん》和歌集』は，平安時代に紀貫之《きのつらゆき》らによりつくられた。なお，藤原定家《さだいえ》は，鎌倉時代に『新古今和歌集』の編さんに関わった人物である(Ｂ…誤)。

問３　『古事記伝』を著《あらわ》したのは国学者の本居宣長である(ウ…○)。なお，平賀源内《げんない》は江戸時代半ばの蘭学《らんがく》者・発明家(ア…×)，伊能忠敬は江戸時代後半に全国を測量《そくりょう》し，日本全図を作成した人物(イ…×)，菱川師宣《ひしかわもろのぶ》は『見返り美人図』を描いた元禄文化の画家である(エ…×)。

問４　福岡県の太宰府天満宮《だざいふてんまんぐう》に「天神さま」や「学問の神様」としてまつられているのは，菅原道真である。菅原道真は，894年に遣唐《けんとう》使の廃止を進言《しんげん》した人物としても知られる。

問５　三内丸山遺跡《いせき》は，青森県青森市にある縄文時代の遺跡である。はにわは，古墳の上や周りに置かれた古墳時代の土製品である(ア…×)。

問６　アは1274年と1281年(文永の役《えき》と弘安の役，元寇《げんこう》)，イは1221年(後鳥羽上皇による承久の乱)，ウは1297年(永仁《えいにん》の徳政令)，エは1232年(御成敗式目)のことなので，年代の古い順にイ→エ→ア→ウとなる。

問７　平泉(現在の岩手県南部)は，平安時代に奥州《おうしゅう》藤原氏の拠点《きょてん》として栄《さか》えた。12世紀前半に藤原清衡《きよひら》が建立《こんりゅう》した中尊寺金色堂は，現在ユネスコ(国連教育科学文化機関)の世界文化遺産に登録されている。

問８　町火消《まちびけし》の設置は第８代将軍徳川吉宗の享保の改革(ア…×)，生類憐《しょうるいあわれ》みの令は第５代将軍徳川綱吉の政策(イ…×)，人返しの法は水野忠邦の天保の改革である(ウ…×)。

問９　1792年，ロシアのラクスマンが根室に来航《らいこう》した。ラクスマンは漂流《ひょうりゅう》民の大黒屋光太夫《だいこくやこうだゆう》を日本に送り届け，日本との貿易を要求したが，断られて帰国した。

問10　特権を奪《うば》われ不満を持つ士族たちは，はじめは武力によって明治政府に反抗したが，1877年の西南戦争後は，言論の力によって，薩摩藩や長州藩出身の一部の人々によって行われる藩閥《はんばつ》政治を批判《ひはん》し，国会の開設や憲法の制定などを求める運動を展開するようになった。この運動を自由民権運動といい，後に自由党を結成した板垣退助らが活躍した。

問11　明治政府は，失業した士族たちに職を与えるため，当時は蝦夷《えぞ》地と呼ばれた北海道の開拓と防備のための屯田兵《とんでんへい》制度をつくり，士族を蝦夷地に送りこんだ。

問12　国際連盟は，アメリカ大統領ウィルソンの提案で1920年に設立された国際機関である。本部はスイスのジュネーブに置かれ，日本は常任理事国として参加した。なお，アメリカのニューヨークに本部があるのは国際連合である(Ａ…誤)。ポツダム宣言を受け入れて終戦したのは1945年８月のことで，日本が国際連盟の脱退を通告したのは満州事変や満州国建国後の1933年のことである(Ｂ…誤)。

問13　第一次世界大戦はイギリス・フランス・ロシアなどの連合国(協商国)と，ドイツ・オーストリアなどの同盟国の間で起こった。日本は日英同盟を口実《こうじつ》に連合国側で参戦して，ドイツが支配していた太平洋の南洋諸島を占領《せんりょう》し，大戦後はそのまま委任統治を行うこととなった。

3　**サミットや基本的人権などの時事問題や政治中心の問題**

問１　2023年５月の主要国首脳会議(Ｇ７サミット)は，開催時の内閣総理大臣が広島の選挙区から選出された岸田文雄《ふみお》だったことや，広島が世界初の被爆《ひばく》地であることなどの理由により，広島で行われた。

問２　①　アメリカは，2022年度におけるGDP(国内総生産)額が１位，面積の広さと人口の多さは３位の国である(エ…○)。なお，2022年度におけるGDP額は，アメリカ，中国，日本，ドイツ，イギリスの順だったが，2024年にドイツが日本を抜いて３位になった。面積の広さは，順にロシア，カナダ，アメリカ，中国，ブラジルである。人口の多さは，中国，インド，アメリカ，インドネシア，パキスタンの順だが，2023年にはインドが中国を抜いて１位になった。　②　2024年に夏季《かき》オリンピックが開催されるのは，フランスの首都パリである(ウ…×)。なお，2024年11月にアメリカ大統領選が実施されることになっている(ア…○)。イギリスの前女王エリザベス２世が亡くなり，新たに国王となったチャールズ３世の戴冠式《たいかんしき》が2023年に行われた(イ…○)。2015年，地球温暖化防止会議がフランスのパリで開かれ，地球全体で温室効果ガス削減を目指すパリ協定が締結された(エ…○)。

問３　1979年にイラン革命が起こり，イランから産出される原油の輸出が全面的に禁止された。その結果，原油の価格が上昇し，日本経済も大きな打撃を受けた。これを第２次石油危機(オイルショック)という。なお，第１次石油危機は1973年の第４次中東戦争をきっかけに発生したものである。

問４　日本国憲法第68条より，内閣総理大臣は，内閣をともに構成する国務大臣を任命したり，やめさせたりすることができる（ウ…○)。なお，最高裁判所長官以外の裁判官の任命は内閣が行うが，最高裁判所長官は内閣が指名し，任命は天皇が行う(ア…×)。条約の締結は内閣が行う(イ…×)。臨時国会は内閣が召集を決め，天皇が内閣の助言と承認にもとづいて召集する(エ…×)。

問５　安倍晋三は，2006年から2007年と，2012年から2020年に総理大臣を務めた。特定秘密保護法は，日本の安全保障に関する特に重要な情報が外部に漏《も》れるのを防ぐ目的で2013年に制定された(ウ…○)。なお，PKO協力法は1992年に制定され，その直後に自衛隊がPKO(国連平和維持活動)のために初めてカンボジアへ派遣された(ア…×)。消費税法は1988年に初めて制定され，翌年1989年に消費税が税率３％で初めて導入された。また，消費税は1997年に５％，2014年に８％，2019年に10％(食料品などは軽減《けいげん》税率８％)となっている(イ…×)。郵政民営化法は2005年，小泉純一郎内閣のもとで成立し，2007年に民営化が行われた(エ…×)。

問６　アは1945年８月８日(ソ連の対日参戦)，イは1945年３月10日(東京大空襲《くうしゅう》)，ウは1945年７月26日(日本へのポツダム宣言受け入れ勧告《かんこく》，なお受け入れは８月14日)，エは1945年８月９日(長崎への原子爆弾投下)である。よって1945年８月６日よりも前の出来事は，イとウである。

問７　議院内閣制をとる日本では，国会で多数を占める政党によって内閣が構成される場合がほとんどなので，内閣不信任決議案も多数決により否決《ひけつ》されることが多い。よって，不信任案可決による衆議院の解散数は少ない。なお，天皇の国事行為は，内閣の助言と承認が必要となるため，国事行為による衆議院の解散は，内閣の意思に沿って行われていることになる。

問８　Ｇ７広島サミットが行われた2023年５月時点でのウクライナの大統領はゼレンスキーである。2022年２月から始まったロシアによるウクライナへの全面的な侵攻《しんこう》に対し，サミット参加国はロシアへの非難《ひなん》とウクライナへの支援《しえん》を表明するために，ゼレンスキー大統領をサミットへ招待した。

問９　労働者が労働条件の要求を実現するため，団結して働くことを拒否《きょひ》する行為をストライキという。

問10　1950年代半《なか》ばから1973年までの好景気を高度経済成長という。高度経済成長は，古い順に神《じん》武《む》景気，岩戸《いわと》景気，オリンピック景気，いざなぎ景気の４段階に分けることもある（ウ…○）。なお，アは第二次安倍晋三内閣が発足した2012年ごろから始まった（ア…×）。イは2002年から2008年ごろまでである（イ…×）。エは1986年から1991年ごろまでの，地価や株価が実態《じったい》以上に上昇した好景気である（エ…×）。

問11　日本国憲法第27条では，「すべて国民は勤労の権利を有し，義務を負う」と定められている。

問12　労働者に認められた労働三権は，労働組合をつくることができる団結権，労働組合が条件の改善を求めて使用者側と交渉できる団体交渉権，そして団体交渉がうまくいかない場合にストライキなどを行う団体行動権（争議権）の３つである。

問13　災害の防止など，人びとが暮らしやすい社会を目指す仕事を行っている国の機関は，国土交通省である。なお，暮らしやすい社会づくりは，国だけでなく都道府県や市町村など，地方公共団体の役割も大きい（エ…×）。

問14　2022年の労働組合の推定組織率が戦後最低となった要因として，サービス業など第３次産業で働く人たちの賃金や休暇の水準が他の業種と比べて高くなっているうえ，その第３次産業で働く人の割合も多いことが挙げられる。また，パート・派遣労働者など非正規雇用の労働者は，正規雇用の人と比べて労働組合をつくりづらかったり，労働組合が正規雇用の労働者によって組織されることが多かったりする傾向《けいこう》があることを答えてもよい。

理　科　＜第１回Ａ入試＞（30分）＜満点：60点＞

解　答

［1］ **問１**　2.2g　**問２**　22.2g　**問３**　150g　**問４**　ホウ酸　**問５**　①　**問６**　石灰水　**問７**　青色　**問８**　二酸化炭素　**問９**　解説の図を参照のこと。　［2］ **問１**　(1)　170m　(2)　170m　**問２**　**Ｃさん**…②　**Ｄさん**…④　**問３**　①　［3］ **問１**　**名前**…ツユクサ　**図の番号**…③　**問２**　⑤　**問３**　④，⑥　**問４**　（例）　目立つ花を形成し，昆虫を呼び寄せる。　**問５**　（例）　全体の種の重さとある数の種の重さをはかり，（ある数）×（全体の種の重さ）÷（ある数の種の重さ）を計算する。　**問６**　①，②　**問７**　カメムシの仲間／**理由**…（例）　からだが頭・胸・腹に分かれていて，足が６本だから。　［4］ **問１**　①　**問２**　正断層　**問３**　不整合面　**問４**　地層Ｂ　**問５**　①，②

解説

1 ものの溶《と》け方についての問題

問１　40℃の水200gに溶けるホウ酸の最大量は，$8.9\times\frac{200}{100}=17.8$(g)である。したがって，20−17.8＝2.2(g)のホウ酸が溶け残る。

問２　80℃の水100gに溶けるホウ酸の最大量は23.6gで，０℃の水，100−50＝50(g)に溶けるホウ酸の最大量は，$2.8\times\frac{50}{100}=1.4$(g)である。したがって，水を蒸発させた液を０℃まで冷やしたとき，23.6−1.4＝22.2(g)のホウ酸が出てくる。

問３　20℃の水100gに溶ける食塩の最大量は35.8gだから，53.7gの食塩をすべて溶かすために必要な20℃の水の量は，$100\times\frac{53.7}{35.8}=150$(g)となる。

問４　水の温度を100℃から20℃まで下げたとき，ホウ酸は溶ける最大量が大きく変化するが，食塩はほとんど変わらない。よって，20℃に冷やしたときに，ホウ酸の方がより多くの結晶《けっしょう》が得られる。

問５　食塩の結晶は，①のような立方体に近い形をしている。

問６　水酸化カルシウム水溶液《すいようえき》は，固体の水酸化カルシウム(消石灰)が溶けた水溶液で，石灰水ともいう。

問７　水酸化カルシウム水溶液はアルカリ性を示すので，BTB溶液を加えると青色に変わる。

問８　水酸化カルシウム水溶液に二酸化炭素を通すと，水に溶けにくい炭酸カルシウムが生じるため，白くにごる。

問９　できるだけ純すいな気体を空気と混ざらないように集めるには，発生した気体を水と置きかえて集めればよい。したがって，このときの気体の集め方は右の図のようになる。このような気体の集め方を水上置かん法という。

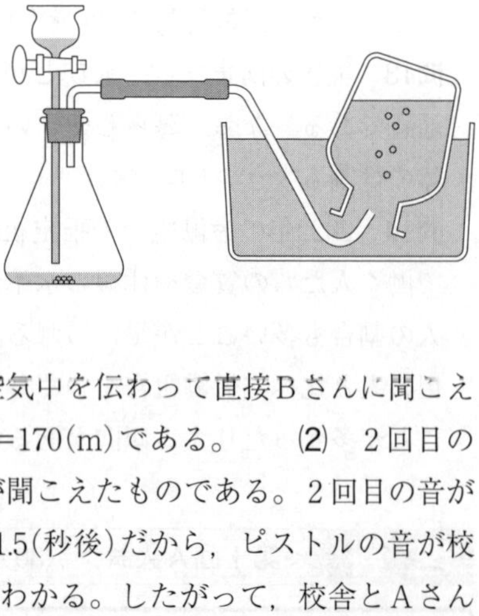

2 音の伝わり方についての問題

問１　(1)　１回目の音は，Ａさんが鳴らしたピストルの音が空気中を伝わって直接Ｂさんに聞こえたものである。よって，ＡさんとＢさんの距離《きょり》は，340×0.5＝170(m)である。　(2)　２回目の音は，Ａさんが鳴らしたピストルの音が校舎で反射したものが聞こえたものである。２回目の音が聞こえるのは，Ａさんがピストルを鳴らしてから，0.5＋１＝1.5(秒後)だから，ピストルの音が校舎で反射してＡさんに届くまでの時間は，1.5−0.5＝１(秒)とわかる。したがって，校舎とＡさんの距離は，340×１÷２＝170(m)と求められる。

問２　Ｃさんには，直接伝わる音と校舎で反射して伝わる音の，２回の音が聞こえる。このとき，１回目の音が聞こえるのは，音を鳴らしてから，170×２÷340＝１(秒後)，２回目の音が聞こえるのは，170×４÷340＝２(秒後)である。よって，１回目と２回目の間隔《かんかく》は，２−１＝１(秒)である。また，校舎の右はしで反射した音はＤさんには届かないから，Ｄさんには直接伝わる音が１回だけ聞こえる。

問３　気温が上がって音が空気中を伝わる速さが速くなると，１回目の音が聞こえるまでの時間も２回目の音が聞こえるまでの時間も短くなる。このため，１回目と２回目の音の間隔は１秒より短くなる。

3 花のつくりと昆虫《こんちゅう》についての問題

問１　ふつうナズナとスイセンは春，ツユクサは夏，キンモクセイは秋に花を咲《さ》かせる。植物の図で，①はキンモクセイ，②はスイセン，③はツユクサ，④はナズナである。

問２　ヒマワリの子葉は，⑤のように，横に長く先が丸みをおびたものが２枚出る。

問３　ヒマワリやコスモス，タンポポなどのように，キク科の植物は小さな花がたくさん集まった集合花を形成する。

問４　集合花は多くの小さな花が集まって咲くことで，１つの大きな花のように見えて目立つ。このため，受粉のための昆虫を呼び寄せやすくなるという利点がある。また，一度に多数の花が受粉できるという利点もある。

問５　短い時間でヒマワリの種の数を推測するためには，一部のみを調べ，全体の量に直して考える方法がよい。たとえば，すべての種の重さと10個の重さはかり，それらを比較《ひかく》する方法や，花を10等分した部分の種の個数をかぞえ，それを10倍する方法などが考えられる。

問６　カメムシの仲間として，ここではカメムシと同様に植物の汁《しる》を吸う，セミの仲間であるクマゼミとアブラムシが選べる。

問７　カメムシは昆虫の仲間で，からだが頭・胸・腹の３つの部分に分かれていて，胸部からあしが３対（６本）はえている。一方，ダニはクモの仲間で，からだが頭胸・腹の２つの部分に分かれていて，頭胸部からあしが４対（８本）はえている。図のお腹側から見たスケッチで，灰色の虫はからだが頭・胸・腹の３つの部分に分かれていて，あしが６本はえていることから，ヒマワリを枯《か》らした犯人はカメムシの仲間だと考えられる。

４　地層のでき方についての問題

問１，問２　断層Ａ―Ａ′の右側（断層の上側）が右下にずれているので，この付近の地層は左右から大きな力で引っ張られてできたと考えられる。このようにしてできた断層を正断層という。

問３　不整合面が断層Ａ―Ａ′によって切られているから，不整合面が先にできたと考えられる。

問４　地層Ｂが断層Ａ―Ａ′によって切られているので，地層Ｂが先にできたと考えられる。

問５　古生代の地層から見つかる代表的な化石としては，サンヨウチュウ，フズリナがある。なお，ビカリアとマンモスは新生代の代表的な化石である。これらの化石のように，地層がたい積した時代を調べる手がかりになる化石を示準化石という。

国語　＜第１回Ａ入試＞（50分）＜満点：100点＞

解答

一　**問１**　下記を参照のこと。　**問２**　ａ　ウ　ｂ　イ　**問３**　Ａ　ウ　Ｂ　イ　Ｃ　ア　Ｄ　エ　**問４**　エ　**問５**　（例）　過剰な「お客様扱い」が奨励されたことにより，客の自己愛が増殖して，客が過剰な期待や要求を持つようになったから。　**問６**　ア　**問７**　エ　**問８**　（例）　外国人には日本の文化にふれたいという人もいるので，たとえば「日本の緑茶」だったり「古風なお菓子」だったりを外国人の方に差しあげることが，わたしは「おもてなし」の例だと思います。　**二**　**問１**　**ア**　みぶる(い)　**イ**　きんぱく　**ウ**　ていきょう　**エ**　してき　**オ**　しんこく　**問２**　Ａ　エ　Ｂ　ア　**問３**　ウ　**問４**　４　**問５**　イ，オ　**問６**　（例）　会話のとっかかりをつかむための話題として誰も傷つけず誰でもわかる天気のことは，うってつけだから。　**問７**　ウ　**問８**　（例）いつも検査入院に来る子どもとは年が離れていてつまらなかったが，同じ学年の男の子となら気をつかわずに一緒に楽しく遊べると思ったから。　**問９**　イ

●漢字の書き取り

㊀ 問１　ア　混乱　イ　豊(か)　ウ　故障　エ　権利　オ　基準

解　説

㊀　出典：榎本博明《えのもとひろあき》『「おもてなし」という残酷《ざんこく》社会—過剰《かじょう》・感情労働とどう向き合うか』。日本人の「『おもてなし』の精神」について，筆者は欧米《おうべい》の文化との比較《ひかく》をまじえつつ論じている。

問１　**ア**　物事が入り乱れて整然としていないこと。　**イ**　音読みは「ホウ」で，「豊富」などの熟語がある。　**ウ**　機械などの機能が正常に働かなくなること。　**エ**　ある物事を自分の意志によって自由に行うことができる資格。　**オ**　行動や判断のもととなるよりどころ。

問２　**a**　「傍若無人《ぼうじゃくぶじん》」は，周囲の人のことなど気にかけず自分勝手に行動するさま。　**b**　「肩《かた》をすくめる」は，どうしようもないという気持ちを表すために両肩を上げる動作。

問３　**A**　日本人は「日常の人間関係がお互《たが》いの気遣《きづか》いの応酬《おうしゅう》」であるから，「仕事の場でも，特別に客に対してぞんざいな態度をとることはない」，という文脈になるので，前のことがらを理由として後にその結果をつなげるときに用いる「だから」が入る。　**B**　「日常の人間関係がお互いの気遣いの応酬」であるといった「文化にどっぷり浸《つ》かって過ごしてきた日本人」が，海外に行くと「ビックリさせられること」について筆者はこの後，具体例をあげながら説明している。よって，具体的な例をあげるときに用いる「たとえば」が入る。　**C**　「『おもてなし』の文化」を，「お互いに気遣いをし合う，やさしく心地よい関係」と言いかえているので，前に述べた内容を別の言葉で言いかえるときに用いる「つまり」が合う。　**D**　「間柄《あいだがら》の文化」ともいえる「日本的な自己のあり方に対して，欧米かぶれの人たち」は「批判的なことをいう」が，「自己主張を適度に抑《おさ》え，相手を尊重しよう」という姿勢は「争い事の少ない調和的な社会を生み出している」，という文脈になる。よって，前のことがらを受けてそれに反する内容を述べるときに用いる「だが」が入る。

問４　「ここにあげてきたような態度」とは，客のうったえに「申し訳なさそうな態度」をとったり，「謝罪」の言葉などを言ったりしないことである。よって，並んでいる客に対し，「申し訳なさそうにレジを締《し》め」たとある，エがふさわしくない。

問５　「これまでの日本のやり方」で，十分に気持ちのよい接客であったのに，最近は過剰な「お客様扱《あつか》い」を「奨励《しょうれい》」するようになり，そのことで「客の自己愛がやたら増殖」し，「過剰な期待や要求をもつ」ようになったので，「従業員は過剰なストレスにさらされる」ようになったと述べられている。

問６　「欧米の文化」は，「常に自分自身の気持ちや意見に従って判断」し，「自分が思うことを思う存分主張すればよい」とする「自己中心の文化」である。これに対して「日本の文化」は，「常に相手の気持ちや立場を配慮《はいりょ》しながら判断」し，「一方的な自己主張で人を困らせたり嫌《いや》な思いをさせたりしてはいけない」とする「間柄の文化」であると筆者は述べている。この内容にアが合う。

問７　日本人の「間柄の文化」は，他者を困らせるような「一方的な自己主張」はせず，相手に配

慮しながら判断するという文化である。つまり，「自己主張を適度に抑え，相手を尊重しよう」という姿勢で相手と接する文化なので，エの内容が合う。

問８　本文には，他者の考えや立場を尊重するという姿勢が「『おもてなし』の精神」につながっている，と書かれているので，相手が何を望んでいるのか，また相手が自分に何を求めているのかをふまえ，具体例をまじえて，自分の考えをわかりやすく述べればよい。

二　**出典：瀬尾《せお》まいこ『夏の体温』**。経過観察のための長期入院で退屈《たいくつ》している「ぼく」は，同じ学年の男の子が検査入院してくると聞き，期待に胸をふくらませる。

問１　**ア**　こわさや寒さやのために体が小刻みに震《ふる》えること。　**イ**　事情が差しせまっていること。　**ウ**　相手の役に立つように差し出すこと。　**エ**　問題となるところや大切な点を取り上げて指し示すこと。　**オ**　事態の重大さが切実に感じられるさま。

問２　**Ａ**　「戻《もど》ってこられる」と「まだ食べられる」の「られる」は，「〜できる」という可能の意味を表している。アは尊敬の意味，イは自発の意味，ウは受け身の意味を表している。　**Ｂ**　「みっちり一緒《いっしょ》にいるのは」の「の」は，「こと」と言いかえられるので，アが同じ使われ方をしている。イは「である」という語に，ウは「が」という語に，エは「〜のもの」という語にそれぞれ置きかえられる。

問３　「途方《とほう》に暮れる」は，“手段や方法がつきてどうしてよいかわからなくなる”という意味。

問４　もどす文には，自分の「そのままの思いを口にして通じる心地よさ」や「小学校の休み時間や放課後」に体験した「最高の時間」を「味わえるかもしれない」と期待している「ぼく」の心情が書かれている。年下の幼い子どもたちや大人しかいない中で退屈している「ぼく」が，同学年の男の子の入院に期待していると考えられるので，空らん４に入れると文脈が通じる。

問５　お母さんと「ぼく」は，病院に「閉じ込《こ》められて同じ時間を共に送っている」ので「話すことはもうほとんどなかった」し，「みっちり一緒《いっしょ》にいる」ことで「息苦しさ」も感じていた。また，お母さんが外に出ると，「病院の売店では売っていないお菓子《かし》やおもちゃ」を買ってもらえたので，お母さんの外出は，「ぼく」にとっては好都合だったことがわかる。

問６　病院で知り合った人どうしは，「どこまで相手のことに踏《ふ》み込んでいいかわからない」し，「暗くなる会話」も避《さ》けなければならない。しかし，天気の話題は，そのようなことを気にせず「誰《だれ》も傷つけず」に話すことができるので，「ちょうどいいテーマ」だと「ぼく」は気がついたのである。

問７　入院する前は，「クリスマスか誕生《たんじょう》日《び》」にしか「欲しいもの」がもらえなかったし，「しんどい」と言うと「ぐずぐず言わないの」と怒《おこ》られていた。しかし，入院している今は「帰りたい，しんどい」と言っても慰《なぐさ》められるようになり，ゲームやアニメのカードもすぐに買ってもらえるようになった。がまんしたり苦労したりすることがないだけに，「ぼく」は，以前のような満足感や達成感が味わえないことに悲しさを感じていると考えられる。

問８　本文の最後の部分に「その子と何を話そう」「何をして遊ぼう」など，入院してくる男の子に期待している「ぼく」の心情が書かれている。「幼稚園《ようちえん》の子どもとは，まるで話が合わない」し，看護師《かんごし》さんや三園《みその》さんと「一緒にいること」にも楽しさを感じられなかった「ぼく」は，同学年の男の子が入院してくれれば，楽しく遊べると思ったのである。

問９　長期入院で退屈していた「ぼく」は，入院してくる同学年の男の子と話すことや遊ぶことができると期待している。検査入院の「二泊三日」という短い間だが，やっと夏休みらしい楽しい時間が過ごせることを待ち遠しく思っていると考えられる。

2024年度 順天中学校

【算　数】〈第１回Ｂ入試〉（50分）〈満点：100点〉

1　次の計算をしなさい。

(1) $\frac{3}{7}\times\left(1\frac{1}{6}\div2\frac{4}{5}-\frac{1}{4}\right)=$□

(2) $2\frac{8}{9}\div\left(1.8\times1\frac{2}{3}-\frac{2}{3}\div0.8\right)=$□

2　次の□にあてはまる数を求めなさい。(8)は**ア～オ**で答えなさい。

(1) 2つの整数A，Bがあり，AはBより3大きく，2つの数の積は180です。Aは［ア］で，Bは［イ］です。

(2) テストがあり，1回目から5回目までの平均点は72.4点でした。6回目の点数が80点のとき，1回目から6回目までの平均点は□点になります。四捨五入して小数第1位まで答えなさい。

(3) ある本を読むのに，1日目には全体の$\frac{1}{4}$より5ページ多く読み，2日目にはその残りの$\frac{1}{5}$より4ページ多く読みましたが，まだ160ページ残っています。この本は全部で□ページあります。

(4) Ａ町からＢ町まで行って帰ってくるのに，行きは時速３kmで２時間半かかり，帰りは同じ道を時速５kmでもどってきました。往復の平均の速さは時速□kmです。

(5) 同じえんぴつが５本，同じボールペンが３本あります。これらを２つのケースＡ，Ｂに分けて入れます。２つのケースそれぞれにえんぴつを少なくとも１本，ボールペンも少なくとも１本入れます。分け方は全部で□通りです。

(6) 長方形ABCDを，対角線BDを折り目として折り返しました。点A′は頂点Ａが来た位置で，ＡとA′を直線で結びました。xは□度です。

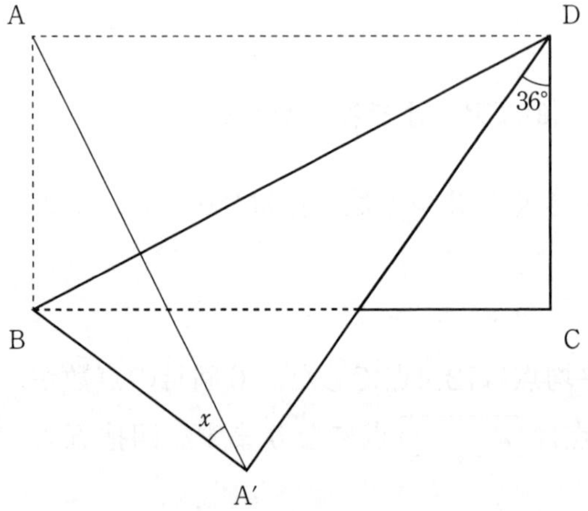

(7) 四角形ABCDは１辺が10 cmの正方形で，それに各辺を直径とする半円をかき加えました。影《かげ》をつけた部分の面積は□cm^2です。円周率は3.14とします。

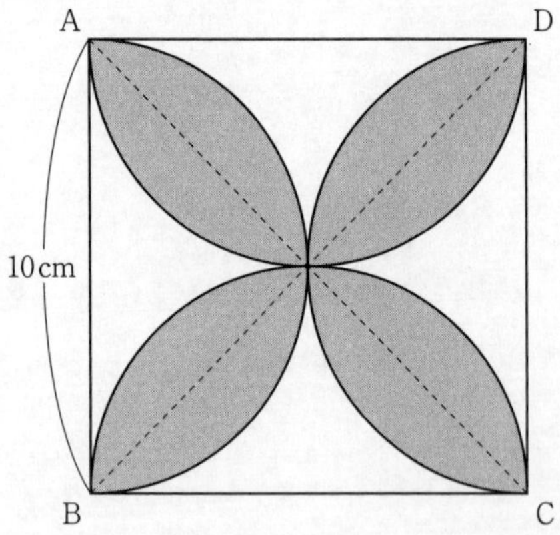

(8) 次の展開図を組み立てたとき，できる立体の見取図として正しいものを，**ア～オ**のうちから**すべて**書き出すと　　　　　です。

展開図

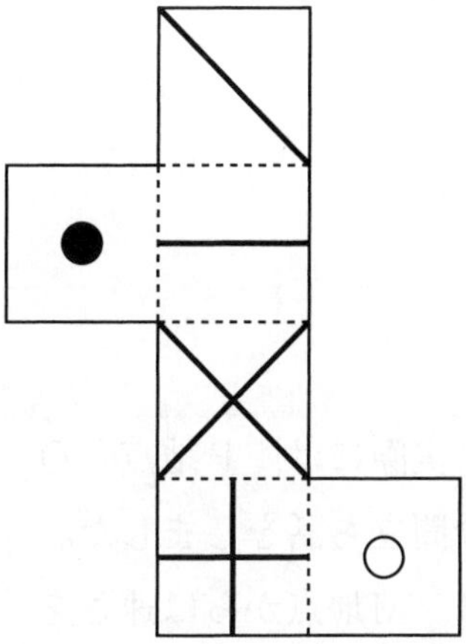

見取図

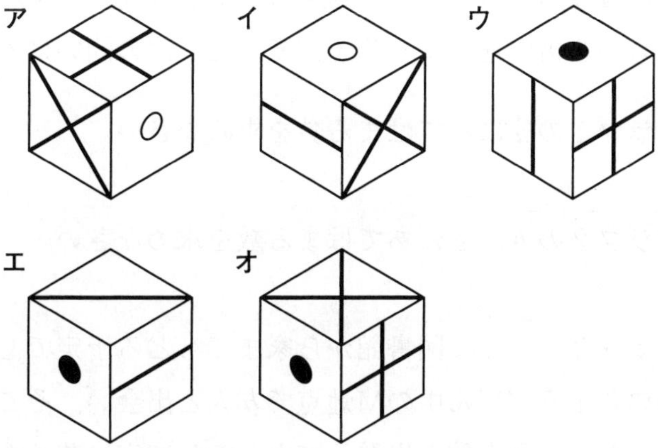

3　数字の１と２だけでつくられる整数が，

1，2，11，12，21，22，111，112，121，……

のような順で並べられているとき，次の問いに答えなさい。

(1) 「1122」の次の数を答えなさい。また，２桁《けた》の数は11，12，21，22の４個ありますが，３桁の数と４桁の数はそれぞれ何個ずつあるかも答えなさい。

(2) 上の並べた整数の32番目と60番目の数をそれぞれ答えなさい。

(3) 「212112」は何番目の数か答えなさい。

4　家から図書館までの道のりは840mです。グラフ１は，私が家から図書館まで行った様子を表しています。はじめ，分速50mの速さで，途中《とちゅう》から分速65mの速さで歩きました。グラフ２は，図書館から家までもどるときの予定を表しています。はじめはゆっくり歩き，Ｐ地点からは，それまでの1.5倍の速さに，Ｑ地点からは，はじめの２倍の速さにする予定でした。次の問いに答えなさい。

(1)　グラフ１のaにあてはまる数を求めなさい。

(2)　グラフ２のb，cにあてはまる数を求めなさい。

(3)　グラフ２のように図書館から家までもどる予定でしたが，実際には，Ｐ地点とＱ地点のちょうど真ん中のＭ地点で友人と出会い，そこで３分間立ち話をしました。予定どおり，図書館を出発してから20分で家に着くためには，Ｍ地点からは速さを分速何ｍにすればよいですか。

グラフ１

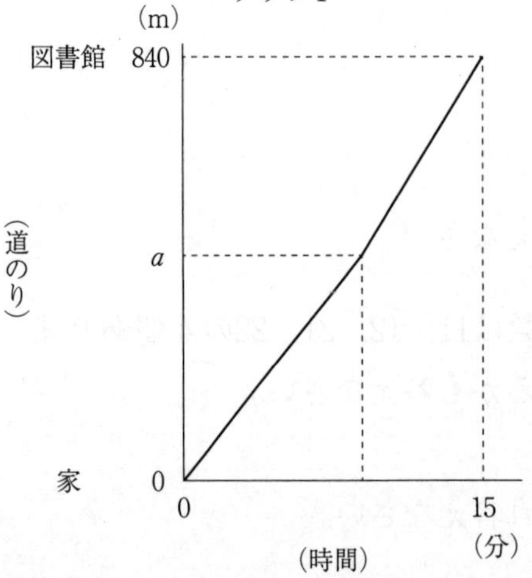

グラフ２

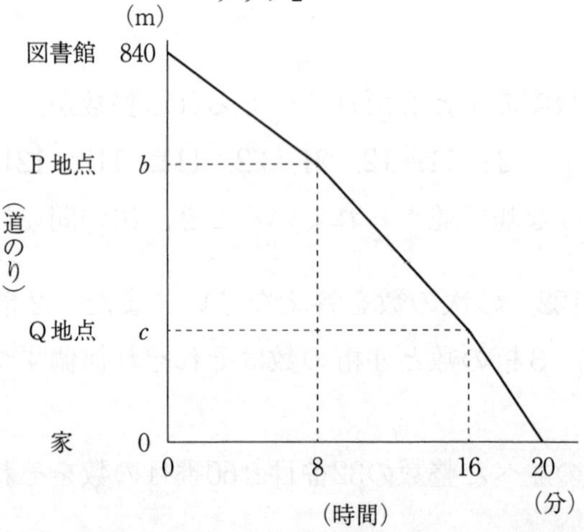

5　図のように，４つの合同な正三角形ABC，CDE，EFG，GHIを並べました。５つの頂点A，C，E，G，Iは同じ直線上にあります。次に，頂点Bと頂点Iを直線で結びました。正三角形の１辺を５cmとします。次の問いに答えなさい。

(1)　xの長さを求めなさい。

(2)　影をつけた三角形アとイの面積比を，最も簡単な整数の比で答えなさい。

(3)　影をつけた三角形ウと正三角形GHIの面積比を，最も簡単な整数の比で答えなさい。

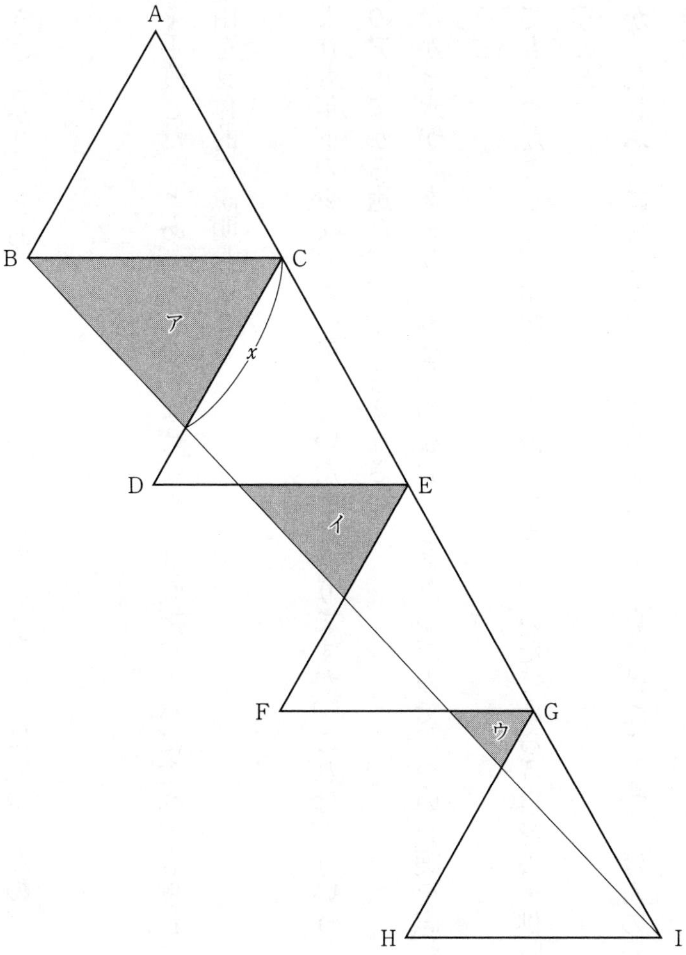

問六　――線②「あ、そうか、そういうことか‼」とありますが、「私」はどのようなことに気づいたのですか。六十字以内で具体的に答えなさい。

問七　――線③「私は、ママにかき氷を手渡した」とありますが、なぜ「私」は直接バーバに食べてもらわず、ママにかき氷を手渡したのですか。その理由を具体的に説明しなさい。

問八　――線④「ママは明らかに、私よりも年下の少女の顔に戻っていた」とありますが、これはどういうことを言ったものですか。最も適当なものを次の**ア**～**エ**から選び、記号で答えなさい。

ア　バーバから食べさせてもらったかき氷が、あまりにも感動的なおいしさだったので、つい介護を忘れて無邪気にその味わいにひたっていたということ。

イ　バーバからかき氷を食べさせてもらったことで、温かさと愛情に包まれていたであろう自身の子供時代に、ママがひととき立ち返っていたということ。

ウ　バーバの介護で疲れていたなか、久しぶりに甘く冷たいかき氷を食べて一息つけたことで、ほんの一瞬、ママの肌にうるおいが戻っていたということ。

エ　子供時代と同様にかき氷を食べさせてもらったことで、一瞬、介護の重圧や緊張から解放され、ずっと抑えていた甘えたい本心があふれたということ。

問九　B に入ることばを本文中から探し、書き抜いて答えなさい。

問三　A に入ることばとして最も適当なものを次の**ア**～**エ**から選び、記号で答えなさい。

ア　腹をくくりそう　　**イ**　目頭が熱くなりそう

ウ　胸が潰《つぶ》れそう　　**エ**　顔から火が出そう

問四　本文からは次の文章が抜けています。もどす場所として最も適当なものを本文中の【a】～【e】から選び、記号で答えなさい。

> ママとの会話でも、ずっと気をつけて避けて通ってきた、一文字の単語。それが口をついて出たことに、自分でも驚いてしまう。

問五　――線①「ママの心が、火山みたいに大爆発するんじゃないかと身構える」とありますが、「私」が感じたママの気持ちとして最も適当なものを次の**ア**～**エ**から選び、記号で答えなさい。

ア　手間暇をかけて作った豪華なお弁当を、どうにかバーバに食べさせようとしているそばで、「私」が見ているだけで何もしないのであきれ、腹を立ててもいる。

イ　これまでにないほど豪華なお弁当を作り、バーバの気を引こうとしているのに、どうしても食べたくないと言われ、バーバに愛想をつかし、いまいましくも思っている。

ウ　料理が得意ではないなか、バーバのために豪華なお弁当を作って持ってきたのに、何度、口元に運んでも食べようとしないので悲しく、いらだってもいる。

エ　真心を込めて、自分なりに精一杯お弁当を作ってきたが、バーバがいっこうに食べないので、自らの未熟な料理の腕を恥じ、自分自身を責めてもいる。

「眠くなってきちゃった」

そのままバーバのそばにいたら、泣いてしまいそうだったのだ。簡易ソファへ移動した。ママの前で泣くなんて、かっこ悪い。

【ｅ】

「軽い熱中症かもしれないから、そこで少し休みなさい」

ママが、オ威厳たっぷりに命令する。バーバとママ、二人の世界を邪魔しないよう、横になってそっとまぶたを閉じる。

再び目を開けた時、部屋の中があまりに静かで、胸が［Ｖ］真っ二つに折れそうになった。天井が、虹色《にじいろ》に輝いている。もしかして……。私は起き上がって一歩ずつベッドに近づいた。バーバの隣に、目をつぶったママがいる。私は、バーバの鼻先に手のひらを翳《かざ》した。よかった。バーバは、生きている。

くちびるの端が光っていたので、私はそこに自分の右手の人差指を当てた。そのまま口に含むと、甘い味がする。でも、さっきのかき氷のシロップの甘さじゃない。もっともっと、複雑に絡《から》み合うような味だ。やっぱり、バーバは今この瞬間も、甘く［Ｂ］し続けているのだ。

（小川　糸『あつあつを召し上がれ』中の「バーバのかき氷」による。作問の都合上、本文の一部を変更しています。）

問一　——線ア～オの漢字の読みをひらがなで答えなさい。

問二　［Ⅰ］～［Ⅴ］に入ることばとして最も適当なものを次の**ア**～**コ**からそれぞれ選び、記号で答えなさい。ただし、同じ記号を二度以上使ってはいけません。

ア　きゅっと　**イ**　ぐらりと　**ウ**　べったりと　**エ**　そっと　**オ**　ふわりと

カ　やたらと　**キ**　がっしりと　**ク**　つるんと　**ケ**　ちらりと　**コ**　どきゅんと

出した。もし全部溶けてしまっていたらと想像すると［A］だったけれど、かき氷は、少し縮んだように見えるだけで、きちんと富士山の形を留めている。③私は、ママにかき氷を手渡した。

「はーなちゃん、あーん」

ママはそう言いながら、バーバの口元に木製のスプーンを差し出す。バーバのくちびるは、うっすらと開いている。けれど、スプーンが滑り込めるほどの隙間《すきま》はない。

「マユが、一人で買いに行ってくれたんですよ」

ママの瞳から、［Ⅳ］一粒の涙が落ちる。やがてバーバは、何かを言いかけるように上下のくちびるを広げると、スプーンを受け入れた。

「おいしいでしょう?」

ママの声が湿っている。二度、三度と、バーバはスプーンの上のかき氷を吸い込んだ。そのたびに、目を閉じてうっとりとした表情を浮かべる。

私は確信する。バーバは今、数年前の夏の日、家族で行ったかき氷店のあの庭に帰っている。ごくり、と喉《のど》が鳴って、富士山の一部が、バーバの体の奥に染《し》み込んでいく。私は窓辺に移動して、カーテンをかきわけ外を見た。富士山が、オレンジ色に光っている。すると、マユ、とママが呼ぶ。

振り向くと、ほら、バーバがマユにも食べさせたいって、と、私を手招いている。驚いたことに、バーバは自分で木のスプーンを持っている。

近づくと、私の口にかき氷を含ませてくれた。同じように、ママの口にもかき氷を含ませてくれる。④ママは明らかに、私よりも年下の少女の顔に戻っていた。

「おいしいねぇ」

舌の上のかき氷は、まるで冷たい綿のようだ。さーっと溶けて、消えてなくなる。体のすみずみにまで、爽《さわ》やかな風が吹き抜ける。

「すみません」

勇気を振り絞り、窓の所で四角い氷を機械で削っているおじさんに声をかけた。でも、周りが騒がしくて聞こえなかったのか、無視されてしまう。

「すみません！」

二度目は、声を強くした。ようやくおじさんが、できたての氷の山に透明なシロップをかけながら私の方を見てくれる。けれど、その先の言葉が繋《つな》がらない。私はみるみる泣きたくなった。ただ、バーバにかき氷を食べさせたいだけなのに。どうしてこんなに悲しくなってしまうのだろう。けれど、早く言え、と何かが私の背中を強い力で前に押してくれたのだ。

「バーバが、いえ祖母が、もうすぐ死にそうなんです。それで最後に、ここのかき氷を食べたいって」

ぐっとくちびるを嚙《か》みしめ、涙の落下を食い止める。一瞬、音という音が世界から消えた。どうしてそんなことを口走ったのか、自分でもよくわからなかった。【d】

「ちょっと待ってて」

子供の言葉など相手にしてくれないかと懸念《けねん》していたのに、おじさんはぶっきらぼうにそう言うと、またくるくると機械のレバーを回し始めた。目の前のカップに、白い氷の山ができていく。私は、ポケットから小銭を取り出した。かき氷一杯は買える。おじさんは、氷の小山の上から、透明なシロップをうやうやしくかけた。それを、クーラーボックスの中に入れてくれる。

「ありがとうございます！」

お金を払い、深々と頭を下げて、その場を立ち去った。

帰り道は、ますますスピードを上げて自転車を走らせる。クーラーボックスの中の小さな富士山が溶け出す前に、どうしてもバーバに届けなくてはならない。

「ただいま。バーバ、富士山、持ってきたよ」

ホームに戻ると、またカーテンが閉じていて、部屋全体が飴色《あめいろ》に見える。クーラーボックスから、急いでかき氷を取り

「だって、あの店は」

「わかってる！　でも、行くしかないでしょっ！」

【ｃ】

じれったくなり、つい乱暴な声を出してしまう。けれど、そうしている間にも、バーバの体が変化していくようで怖かったのだ。私は、ホームに置いてあるクーラーボックスを肩に担《かつ》ぎ、猛然と部屋を飛び出した。廊下を走りながら、バーバが受け付けなかったキャラメルを、口の中に放り込む。

駐輪場に停めてあった自転車にまたがり、かき氷店を目指した。大雑把に言うと、そこは、かつて家族三人で暮らしていた町の方角にある。道なら覚えている。ただ、パパの車で通った時の記憶だから、交通量の多い幹線道路を走らなくてはいけないけど。

夏休みで連休のせいか、車がかなり渋滞している。私は、臨機応変に歩道と車道を交互に走った。ぐんぐんと富士山が迫ってくる。急がなきゃ、急がなきゃ、気がつくと、猛スピードで走っていた。体が、風の一部になってしまいそうだった。

何かアクシデントが起きても不思議じゃなかったけど、何も起きずにかき氷の店まで辿《たど》り着く。でも、やっぱりここも、ものすごい人だかりだ。店の前に、長い行列ができている。どうしたら良いのだろう。このまま待っていたら、夜になってしまうかもしれない。私は、一心に店の奥へと突き進んだ。

この店では、天然氷というのを使っている。冬、プールのような所に水を貯《た》めて自然の力で凍らせ、それを切り出して保管し、かき氷にするのだ。私は今でも普通の氷との違いがよくわからないけれど、パパはその氷の味をえらく褒《ほ》めていた。この氷でウィスキーの水割り作ったら、うまいだろうなぁ、とか何とか言って。でも、今はそんな感傷に浸っている場合ではない。一秒でも早くバーバにかき氷を届けなければ……。

店の庭では、みんなうれしそうにかき氷を頰張っている。あの時も向日葵《ひまわり》が満開だった。確かに数年前、私達はこのまいつまでも同じメンバーでいることに、何の疑いももたず、ここでかき氷を口に含んだのだ。

山がよく見える。昨日まで大雨が降っていたから、空気がいつもより澄んでいるのかもしれない。富士山は、ホームの窓から見える景色の中で、しっかりとした輪郭《りんかく》を現わしている。

「これでいい？　バーバ、富士山が見たかったんだね」

カーテンを開けたせいで、ますます心地よい風が流れ込んでくる。ママは、すっかり眠っているらしい。けれど、まだバーバは、「ふ、ふ」とかすかな息を出す。マユならわかってくれるでしょ、と訴えかけるような表情で。

「見えない？　ほら、よーく目をこらすと、向こうに、富士山、見えるでしょ」

バーバは口元をほころばせ、くちびるをパクパクと動かしている。

「ん？　おなか空《す》いた？　やっぱりキャラメル食べてみる？」

そう言いかけた時、何かを思い出しそうになった。バーバのこの表情を、いつかどこかで見たことがある気がしたのだ。いつだっけ？　バーバの、はにかむような柔らかい表情。

あっ、そうだ。何年か前に家族みんなで、かき氷を食べに行った時だ。並んで並んで、やっと噂《うわさ》のかき氷にありつけた時、バーバは、言ったのだ。ほーら、マユちゃん、富士山みたいでしょう、って。②あ、そうか、そういうことか!!

「バーバ、わかった、少し待ってて。マユ、かき氷買ってきてあげるから！」

気がつくと、大声で叫んでいた。私がエ騒々しく部屋を出て行こうとした時、ママが目を覚ました。

「マユ、どこ行くの？」

眠そうな気だるい声で尋ねるので、

「バーバ、富士山が食べたいんだよ、絶対にそうだよ、だから今」

そう言いかけると、

「富士山？」

ママは、不思議そうに本物の富士山の方を見つめる。

「だから、何年か前、みんなでかき氷を食べに行ったじゃない。あれだよ、あそこのなら、バーバ、食べられるんだって」

私は、お人形遊びをするように、バーバの白い髪の毛をもてあそぶ。バーバの髪の毛をいじることを、ママはあまり良しとしない。でも私は、そうされている時のバーバはとても気持ちよさそうだと感じている。今日は、髪の毛を左右二つに分けて、三つ編みに結んでみる。本当に、柔らかくてお人形みたいだ。私が持っているカラーゴムで、左右の端を結んであげた。そして、私は耳元で囁《ささや》く。

「バーバ、おなかすかない？　私のキャラメル、食べる？」

ママの言い方が移って、幼い子供に話しかけるような口調になった。私は、箱からキャラメルを一つ取り出し、紙を剝《む》いてバーバの口元に持って行こうとする。と、その時、バーバの口元が［Ⅱ］緩《ゆる》んで、かすかに「ふ」という音がした。

「ふ？　ふって何？　このキャラメルは、熱くないから、ふーふーはしなくていいんだよ」

バーバが何かに反応したことに慌《あわ》ててしまい、早口になった。けれど、いざ私がキャラメルをバーバの口に入れようとすると、バーバはまた［Ⅲ］くちびるを閉ざしてしまう。

「はい、あーん」

ママと同じ、甘ったるい声になった。すると今度は、バーバの右手がすーっと伸びて、窓の向こうを指差す。普段は直射日光が眩《まぶ》しいので、薄い方のカーテンは閉めたままだ。

「お外、見たいの？」

しっかりとバーバの目を見て尋ねると、バーバはまた、「ふ」という音を漏《も》らした。

じゃあ、ちょっとだけだよ、そう言って、私はバーバの寝ているベッドを離れ、窓辺に移動する。それから、カーテンを開けた。その時、

「バーバ、もしかして、ふって富士山の、ふ？」

【ｂ】

ふとひらめいたのだ。その瞬間、バーバの薄曇りのような色の奥まった瞳《ひとみ》が、ピカッと輝いたように見えた。

あまりにも当たり前に存在するので見慣れてしまい、忘れそうになっているけど、私達が暮らしている町からは、富士

ママの悲しみは癒《いや》されない。

ママは困った顔のまま、お弁当のおかずをバーバの口に入れるのをあきらめ、保存容器にふたをした。また、これが私達の夕飯になる。他のおかずの油分がついたテカテカ光るプチトマト、私はあれ、大っ嫌いなんだけど。

今日から、夏休みが始まった。カーテンの向こうに、青空が透《す》けて見える。やっと長い梅雨が明けた。開け放った窓から、そよ風が入ってきて、まるでカーテンが呼吸をしているみたいに、膨《ふく》らんだり凹《へこ》んだりする。ママは、簡易ソファの上に横になった。そんなママを労《いた》わるように、またそよ風が吹いてきて、ママのウ額を優しく撫《な》でている。

「お母さん、ちょっと休むから、マユ、はなちゃんのそばにいてあげてね」

ママは言った。

私は、バーバに[Ⅰ]近づく。そして、バーバの周りに漂う空気を、思いっきり肺に流し込んだ。

果物が腐る寸前のような、熟した甘い匂《にお》い。バーバに近づくと、林檎《りんご》と梨《なし》と桃を混ぜたような匂いがする。そして、この匂いを嗅《か》ぐたびに、私は生まれて初めてチーズを食べた時のことを思い出してしまう。

あれは、パパの誕生日だったのか。それともパパとママの結婚記念日だったのか。その日両親はワインを飲んでいた。そして、テーブルには何種類かのチーズが並んでいた。

マユも食べてみるか。パパに差し出された一切れを口に含んだ私は、うぇっとすぐに吐き出した。パパ、まずいよ、これ。マユはまだ子供なんだなぁ、パパは顔をしかめる私をうれしそうに眺めていた。だって、腐ってるじゃん。私は抗議するように言った。【ａ】腐っているんじゃないよ、醸《かも》しているんだよ。パパは、私が吐き出したのと同じチーズを幸せそうに口に放り、それから足の長いグラスを掲げて真っ赤なワインを飲み干した。そして言ったのだ。腐敗することと発《はっ》酵《こう》することは、似ているけど違うんだよ。どう違うのかは、パパも上手に説明できないけど。

その時、ママがどういう顔をしていたのか、思い出せない。私は、ちぐはぐな両親の蝶番《ちょうつがい》となるべく、幼い子役を演じるのに必死だった。だから、もし今パパがそばにいるのなら、真っ先に尋ねたい。バーバは腐敗しているのか、それとも発酵しているのか。

二　次の文章を読んで、後の問いに答えなさい。ただし、字数制限のある解答については、句読点・記号も一字とします。

両親の離婚後、祖母であるバーバの様子がおかしくなって、「私」とママはバーバが住んでいた団地の近くに引っ越した。ママは最後までバーバの面倒を自分で見ようと二年近くがんばったが、仕事と介護の過労により、一時、倒れてしまった。

バーバは、数週間前からこのホームに入居した。きれいだし、優しい人達がいつも明るく声をかけてくれるし、同じア境遇の王様やお姫様もたくさんいる。だけど、バーバは食事をほとんど受け付けなくなった。見た目は私の食べている給食なんかより、ずっとずっと美味《おい》しそうなのに。

それで今日は、ママが家からお弁当を作って持ってきたのだ。料理、得意じゃないくせに。私の運動会にだって、そんな豪勢なお弁当、作ったためしがないくせに。

「はーなちゃん、あーん」

ママは根気よく、バーバの口元に食べ物を運ぶ。ホウレンソウの胡麻和《ごまあ》え、切干大根の煮物、炊《た》き込みご飯、卵焼き。何箇所かにプチトマトも散らして。全部今朝、ママが早起きして作ってきたものだ。でも、どれもイ拒否。バーバのくちびるは開かずの扉となり、頑《かたく》なに閉ざされたまま動かない。

「はーなちゃん、はい、もう一回、あーんして」

それでもママは、バーバの口元に食べ物を運び続ける。そんな時、ママの口は「へ」の字に歪《ゆが》み、眉間《みけん》には溝のように深い皺《しわ》が刻まれている。私は、見てはいけないものを見てしまったような後ろめたい気になって、一瞬、目を逸《そ》らしてしまう。そして、①ママの心が、火山みたいに大爆発するんじゃないかと身構える。でも、実際のママは爆発しない。ただ、その表情をもっと濃くするだけだ。何もできない分だけ、私はより切なくなる。私がバーバのお弁当を食べたところで、

問四 ――線①「それは仕方がないことです」とありますが、その理由を本文中のことばを使って、六十字以上七十字以内で答えなさい。

問五 ――線②「そんな競争に～構いません」とありますが、筆者がこのように言うのは、どのようなことが重要だと考えているからですか。本文中のことばを使って三十字以内で答えなさい。

問六 ――線③「しかし、無限の可能性～良いかもしれません」とありますが、その理由として最も適当なものを次の**ア**～**エ**から選び、記号で答えなさい。

ア 失敗から学ぶためには失敗のつらさを知る必要があるから。
イ 結果よりもチャレンジすることに大きな意味があるから。
ウ 競争に勝つためには何でもしなければならないから。
エ 苦手なことの中にも得意なことがあるかもしれないから。

問七 ――線④「常にニッチを探し求めた敗者たち」について、次の(1)・(2)に答えなさい。

(1) 「ニッチを探し求めた敗者」として**適当でない**「生き物」を次の**ア**～**エ**から一つ選び、記号で答えなさい。

ア 土の中で生きているミミズ
イ 地面の下で暮らしているモグラ
ウ 街中で餌《えさ》をあさるクマ
エ 水面で活動しているアメンボ

(2) あなたはこれからの学校生活で「ニッチ」をどのように探し求めますか。あなたの考えを具体例をあげて八十字以上百字以内で述べなさい。

手に入れました。そして、子孫を守るために卵ではなく赤ちゃんを産んで育児するようになりました。それが、現在、地球上に繁栄している哺乳類《ほにゅうるい》となるのです。

人類の祖先は、森を追い出され草原に棲《す》むことになったサルの仲間でした。恐ろしい肉食獣におびえながら、人類は二足歩行をするようになり、命を守るために知恵を発達させ、道具を作ったのです。

生命の歴史を振り返ってみれば、進化を作りだしてきた者は、常に追いやられ、迫害された弱者であり、敗者でした。そして進化のオチョウテンに立つと言われる私たち人類は、敗者の中の敗者として進化を遂げてきたのです。

生命の歴史を見れば、進化の原動力になったものは、④常にニッチを探し求めた敗者たちのチャレンジだったのです。

（稲垣栄洋『はずれ者が進化をつくる　生き物をめぐる個性の秘密』による。
作問の都合上、本文の一部を変更しています。）

＊四時間目…二つ前の章を表す。

問一　――線ア～オのカタカナを漢字に直して答えなさい。

問二　Ⅰ～Ⅴに入ることばとして最も適当なものを次の**ア**～**オ**からそれぞれ選び、記号で答えなさい。ただし、同じ記号を二度以上使ってはいけません。

ア　けっして　**イ**　ついに　**ウ**　おそらく
エ　もちろん　**オ**　そもそも

問三　Ａ～Ｄに入ることばとして最も適当なものを次の**ア**～**ク**からそれぞれ選び、記号で答えなさい。ただし、同じ記号を二度以上使ってはいけません。

ア　進化　**イ**　戦略　**ウ**　想像　**エ**　敗者
オ　道具　**カ**　勝者　**キ**　退化　**ク**　生息

ません。学校でさまざまなことを勉強するのは、多くのことにチャレンジするためでもあるのです。苦手なところで勝負する必要はありません。嫌なら逃げてもいいのです。

③しかし、無限の可能性のある若い皆さんは、簡単に苦手だと判断しないほうが良いかもしれません。

（中略）

[B]は戦い方を変えません。その戦い方で勝ったのですから、戦い方を変えないほうが良いのです。負けたほうは、戦い方を考えます。そして、工夫に工夫を重ねます。負けることは、「考えること」です。そして、「変わること」につながるのです。

負け続けるということは、変わり続けることでもあります。生物の進化を見ても、そうです。ウゲキテキな変化は、常に[C]によってもたらされてきました。

古代の海では、魚類の間で激しい生存競争が繰り広げられたとき、戦いに敗れた敗者たちは、他の魚たちのいない川という環境に逃げ延びました。[Ⅲ]、他の魚たちが川にいなかったのには理由があります。海水で進化をした魚たちにとって、塩分濃度の低い川は棲《す》めるような環境ではなかったのです。しかし、敗者たちはその逆境を乗り越えて、川に暮らす淡水魚へと[D]をしました。

しかし、川に暮らす魚が増えてくると、そこでも激しい生存競争が行われます。戦いに敗れた敗者たちは、水たまりのようなエアサセへと追いやられていきました。そして、敗者たちは進化をします。

[Ⅳ]陸上へと進出し、両生類へと進化をするのです。

懸命に体重を支え、力強く手足を動かし陸地に上がっていく想像図は、未知のフロンティアを目指す闘志にみなぎっています。

しかし最初に上陸を果たした両生類は、[Ⅴ]勇気あるヒーローではありません。追い立てられ、傷つき、負け続け、それでも「ナンバー１になれるオンリー１のポジション」を探した末にたどりついた場所なのです。

やがて恐竜が繁栄する時代になったとき、小さく弱い生き物は、恐竜の目を逃れて、暗い夜を主な行動時間にしていました。と同時に、恐竜から逃れるために、聴覚や嗅覚などの感覚器官と、それを司《つかさど》る脳を発達させて、敏速な運動能力をそのニッチで勝負することができれば、それ以外の場所では、全部負けてしまってもいいのです。

古代中国の思想家・孫子という人は「戦わずして勝つ」と言いました。

孫子だけでなく、歴史上の偉人たちは「できるだけ戦わない」という [A] にたどりついているのです。

偉人たちは、どうやってこの境地にたどりついたのでしょうか。

勝者と敗者がいたとき、敗者はつらい思いをします。どうして負けてしまったのだろうと考えます。どうやったら勝てるのだろうと考えます。

[Ⅱ] 彼らはいっぱい戦ったのです。そして、いっぱい負けたのです。

彼らは傷つき、苦しんだのです。

そして、ナンバー1になれるオンリー1のポジションを見つけたのです。

そんなふうに「戦わない戦略」にたどりついたのです。

生物も、「戦わない戦略」を基本戦略としています。

自然界では、激しい生存競争が繰り広げられます。生物の進化の中で、生物たちは戦い続けました。そして、各々の生物たちは、進化の歴史の中でナンバー1になれるオンリー1のポジションを見出しました。そして、「できるだけ戦わない」という境地と地位にたどりついたのです。

ナンバー1になれるオンリー1のポジションを見つけるためには、若い皆さんは戦ってもいいのです。そして、負けてもいいのです。

たくさんのチャレンジをしていけば、たくさんの勝てない場所が見つかります。こうしてナンバー1になれない場所を見つけていくことが、最後にはナンバー1になれる場所を絞り込んでいくことになるのです。

ナンバー1になれるオンリー1のポジションを見つけるために、負けるということです。

学校では、たくさんの科目を学びます。得意な科目も、苦手な科目もあることでしょう。得意な科目の中に苦手な単元があるかもしれませんし、苦手科目だからと言ってすべてが苦手なわけではなく、中には得意な単元が見つかるかもしれ生物はナンバー1になれるオンリー1のポジションを持っています。

誰にも負けない自分の得意を存分に活《い》かして、自分の地位を確保しています。

激しい競争が行われている自然界ですが、そんな中で、生物はできるだけ「戦わない」という戦略を発達させています。

ナンバー1になれるオンリー1のポジションがあれば、そんなに戦わなくても良いのです。

とはいえ、現代社会を生きる私たちは、常に競争にさらされています。

運動会でも順位を競います。学校の成績で順位もつけられます。

生き物たちのように「戦わない」戦略に徹することはできません。競争から逃れることはできないのです。

しかし、生き物たちの世界は、競争に敗れれば滅んでしまう厳しい世界です。厳しい競争社会とはいえ、私たちの世界は、敗れても命を奪われるようなことはありません。

先にも書いたように、人間の脳は、一定のものさしを設けて、順位をつけたり、比較しなければ理解することができません。だから、そんな脳を持つ人間の世界では、競争がなくなることはありません。

「戦いたくない」と思っても、皆さんは常に競争と戦いの土俵に上げられてしまいます。①それは仕方がないことです。その土俵で努力しなければならないのも仕方のないことなのです。

しかし大切なことは、そんな競争がすべてではないということです。

競争に負けたからといって、あなたのイカチが損なわれることはまったくありません。戦いに敗れたからといって、あなたが劣っているわけではありません。それは、あなたの能力が発揮できない土俵だったというだけですし、その程度の土俵だったというだけです。

②そんな競争に苦しむくらいだったら、土俵から降りても構いませんし、逃げ出しても構いません。

＊四時間目にお話しした「ニッチ」の話を覚えていますか。

ニッチとはナンバー1になれるオンリー1のポジションのことでした。誰かが用意してくれた競争の場が、あなたにとってニッチであることは稀《まれ》です。大切なことは、どこで勝負するかです。

2024年度

順天中学校

【国　語】〈第一回B入試〉（五〇分）〈満点：一〇〇点〉

一　次の文章を読んで、後の問いに答えなさい。ただし、字数制限のある解答については、句読点・記号も一字とします。

勝ち組とか、負け組とか、人間の脳は勝ち負けにこだわります。

それは、人間の脳が並べて比較することを得意としているからです。勝ち負けは人間の脳にとっては、いかにもわかりやすく、いかにも心地よい指標なのです。

そして、勝負する相手がわからないとき、人間は自分たちが作りだした「平均」という幻を持ち出します。平均と比べて成績が高いとか、収入が高いとか、勝ち負けをつけたがるのです。

しかし、「勝ち」って一体何なのでしょうか。

［　Ⅰ　］、「平均より高い」ことが勝ちなのでしょうか。そこに意味があるのでしょうか。

「良い生活」というと、どんなイメージがあるでしょうか。

誰もがうらやむ高級なブランド品に身を包み、高級車を乗り回し、豪邸に住んで何不自由なく暮らす生活を思い浮かべるかもしれません。

それでは、「幸せな生活」といえば、何を思い浮かべるでしょうか。家族や友人にアカコまれて、ストレスなくゆったりとした気持ちに満ちあふれた生活を思い浮かべないでしょうか。

幸せに勝ち負けはありません。幸せに平均もありません。

あなたが楽しく満たされていれば、それでいいのではないですか。

2024年度

順天中学校

▶解説と解答

算数　＜第１回Ｂ入試＞（50分）＜満点：100点＞

解答

1 (1) $\frac{1}{14}$　(2) $1\frac{1}{3}$　**2** (1) ア 15　イ 12　(2) 73.7点　(3) 280ページ　(4) 時速3.75km　(5) 8通り　(6) 27度　(7) $57cm^2$　(8) エ，オ　**3** (1) **1122の次**…1211，**３桁の数**…８個，**４桁の数**…16個　(2) **32番目**…11112，**60番目**…22212　(3) 104番目　**4** (1) 450　(2) b 600　c 240　(3) 分速84m　**5** (1) 3.75cm　(2) 9：4　(3) 1：12

解説

1 **四則計算**

(1) $\frac{3}{7}\times\left(1\frac{1}{6}\div2\frac{4}{5}-\frac{1}{4}\right)=\frac{3}{7}\times\left(\frac{7}{6}\div\frac{14}{5}-\frac{1}{4}\right)=\frac{3}{7}\times\left(\frac{7}{6}\times\frac{5}{14}-\frac{1}{4}\right)=\frac{3}{7}\times\left(\frac{5}{12}-\frac{1}{4}\right)=\frac{3}{7}\times\left(\frac{5}{12}-\frac{3}{12}\right)=\frac{3}{7}\times\frac{2}{12}=\frac{3}{7}\times\frac{1}{6}=\frac{1}{14}$

(2) $2\frac{8}{9}\div\left(1.8\times1\frac{2}{3}-\frac{2}{3}\div0.8\right)=2\frac{8}{9}\div\left(\frac{9}{5}\times\frac{5}{3}-\frac{2}{3}\div\frac{4}{5}\right)=2\frac{8}{9}\div\left(3-\frac{2}{3}\times\frac{5}{4}\right)=2\frac{8}{9}\div\left(3-\frac{5}{6}\right)=2\frac{8}{9}\div2\frac{1}{6}=\frac{26}{9}\div\frac{13}{6}=\frac{26}{9}\times\frac{6}{13}=\frac{4}{3}=1\frac{1}{3}$

2 **約数と倍数，平均，相当算，速さ，場合の数，角度，面積，立体図形の構成**

(1) 積が180になるような２つの整数の組を調べると，（１，180），（２，90），（３，60），（４，45），（５，36），（６，30），（９，20），（10，18），（12，15）の９組ある。このうち差が３なのは（12，15）だけで，AはBより３大きいので，Aは15（…ア），Bは12（…イ）と決まる。

(2) １回目から５回目までのテストの合計点は，72.4×５＝362（点）で，これに６回目の80点が加わると，362＋80＝442（点）になる。よって，１回目から６回目までの平均点は，442÷６＝73.66…より，小数第２位を四捨五入すると，73.7点となる。

(3) 本のページ数について図に表すと，右の図１のようになる。図１から，１日目に本を読んだあとに残ったページ数（①）の，$1-\frac{1}{5}=\frac{4}{5}$が，160＋４＝164（ページ）にあたるので，１日目に本を読んだあとに残ったページ数は，164$\div\frac{4}{5}$＝205（ページ）とわかる。同様に考えると，本の全体のページ数（$\boxed{1}$）の，$1-\frac{1}{4}=\frac{3}{4}$が，205＋５＝210（ページ）にあたるから，本は全部で，$210\div\frac{3}{4}$＝280（ページ）ある。

図１

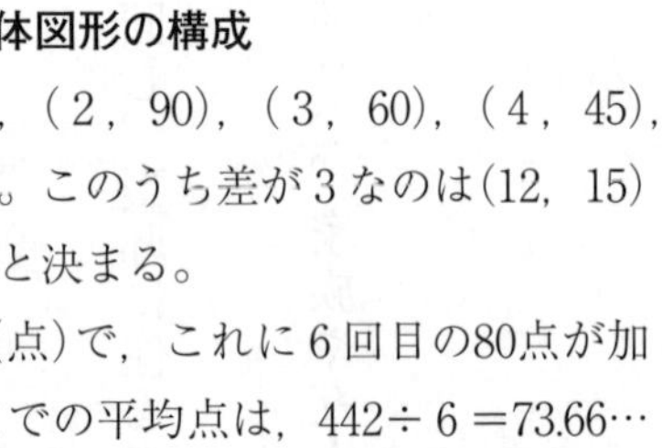

(4) Ａ町とＢ町は，３×2.5＝7.5（km）離《はな》れているので，Ｂ町からＡ町に帰ってくるのに，7.5÷５＝1.5（時間）かかる。つまり，Ａ町とＢ町の間の往復で，2.5＋1.5＝４（時間）かけて，7.5×２＝15（km）進んだので，往復の平均の速さは，時速，15÷４＝3.75（km）となる。

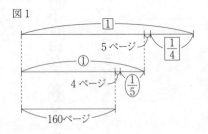

⑸　えんぴつをＡ，Ｂ２つのケースに，少なくとも１本ずつ入れるような入れ方は，（Ａ，Ｂ）＝（１本，４本），（２本，３本），（３本，２本），（４本，１本）の４通りある。同様に，ボールペンをＡ，Ｂ２つのケースに，少なくとも１本ずつ入れるような入れ方は，（Ａ，Ｂ）＝（１本，２本），（２本，１本）の２通りある。よって，えんぴつとボールペンの分け方は全部で，４×２＝８（通り）ある。

⑹　右の図２で，三角形DECに注目すると，㋐は，180－(36＋90)＝54(度)である。また，㋑は㋐と等しく54度だから，三角形BA′Eに注目すると，㋒は，180－(90＋54)＝36(度)となる。さらに，ABとA′Bの長さは等しいから，三角形ABA′は二等辺三角形となり，xと㋓の大きさは等しいことがわかる。よって，xは，{180－(90＋36)}÷２＝27(度)である。

図２

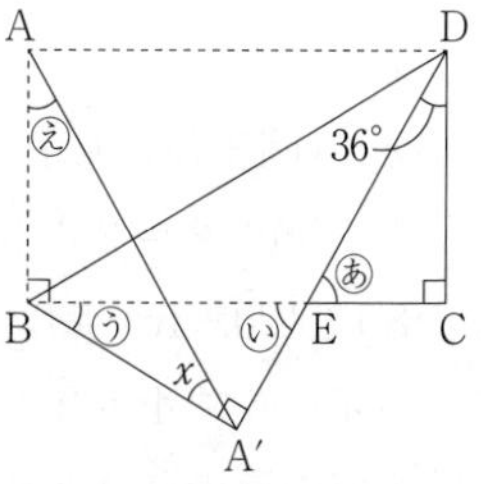

⑺　問題文中の図の影《かげ》をつけた部分を，点線で区切って８つに分けて並べかえると，右の図３のように，直径10cmの円から，対角線が10cmの正方形を除いた図形を２つつくることができる。このことから，影をつけた部分の面積は，（５×５×3.14－10×10÷２）×２＝(78.5－50)×２＝28.5×２＝57(cm^2)と求められる。

図３

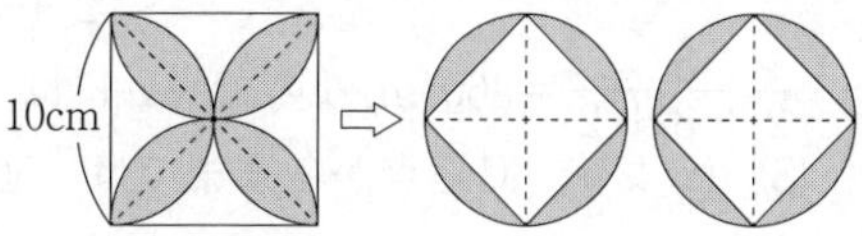

⑻　問題文中の展開図を組み立てると，下の図４のような立方体ができる。これを，問題文中のア～オの見取図と，上の面と右の面がそろうようにおくと，下の図５のようになる。図５より，立体の見取図として正しいものは，エとオである。

図４

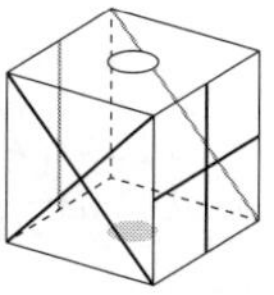

図５

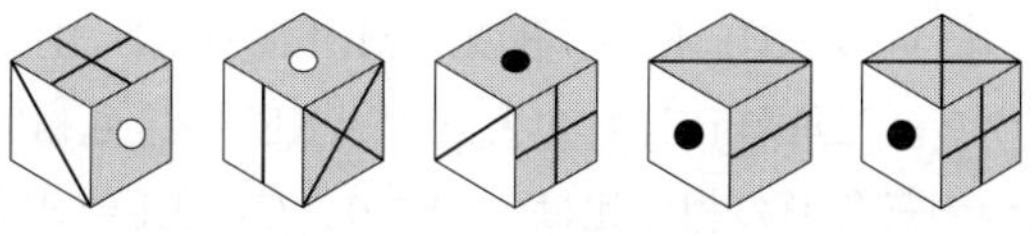

3　数列

⑴　1122の次の数は，千の位が１，百の位が２の整数のうち，最も小さい数だから，1211である。また，各位に使える数は，１か２の２通りだから，３桁《けた》の数は，２×２×２＝８(個)あり，４桁の数は，２×２×２×２＝16(個)ある。

⑵　１桁の数は２個，２桁の数は４個，３桁の数は８個，４桁の数は16個あるから，４桁の数までで，２＋４＋８＋16＝30(個)ある。また，５桁の数は，２×２×２×２×２＝32(個)あるから，並んでいる整数のうち，５桁の数は，30＋１＝31(番目)から，30＋32＝62(番目)までとなる。すると，31番目の数は11111だから，32番目の数は11112とわかる。さらに，62番目，61番目，60番目の数はそれぞれ，22222，22221，22212なので，60番目の数は22212である。

⑶　⑵より，５桁の数までで62個ある。また，６桁の数のうち，十万の位が１のものは，２×２×２×２×２＝32(個)ある。さらに，６桁の数のうち，211□□□となるものは，２×２×２＝８(個)あり，その後は，212111，212112，…と続く。よって，212112は，62＋32＋８＋２＝104(番目)の数とわかる。

4 グラフ―速さ，つるかめ算，速さと比

(1) 問題文中のグラフ１より，はじめは分速50mの速さで，途《と》中《ちゅう》から分速65mの速さで歩き，15分で合わせて840m進んだとわかる。もし分速65mで15分進んでいたら，進んだ道のりは，65×15＝975(m)になり，実際よりも，975－840＝135(m)多くなる。分速65mで１分進むかわりに，分速50mで１分進むと，進む道のりは，65－50＝15(m)短くなるので，分速50mで進んだ時間は，135÷15＝９(分)である。よって，分速50mで進んだ道のりは，50×９＝450(m)となり，aには450があてはまる。

(2) (図書館からＰ地点まで)，(Ｐ地点からＱ地点まで)，(Ｑ地点から家まで)で，速さの比は，１：1.5：２＝２：３：４である。また，問題文中のグラフ２より，進んだ時間の比は，８：(16－８)：(20－16)＝８：８：４＝２：２：１だから，道のりの比は，(２×２)：(３×２)：(４×１)＝４：６：４＝２：３：２となる。したがって，図書館からＰ地点までの道のりと，Ｑ地点から家までの道のりはどちらも，$840\times\frac{2}{2+3+2}$＝240(m)，Ｐ地点からＱ地点までの道のりは，$840\times\frac{3}{2+3+2}$＝360(m)なので，bには，240＋360＝600，cには240があてはまる。

(3) (2)より，Ｍ地点から家までは，360÷２＋240＝420(m)ある。また，Ｍ地点を出発するのは，図書館を出発してから，８＋(16－８)÷２＋３＝15(分後)である。よって，図書館を出発してから20分で家に着くためには，残りの，20－15＝５(分間)で420mを進む必要があるので，Ｍ地点からは速さを，分速，420÷５＝84(m)にすればよい。

5 平面図形―辺の比と面積の比，相似

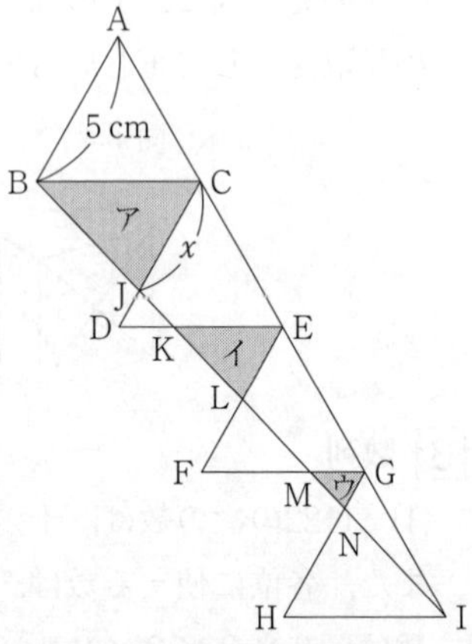

(1) 右の図で，三角形ABI，CJI，ELI，GNIは相似であり，相似比は４：３：２：１なので，AB：CJ＝４：３である。ABの長さは５cmだから，xの長さは，$5\times\frac{3}{4}$＝3.75(cm)となる。

(2) 右の図で，三角形BCJ，KDJ，KEL，MFL，MGN，IHNはすべて相似だから，三角形BCJ(ア)と三角形KEL(イ)も相似である。この２つの三角形の相似比は，(1)より，CJ：EL＝３：２なので，面積比は，(３×３)：(２×２)＝９：４である。

(3) (2)より，三角形MGN(ウ)と三角形IHNも相似である。(1)より，AB：GN＝４：１で，AB=GHだから，GN：HN＝１：(４－１)＝１：３となる。よって，三角形MGNと三角形IHNの相似比は１：３なので，面積比は，(１×１)：(３×３)＝１：９とわかる。また，GH：HN＝４：３より，正三角形GHIの面積は，三角形IHNの面積の$\frac{4}{3}$倍である。したがって，三角形MGN(ウ)と正三角形GHIの面積比は，$1:\left(9\times\frac{4}{3}\right)=1:12$と求められる。

国語　＜第１回Ｂ入試＞(50分)＜満点：100点＞

解答

一　問１　下記を参照のこと。　問２　Ⅰ　オ　Ⅱ　ウ　Ⅲ　エ　Ⅳ　イ　Ⅴ　ア
問３　A　イ　B　カ　C　エ　D　ア　問４　(例)　一定のものさしを設けて，順位

をつけたり，比較したりしなければ物事を理解することができない脳を持つ人間の世界では，競争はさけられないから。　**問５**　(例)　ナンバー１になれるオンリー１のポジションを見つけること。　**問６**　エ　**問７**　(1)　ウ　(2)　(例)　私は，勉強は苦手ですが絵を描くことには自信があります。中学校ではその得意分野をいかし，積極的にコンクールなどに応募したり，同じ目標を持った友人を多く作ったりしていくことで，居場所を作りたいと思います。

二　**問１**　**ア**　きょうぐう　**イ**　きょひ　**ウ**　ひたい　**エ**　そうぞう(しく)　**オ**　いげん　**問２**　Ⅰ　エ　Ⅱ　オ　Ⅲ　ア　Ⅳ　ク　Ⅴ　コ　**問３**　ウ　**問４**　d　**問５**　ウ　**問６**　(例)　何年か前に家族みんなで行ったお店の，富士山のようなかき氷が食べたくて，バーバは「ふ」と言っていたのだということ。　**問７**　(例)　バーバの介護で苦労してきたママに，バーバとの貴重な時間を過ごしてもらいたかったから。　**問８**　イ　**問９**　発酵

●漢字の書き取り

一 問１　ア　囲(まれて)　イ　価値　ウ　劇的　エ　浅瀬　オ　頂点

解　説

一　**出典：稲垣栄洋《いながきひでひろ》『はずれ者が進化をつくる　生き物をめぐる個性の秘密』**。ナンバー１になれるオンリー１のポジションを見つけるために進化した生物について説明されている。

問１　**ア**　音読みは「イ」で，「包囲」などの熟語がある。　**イ**　どのくらい役に立つかといった度合い。　**ウ**　劇の場面のように人の心を動かしたり，変化に富んでいるさま。　**エ**　海や川の水が浅い所。　**オ**　最も高い所や，最も盛んな状態。

問２　Ⅰ　「勝ち」や「平均より高い」ことに「意味があるのでしょうか」と，読み手に疑問を投げかけている。よって，問題の根本などに立ちもどって論じるときに用いる「そもそも」が合う。　Ⅱ　過去の「偉人《いじん》たち」について，「いっぱい戦った」とか「いっぱい負けた」などと，おしはかっているので，「おそらく」が入る。　Ⅲ　海での戦いに敗れた魚たちが逃《に》げ延びた「川」に，「他の魚たち」がいなかったのには，当然のことながら理由がある，という文脈になると考えられる。よって，「もちろん」が合う。　Ⅳ　「敗者たち」が「陸上へと進出」して「両生類へと進化」した，という内容が述べられているので，長い時間を経て最終的にある結果に達するさまを表す「ついに」が入る。　Ⅴ　続く部分に「ヒーローではありません」とあるので，これと呼応して“絶対に～ない”という意味を表す「けっして」が合う。

問３　**A**　孫子《そんし》や「歴史上の偉人たち」の戦い方について述べられているので，「戦略」が入る。　**B**　「戦い方を変えないほうが良い」のは，「その戦い方」で勝った「勝者」である。　**C**　勝者は戦い方を変えないが，敗者は戦い方を変えなければならない。つまり，大きな「変化」は，「敗者」によってもたらされてきたことになる。　**D**　海での「戦いに敗れた敗者たち」が，「塩分濃度の低い川に棲《す》める」ような「淡水魚《たんすいぎょ》」へと変化したという内容なので，「進化」が入る。

問４　ぼう線①の「それ」は，「戦いたくない」と思っても人間の世界では競争や戦いをさけられないということを指している。その理由は，前の段落にあるように，人間の脳は，「一定のものさし」を設けて，「順位」をつけたり，「比較」したりしなければ理解することができないからである。

問５　ぼう線②の直前で筆者は，競争に負けたのは「あなたの能力が発揮できない土俵だったとい

うだけ」だとして，「そんな競争がすべてではない」と述べている。その理由は，前にあるように，生物は「誰《だれ》にも負けない自分の得意を存分に活《い》か」すことで，「ナンバー１になれるオンリー１のポジション」を確保して生きていくことができ，自分の能力が発揮できる「土俵」を見つけることが重要だと筆者が考えているからである。

問６　「苦手なところで勝負する必要」はないが，「多くのことにチャレンジ」しないと，何が苦手で何が得意なのかがわからない。つまり，得意なことを見つけるためにも，「簡単に苦手だと判断しないほうが良い」のである。

問７　(1)「ニッチ」は，すき間のこと。本文中では，「ナンバー１になれるオンリー１のポジション」という意味で用いられている。土の中で生きているミミズやモグラ，さらには水面で活動しているアメンボなどは，自分の居場所を見つけるために進化してきた生物と考えられる。進化の結果としてクマが街中で餌《えさ》を探すようになったとは考えられないので，ウは適切な例ではない。　(2)本文では，「ニッチ」を見つけることで進化してきた生物のことが説明されており，人間にとっても「ナンバー１になれるオンリー１のポジション」は大切であると説いている。このことをふまえ，得意なものを見つけたという体験や，得意なことを見つけるためにチャレンジしていきたいといったことなど，自分の考えを，具体的な例とともにわかりやすく書く。

二　**出典：小川糸《おがわいと》「バーバのかき氷」（『あつあつを召《め》し上がれ』所収）**。ホームに入居した祖母の表情から，「私」は祖母が何をしてほしいのかということに気づく。

問１　**ア**　その人が置かれている事情や立場。　**イ**　聞き入れないで断ること。　**ウ**　音読みは「ガク」で，「金額」などの熟語がある。　**エ**　大きな物音がしてうるさいさま。　**オ**　堂々としていて重々しいさま。

問２　Ⅰ　「私」が，バーバに近づいていった場面なので，静かに物事をするさまを表す「そっと」が合う。　Ⅱ　直後に「緩《ゆる》んで」とあるので，やわらかくふくらむさまを表す「ふわりと」が入る。　Ⅲ　バーバは，口に食べ物を入れられるのをこばんでいるので，「くちびる」を「きゅっと」結んだと考えられる。　Ⅳ　「一粒《ひとつぶ》の涙《なみだ》」が落ちたという場面なので，なめらかなさまを表した「つるんと」が合うと考えられる。　Ⅴ　「部屋の中があまりに静か」だったために，「私」はバーバに何かあったのではないかと心配したと考えられる。よって，不安でおどろく気持ちを表す「どきゅんと」が入る。

問３　「胸が潰《つぶ》れる」とは“おどろきや悲しみから，しめつけられるような気持ちになる”という意味。「私」は，バーバのために必死の思いでかき氷を買いに行ったので，「もし全部溶《と》けてしまっていたら」と胸がしめつけられるような思いを抱《いだ》いたものと考えられる。

問４　ずっと避《さ》けて通ってきた「一文字の単語」が何であるのかを考える。バーバに少しでも早くかき氷を食べさせたいという気持ちから，悲しくなり，あせっていた「私」は，かき氷の店のおじさんに，「祖母が，もうすぐ死にそうなんです」と言っている。今までずっと避けてきた「死」という単語が口をついて出てしまったことに，「私」は自分でもおどろいたと考えられるので，【ｄ】が合う。

問５　ママは，料理が得意ではなかったが，バーバに食べてもらおうと思い，早起きして「豪勢《ごうせい》なお弁当」をつくり持ってきている。しかし，バーバが食べようとさえしてくれなかったので，ママがいらだちや悲しさを感じているのではないかと，近くで見ていた「私」は思っている。

問６　「私」は，「口元をほころばせ，くちびるをパクパクと動かして」いるバーバの表情が，何年か前に家族みんなで，「富士山」のようなかき氷を食べに行ったときの表情と同じだと気づいている。そして，そのときのかき氷が食べたくて，バーバが「ふ」と言っているのだということにも気づいたのである。

問７　本文の最後のほうに「バーバとママ，二人の世界を邪魔《じゃま》しないよう」にと，「私」が気遣《きづか》っている場面がある。「私」は，ママがバーバの介護《かいご》で苦労してきたことや，バーバを思うママの気持ちをわかっているので，ママの手からバーバにかき氷を食べさせたかったのだと考えられる。

問８　今のバーバは，介護される側ではなく，自分の娘であるママにかき氷を食べさせている。そのママの表情には，母親(バーバ)に愛情を注いでもらっていた子ども時代の幸せな気持ちがあらわれていると，「私」は感じたのである。

問９　空らんⅠに続く部分に注目する。「私」は，バーバから発せられる「果物が腐《くさ》る寸前のような，熟《じゅく》した甘い匂《にお》い」をかぐたびに，初めてチーズを食べて「うぇっとすぐに吐《は》き出した」ときのことを思い出し，バーバは「腐敗《ふはい》しているのか，それとも発酵《はっこう》しているのか」などと思っている。しかし，自らの手で娘や孫にかき氷を食べさせているバーバを見た「私」は，バーバの口についていた「甘い味」は，「腐敗」によるものではなく，バーバが「今この瞬間《しゅんかん》」も「発酵」し続けている証《あかし》だと確信している。

Dr.福井の
入試に勝つ！ 脳とからだのウルトラ科学

寝る直前の30分が勝負！

みんなは，寝る前の30分間をどうやって過ごしているかな？　おそらく，その日の勉強が終わって，くつろいでいることだろう。たとえばテレビを見たりゲームをしたり――。ところが，脳の働きから見ると，それは効率的な勉強方法ではないんだ！

実は，キミたちが眠っている間に，脳は強力な接着剤を使って海馬《かいば》(脳の，知識をためる倉庫みたいな部分）に知識をくっつけているんだ。忘れないようにするためにね。もちろん，昼間に覚えたことも少しくっつけるが，やはり夜――それも“寝る前”に覚えたことを海馬にたくさんくっつける。寝ている間は外からの情報が入ってこないので，それだけ覚えたことが定着しやすい。

もうわかるね。寝る前の30分間は，とにかく勉強しまくること！　そうすれば，効率よく覚えられて，知識量がグーンと増えるってわけ。

では，その30分間に何を勉強すべきか？　気をつけたいのは，初めて取り組む問題はダメだし，予習もダメ。そんなことをしても，たった30分間ではたいした量は覚えられない。

寝る前の30分間は，とにかく「復習」だ。ベストなのは，少し忘れかかったところを復習すること。たとえば，前日の勉強でなかなか解けなかった問題や，１週間前に勉強したところとかね。一度勉強したところだから，短い時間で多くのことをスムーズに覚えられる。そして，30分間の勉強が終わったら，さっさとふとんに入ろう！

ちなみに，寝る前に覚えると忘れにくいことを初めて発表したのは，アメリカのジェンキンスとダレンバッハという２人の学者だ。

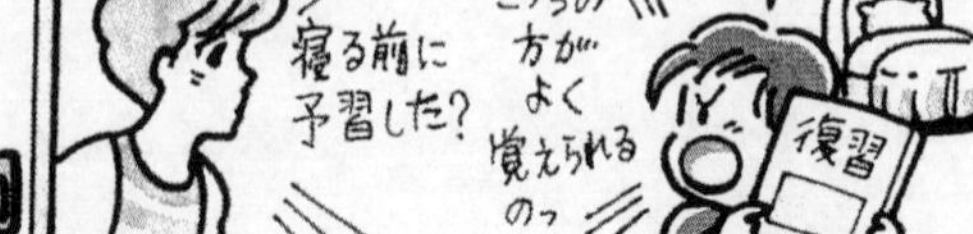

Dr.福井(福井《ふくい》一成《かずしげ》)…医学博士。開成中・高から東大・文Ⅱに入学後，再受験して翌年東大・理Ⅲに合格。同大医学部卒。さまざまな勉強法や脳科学に関する著書多数。

2023年度　順天中学校

【算　数】〈第１回Ａ入試〉（50分）〈満点：100点〉

1　次の計算をしなさい。

(1)　$\left(\frac{5}{6}+\frac{5}{3}\right)\div\left(2\frac{4}{9}-1\frac{3}{4}\right)=$ □

(2)　$0.15\div\left(\frac{11}{21}\times\frac{7}{8}-\frac{5}{8}\div1\frac{2}{3}\right)=$ □

2　次の □ にあてはまる数を求めなさい。

(1)　ある農産物の県別とれ高を円グラフに表しました。鹿児島県を表すおうぎ形の中心角は □ 度です。

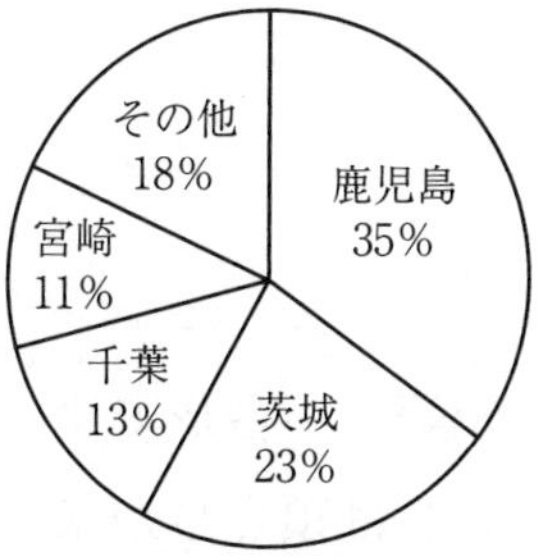

(2)　xは整数です。$\frac{1}{5}<\frac{2}{x}<\frac{3}{7}$ にあてはまるxは □ です。すべて答えなさい。

(3)　画用紙を用意して何人かに配ります。１人に４枚ずつ配ると52枚余り，１人に７枚ずつ配ると16枚余ります。用意した画用紙は □ 枚です。

(4)　庭の草刈《か》りをするのに，父，母，私が１人ですると，それぞれ２時間，３時間，６時間かかります。３人がいっしょにすると［ア］時間で終わります。母と私の２人がちょうど９時に草刈りを始めて，その30分後に父も加わりました。草刈りが終わるのは［イ］時［ウ］分です。

(5)　100円玉，50円玉，10円玉がそれぞれたくさんあります。これらを使って210円を支払うには［　　　］通りの支払い方があります。ただし，使わないものがあってもよいとします。

(6)　図は，方眼紙に大小２種類の半円と，円を組み合わせてかいたものです。方眼紙の１目《め》盛《も》りを１cmとするとき，影《かげ》をつけた部分の面積は［　　　］cm^2です。円周率は3.14とします。

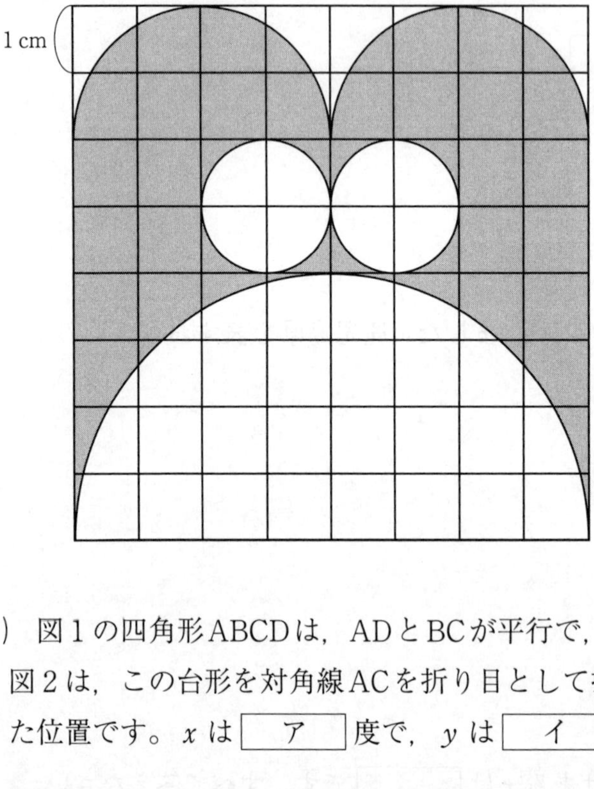

(7)　図１の四角形ABCDは，ADとBCが平行で，ABとDCの長さが等しい台形です。図２は，この台形を対角線ACを折り目として折り返しました。点Eは頂点Dが来た位置です。x は［　ア　］度で，y は［　イ　］度です。

図１

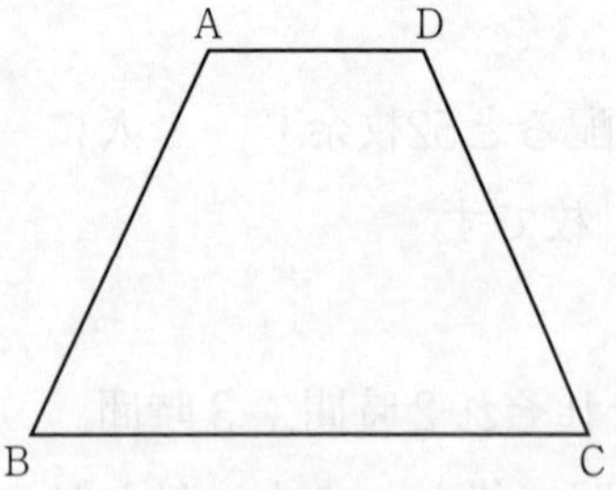

図２

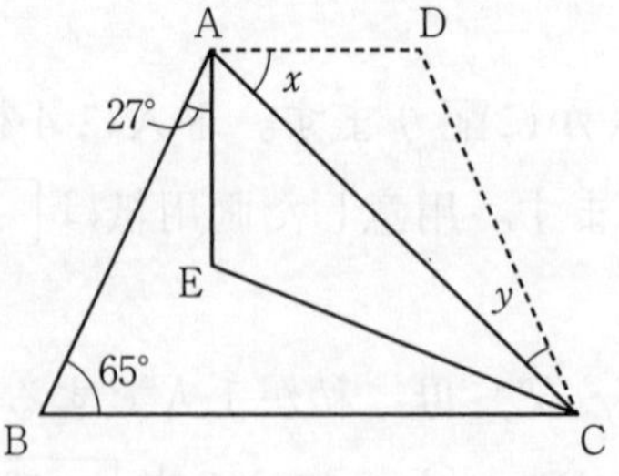

(8)　密閉された三角柱の容器があり，図のように深さ 20 cm まで水が入っています。この容器を三角形の面が底面になるようにたおすとき，水の深さは □ cmになります。

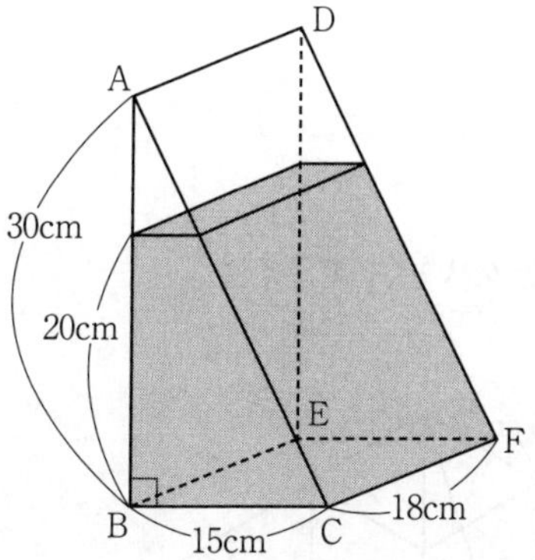

3　次のような分母が４の分数が2023個あります。

$\frac{1}{4}$, $\frac{2}{4}$, $\frac{3}{4}$, $\frac{4}{4}$, $\frac{5}{4}$, ……, $\frac{2022}{4}$, $\frac{2023}{4}$

これらを約分して，これ以上約分できない分数，または整数にします。次の問いに答えなさい。

(1)　２の倍数となる整数は何個ありますか。

(2)　分母が２となる分数は何個ありますか。

(3)　分子が奇数《きすう》となる分数は何個ありますか。

4　図１，図２のひし形ABCDは合同な正三角形を並べたものです。すき間なく，重なることなく並べました。次の問いに答えなさい。

(1)　図１で，影をつけた部分の面積は，ひし形ABCDの面積の何分のいくつですか。

(2)　図２で，正三角形の１辺を５cmとします。

①　xの長さを求めなさい。

②　影をつけた部分の面積は，ひし形ABCDの面積の何分のいくつですか。

図１

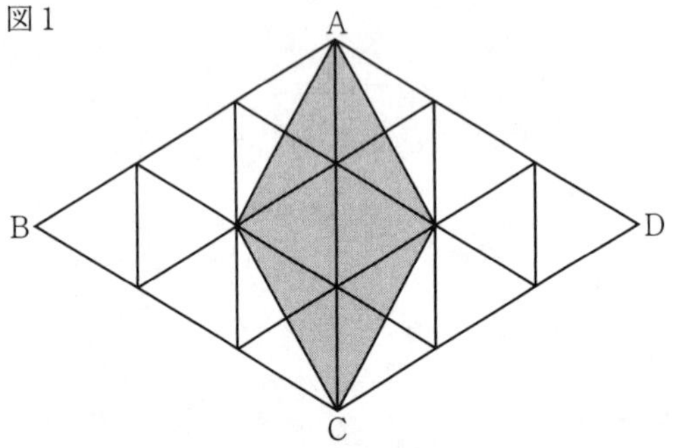

図２

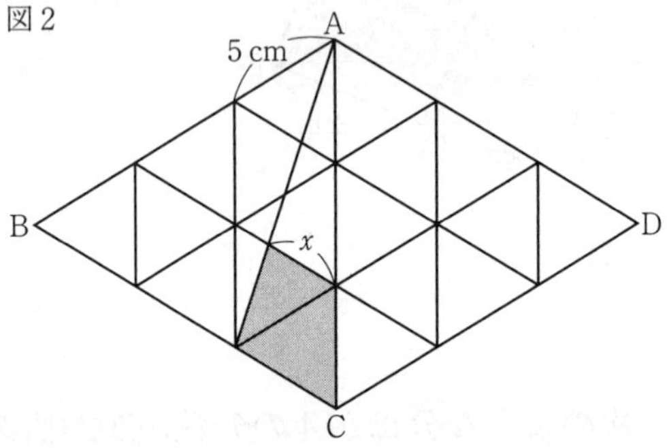

5　図は，同じ長さの棒を使って正六角形をつくってつなげたものです。●は棒を固定する止め具です。１番目，２番目，３番目，……と，順々に正六角形を増やします。次の問いに答えなさい。

１番目

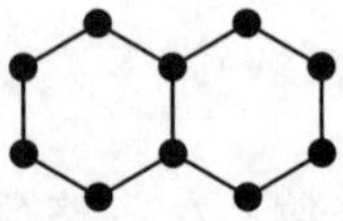

２番目

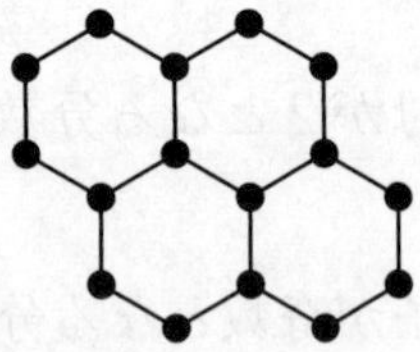

３番目

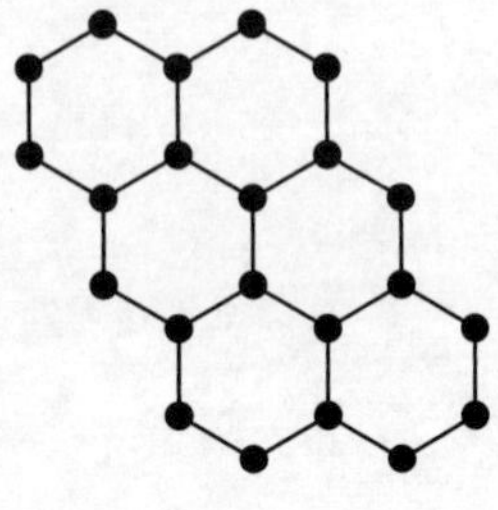

⋮

(1)　３番目では棒は何本ですか。また，止め具は何個ですか。

(2)　M番目では正六角形が16個できます。このとき，棒の本数と，止め具の個数を求めなさい。

(3)　N番目では止め具が70個必要です。このとき，棒は何本必要ですか。

(4)　１番目から20番目までをそれぞれつくります。全部で必要になる棒の本数を求めなさい。

【社　会】〈第１回Ａ入試〉（30分）〈満点：60点〉

1　次の［A］～［C］は，順天中学校３年生が作成した，「今年の夏休み」をテーマにしたレポートの一部です。次の［A］～［C］の各文章を読んで，後の問いに答えなさい。

［A］　タカシさんのレポート

私は北海道に引っ越した友人に会いに行きました。北海道の北部にある［　あ　］市です。［　あ　］市の宗谷岬からはかつてはａロシアとの交流の場となっていたｂサハリンを見ることができます。フェリーで近くの利尻島にも行きました。そこで食べたウニやホタテは絶品でした。次に北海道に行く時には，世界自然遺産であるｃ知床や，白老《しらおい》郡にあるｄウポポイ（民族共生象徴空間）に行ってみたいです。

［B］　カオリさんのレポート

私はｅ鳥取県米子市にある祖父の家に行きました。米子市からは［　い　］がきれいに見えました。米子市の近くには境港があります。そこで，おいしい海鮮丼を食べることができました。鳥取県は［　う　］県やｆ兵庫県などと接しています。［　う　］県には石見銀山が，兵庫県には姫路城があり，どちらも世界遺産に登録されています。次回はそれらにも行ってみたいです。

［C］　テツヤさんのレポート

私はｇ熊本県と福岡県と佐賀県をまわりました。熊本県ではｈ阿蘇山に行きました。雄大な自然が目の前に広がり感動しました。福岡県では久留米市に寄って久留米ラーメンを食べました。とても濃厚でおいしかったです。お土産に福岡県で有名な［　え　］を買って帰りました。佐賀県では唐津市呼子《よぶこ》町へ行き，とても新鮮なイカのお刺身を食べました。ちなみに佐賀県は，ある海産物のｉ養殖がさかんだそうです。

問１　空らん［あ］にあてはまる地名を，下の**ア**～**エ**から１つ選び，記号で答えなさい。

ア　室蘭　　**イ**　富良野　　**ウ**　稚内　　**エ**　釧路

問２　下線部ａについて，次の問いに答えなさい。

①　ロシアに関する説明として**適切でないもの**を，下の**ア～エ**から１つ選び，記号で答えなさい。

ア　2014年，ソチで冬季オリンピックが開催された。

イ　世界でもっとも面積の大きい国である。

ウ　石油や鉱山資源が豊富に産出されている。

エ　国際連合にも欧州連合(EU)にも加盟している。

②　ロシアの首都モスクワの標準時子午線は，東経45度です。日本との時差は何時間か答えなさい。

問３　下線部ｂについて，サハリンは日本では樺太とも呼ばれ，その南部は1905年から1945年まで日本領でした。日本が南樺太を領有するきっかけとなった戦争を答えなさい。

問４　下線部ｃについて，知床半島の位置を，地図中のア～エから１つ選び，記号で答えなさい。

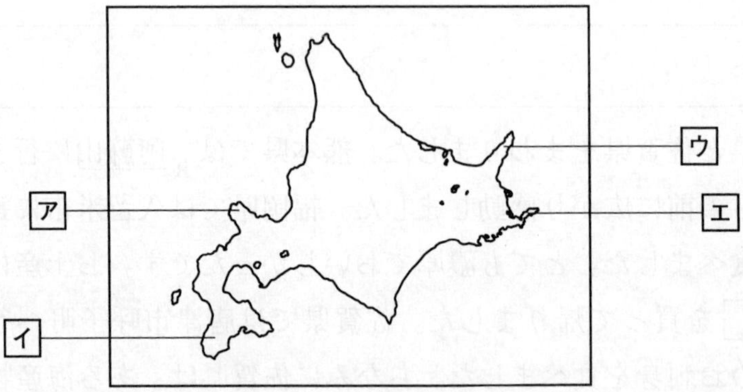

問５　下線部ｄについて，ウポポイは，北海道の先住民族の文化を復興・発展させる拠点として2020年に開業した施設です。北海道の先住民族を答えなさい。

問６　下線部ｅについて，鳥取県は日本でもっとも人口が少ない都道府県で，全人口に占める割合は約0.4％ほどです。鳥取県の人口を下の**ア**～**エ**から１つ選び，記号で答えなさい。（『日本国勢図会 2022/23』より）

ア　約30万人　　**イ**　約55万人　　**ウ**　約70万人　　**エ**　約95万人

問７　空らん［い］にあてはまる山を，下の**ア**～**エ**から１つ選び，記号で答えなさい。

ア　大山　　**イ**　月山　　**ウ**　大雪山　　**エ**　御嶽山

問８　空らん［う］にあてはまる県名を**漢字**で答えなさい。

問９　下線部ｆについて，兵庫県に関する２つの文Ａ・Ｂを読み，両方とも正しければ**ア**，Ａのみ正しければ**イ**，Ｂのみ正しければ**ウ**，両方ともあやまっていれば**エ**と答えなさい。

Ａ　神戸港は，日本でもっとも貿易額が大きい港である。

Ｂ　西陣織や信楽焼《しがらきやき》など，伝統的工芸品がつくられている。

問10　下線部ｇについて，熊本県に関する説明として正しいものを，下の**ア**～**エ**から１つ選び，記号で答えなさい。

ア　シラス台地では，サツマイモや茶の栽培がさかんである。

イ　八代平野では，い草の栽培がさかんである。

ウ　佐世保市では，造船業がさかんである。

エ　宇和海では，真珠の養殖がさかんである。

問11　下線部ｈについて，阿蘇山では，火山が噴火したことによってできる［　　］が見られ，世界有数の規模であるといわれています。［　　］にあてはまる語句を**カタカナ４字**で答えなさい。

問12　空らん［え］について，下のグラフは福岡県でさかんに生産されている，ある農作物の産地別収穫量の割合を表したものです。空らん［え］にあてはまるこの農作物を答えなさい。

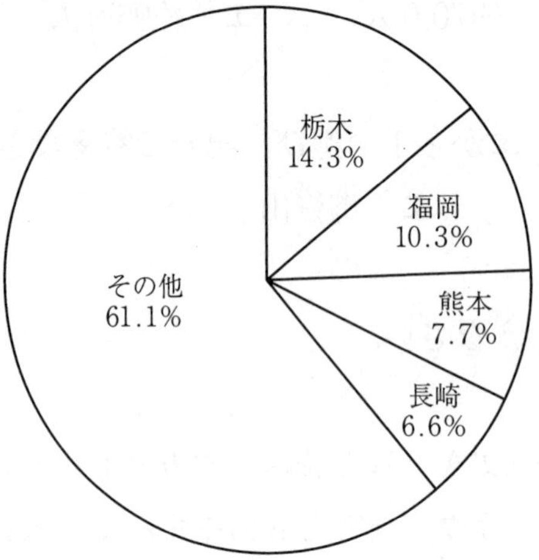

（『日本国勢図会　2022/23』）

問13　下線部ｉの養殖について，次の問いに答えなさい。

①　次の表は，「こんぶ」「わかめ」「のり」「ほたて貝」の産地別収穫量の割合を表したものです。Ａ～Ｃにあてはまる都道府県の組み合わせとして正しいものを，下から１つ選び，記号で答えなさい。

	主産地の割合		
こんぶ	Ａ　（80%）	岩手県　（17%）	Ｂ　（３%）
わかめ	Ｂ　（44%）	岩手県　（31%）	徳島県　（10%）
のり	Ｃ　（26%）	兵庫県　（22%）	福岡県　（17%）
ほたて貝	青森県　（54%）	Ａ　（41%）	Ｂ　（４%）

（『日本国勢図会　2022/23』）

ア　Ａ：北海道　Ｂ：佐賀県　Ｃ：宮城県
イ　Ａ：北海道　Ｂ：宮城県　Ｃ：佐賀県
ウ　Ａ：佐賀県　Ｂ：北海道　Ｃ：宮城県
エ　Ａ：佐賀県　Ｂ：宮城県　Ｃ：北海道
オ　Ａ：宮城県　Ｂ：北海道　Ｃ：佐賀県
カ　Ａ：宮城県　Ｂ：佐賀県　Ｃ：北海道

② 次の表は，海面で行う養殖業の収穫量の推移を表したものです。平成23年に一時生産量が落ち込んだ理由を簡単に説明しなさい。

	平成22年	平成23年	平成24年	平成25年	平成26年
生産量(千トン)	1,111	869	1,040	997	988

（農林水産省ホームページ）

2 次の先生と生徒の会話文を読んで，後の問いに答えなさい。

Ａさん：いよいよ2024年は北陸新幹線の金沢(石川)～敦賀《つるが》(福井)間が開業予定ですね。その頃，旅行に行きたいなぁとわくわくしています。

Ｂさん：私も a石川県は行ったことがあるけれど福井県は行ったことがないからぜひ行ってみたいわ。

先　生：福井県は歴史の魅力にあふれる土地だから，いくつか史跡を教えてあげよう。

Ａさん・Ｂさん：やったぁ!!

先　生：まず敦賀では氣比神宮《けひじんぐう》が有名だね。敦賀のシンボルとも称される b大鳥居があるんだ。初代福井藩主が造営した本殿は， c太平洋戦争の空襲で残念ながら焼失してしまったんだ。境内《けいだい》には『奥の細道』で有名な俳人[あ]の銅像などもあるよ。それから，「人道の港　敦賀ムゼウム」も外せないな。1920年代にはロシア革命の影響を受けたポーランド孤児，1940年代には杉原《すぎはら》千畝《ちうね》の発給《はっきゅう》した「命のビザ」を持ったユダヤ人 d難民がこの地を訪れたんだよ。

Ｂさん：現代の国際状況ともつながる気がしますね。

先　生：そうだね。こうした事実を伝えていきたいね。少し南の e小浜《おばま》も，日本海側有数の港として栄えた場所だよ。 f室町時代の1408年には，なんと象をのせたインドネシアからの船が来航したんだよ。

Ａさん：あれ，確か江戸時代にも象がやってきたって授業で話していたような……。

Ｂさん：幕府の g８代将軍に献上するためにベトナムからやってきたのよね。

先　生：２人とも授業中の雑談もよく覚えていて偉いね。そして，その小浜の少し北には，多数の遺物が出土した鳥浜貝塚があるよ。 h縄文時代の生活水準の高さが明らかになったんだ。最後に県庁所在地福井市も少し触れておこう。実は先生もまだ行ったことがないのが道守荘《ちもりのしょう》跡なんだ。これは743年に出された［　い　］で認められた荘園(私有地)の代表例だからぜひ訪れたいんだ。さて，福井駅前から200m位歩くと，徳川家康が設計に関わった福井城跡，現在の福井県庁が見えてくるよ。駅の反対側には，岡田啓介《おかだけいすけ》の生誕地があるね。

Ａさん：ええっと，誰ですか，それ？

先　生：ああ，1936年，陸軍の青年将校らにより高橋是清《たかはしこれきよ》大蔵大臣らが殺害された［　う　］のときの内閣総理大臣だよ。西に行くとｉ豊臣秀吉に攻められて命を落とした柴田勝家の北ノ庄城跡，さらに西には由利公正《ゆりきみまさ》の邸宅跡があるよ。

Ｂさん：ええっと，誰ですか，それ？

先　生：ああ，1868年に出された明治政府の新たな政治方針である［　Ｘ　］の原案を考えた人だよ。ちなみにすぐ近くにある橋本左内《はしもとさない》の墓にはお参りしたいね。この人物は君たちとほとんど変わらない15歳という年齢で，『啓発録《けいはつろく》』という自らの生きる決意を書いた早熟《そうじゅく》の天才だ。見習いたいね！

Ａさん・Ｂさん：福井県，ますます行ってみたくなりました。ありがとうございました！

問１　空らん［あ］にあてはまる人名を答えなさい。

問２　下線部ａについて，この地域では1488年から約100年間にわたって，浄土真宗の信者らが守護を倒し自治を行いました。この出来事の名称を，下の**ア**～**エ**から１つ選び，記号で答えなさい。

ア　正長の土一揆　　　**イ**　加賀の一向一揆

ウ　山城の国一揆　　　**エ**　嘉吉の徳政一揆

問３　下線部ｂの氣比神宮大鳥居は，春日大社・［　　　］のものとあわせて「日本三大木造鳥居」と呼ばれています。［　　］にあてはまる，海上に鳥居が立ち，日宋貿易の船の安全を祈願して整えられた神社の名称を，**漢字４字**で答えなさい。

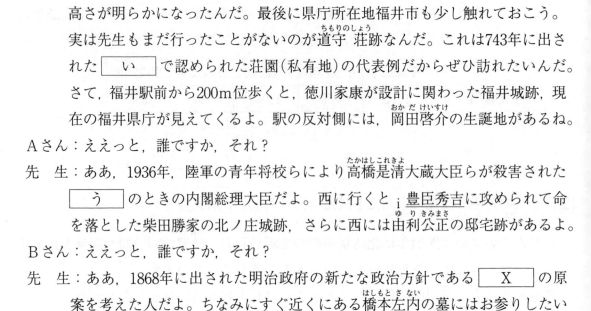

問４　下線部ｃに関連して，満州事変から始まり，アジア太平洋戦争の敗戦までを一続きに「十五年戦争」とも呼びます。1931年から1945年までの以下の出来事を年代の古い順に並べ替えたとき，**３番目にくるもの**を，下の**ア**～**オ**から１つ選び，記号で答えなさい。

ア　日本に対しポツダム宣言が出された。

イ　日本が国際連盟を脱退した。

ウ　盧溝橋で日中両軍が衝突した。

エ　柳条湖で南満洲鉄道の線路が爆破された。

オ　日本軍がハワイの真珠湾を攻撃した。

問５　下線部ｄについて，難民の保護や支援を行っている国際連合の機関の名称を，下の**ア**～**エ**から１つ選び，記号で答えなさい。

ア　UNHCR　　**イ**　UNESCO　　**ウ**　UNEP　　**エ**　UNICEF

問６　下線部ｅについて，江戸時代の小浜藩の医師で，前野良沢らとともにオランダ語の医学書を翻訳し『解体新書』を著《あらわ》した人物を**漢字**で答えなさい。

問７　下線部ｆに関する下の２つの文Ａ・Ｂを読み，両方とも正しければ**ア**，Ａのみ正しければ**イ**，Ｂのみ正しければ**ウ**，両方ともあやまっていれば**エ**と答えなさい。

Ａ　室町時代の力のある武士は御家人と呼ばれ，そのうち細川氏や畠山氏は執権として幕府の将軍を補佐していた。

Ｂ　室町時代には都市が発達し，堺や博多など一部の都市では町衆と呼ばれる有力な商工業者が町の運営を担った。

問８　下線部ｇについて，この人物が行った改革の内容に**関係のないもの**を，下の**ア**～**エ**から１つ選び，記号で答えなさい。

ア　上げ米制の採用　　**イ**　目安箱の設置

ウ　棄捐令の発布　　**エ**　定免法の採用

問９　下線部ｈについて，縄文時代の日本のようすを表した記述としてもっとも適切なものを，下の**ア**～**エ**から１つ選び，記号で答えなさい。

ア　動物の骨を加工した骨角器を用いて漁をしていた。

イ　多くの人や物資を動員した大規模な墓がつくられた。

ウ　青銅器や鉄器などの金属器が使用されていた。

エ　ナウマンゾウなどの大型動物を狩猟していた。

問10　空らん[い]にあてはまる語句を**漢字**で答えなさい。

問11　空らん[う]にあてはまる出来事の名称を答えなさい。

問12　下線部ｉの人物の説明として適切なものを，下の**ア**～**エ**から１つ選び，記号で答えなさい。

ア　大坂冬の陣・夏の陣で，徳川家康率いる軍勢と対立した。

イ　支配した地域に家臣を派遣し，統一した枡《ます》で検地を実施した。

ウ　城下町である安土の商工業発展を目指して，楽市・楽座令を出した。

エ　キリスト教の布教に訪れたフランシスコ・ザビエルを保護した。

問13　空らん[Ｘ]について，次の問いに答えなさい。

①　空らん[Ｘ]にあてはまる語句を答えなさい。

②　この内容として**適切でないもの**を，下の**ア**～**エ**から１つ選び，記号で答えなさい。

ア　政治については，会議を開いて，多くの人の意見によって決めよう。

イ　国民が心を一つにして，国の勢いをさかんにしよう。

ウ　日本の古いしきたりに従わない外国人は，追い出すことにしよう。

エ　新しい知識を世界に学んで，国を栄えさせよう。

3 次の新聞記事とそれに続く文章を読んで，後の問いに答えなさい。

> **［あ］イギリス女王死去**
>
> **96歳，在位最長の70年**
>
> aイギリスの女王［あ］２世が８日，滞在先のイギリス北部スコットランドのバルモラル城で死去した。96歳だった。在位70年７カ月は歴代の同国君主で最長。b第２次世界大戦後のイギリス史のほぼすべてを見守り，亡くなる直前まで精力的に公務をこなした。国民から絶大な支持と尊敬を集め，歴史的な難局《なんきょく》では常に国民に寄り添《そ》ったメッセージを発し続けた。
>
> （『日本経済新聞』より一部引用。英国をイギリスと書きかえている。）

女王は，c日本が主権を回復した年である1952年に25歳の若さで即位してから，70年の長きにわたり国家の君主として君臨し続けました。d国際連合の［い］理事会の常任理事国という重要な地位につくイギリスの君主として，戦後の国際社会を見続けてきました。日本の皇室との交流は，昭和天皇・上皇・天皇陛下《へいか》と３代にわたり，９月19日に行われた国葬には天皇・皇后《ごう》両陛下が参列されました。イギリスの国王は日本の天皇と同様に，政治権力を持つことはありません。日本国憲法において，天皇の地位は日本国の［う］であり，e国事行為を行うのみとなっています。

政治の仕組みにおいて，イギリスは日本と同様にf議院内閣制を採用しています。女王即位時の首相はg鉄のカーテン演説を行ったチャーチル首相で，亡くなる２日前に女王自ら任命したトラス首相まで総勢15人の首相を見守り続けました。ジョンソン前内閣のときに，発足時から加盟していたhヨーロッパ連合(EU)を離脱しました。EUと日本の間で，貿易の際にかかる税である［え］を低くしたり，撤廃したりする自由貿易協定が結ばれていましたが，EUからの離脱により相互の自由貿易は停止されました。しかし，日本とイギリスとの自由貿易協定は，2020年10月に互いに署名が行われ，翌年の１月に発効しました。

日本とイギリスの外交関係において，古くは，1600年，豊後《ぶんご》国(現在の大分県)に漂着したリーフデ号に乗っていたイギリス人を徳川家康が外交顧問としたこともあります。また，1902年にはロシアの南下政策に対抗するための軍事同盟である

［　お　］が結ばれました。これにより，この後に起きた戦争においてイギリスの援助もあり優位に進めることができました。

このように，［　あ　］女王が即位する前から，そして即位した後70年間も，日本とイギリスとは深い関わりを持ってきました。新国王チャールズ３世の時代においても，日本にとってイギリスは大切な外交相手であることに変わりはなく，$_{\text{i}}$現在の共通の問題にも協力して取り組んでいくことでしょう。

問１　空らん［あ］～［お］にあてはまる語句などを答えなさい。

問２　下線部ａのイギリスに関する説明として**適切でないもの**を，下の**ア**～**エ**から１つ選び，記号で答えなさい。

ア　世界で最初の産業革命が起きた国であり，19世紀には「世界の工場」と呼ばれた。

イ　この国の首都の郊外にあるグリニッジ天文台には，本初子《ほんしょし》午線《ごせん》が通る。

ウ　ヨーロッパ最大の農業国であり，小麦・トウモロコシ・ジャガイモの生産がさかんである。

エ　世界恐慌の際に，植民地などとの間で優先的に貿易を行うブロック経済政策を実施した。

問３　下線部ｂに関連して，下の**ア**～**エ**は第２次世界大戦後に起きた出来事です。年代の古い順に並べ替えたとき，**３番目にくるもの**として正しいものを１つ選び，記号で答えなさい。

ア　朝鮮戦争が起こる。　　　**イ**　日ソ共同宣言に調印する。
ウ　湾岸戦争が起こる。　　　**エ**　日中共同声明に調印する。

問４　下線部ｃに関連して，日本が主権を回復したことにより「連合国軍最高司令官総司令部(GHQ)」は消滅することになりました。このGHQの占領下で行われた政策として**適切でないもの**を，下の**ア**～**エ**から１つ選び，記号で答えなさい。

ア　労働三法の制定　　　**イ**　財閥解体
ウ　国民所得倍増計画　　**エ**　農地改革

問５　下線部ｄに関する記述としてもっとも適切なものを，下の**ア**～**エ**から１つ選び，記号で答えなさい。

ア　総会の議決において，国際連合に対して多くの資金を負担している国ほど多くの投票権を持つ。

イ　国際連合の本部はスイスのジュネーブに置かれている。

ウ　日本は，国際連合が発足した当初からの加盟国である。

エ　国際司法裁判所は，争う両方の国が認めたときだけ裁判を行う。

問６　下線部ｅについて，天皇の国事行為としてもっとも適切なものを，下の**ア**～**エ**から１つ選び，記号で答えなさい。

ア　弾劾裁判所を設置する。　　　　**イ**　最高裁判所裁判官を任命する。

ウ　衆議院を解散する。　　　　　**エ**　条約を締結する。

問７　下線部ｆの議院内閣制とは「行政権をもつ内閣が，国民の代表者からなる国会に対して，政治上の責任を連帯して負っている」ということです。日本の議院内閣制に関する記述としてもっとも適切なものを，下の**ア**～**エ**から１つ選び，記号で答えなさい。

ア　内閣不信任決議は，衆議院・参議院ともに行うことができる。

イ　内閣不信任決議が可決されたとき，内閣は30日以内に衆議院解散か内閣総辞職を決める。

ウ　内閣不信任決議が可決されなくとも，内閣総理大臣が欠けたときには内閣は総辞職する。

エ　内閣不信任決議が可決されても，一部の国務大臣を新たに任命し直せば旧内閣は存続する場合がある。

問８　下線部ｇに関する下の文章の空らん［Ｘ］・［Ｙ］にあてはまる語句を答えなさい。

鉄のカーテン演説とは，イギリスのチャーチル元首相がアメリカ訪問中の1946年，ソ連の秘密主義を批判した演説である。この演説以降，アメリカを中心とする資本主義諸国は結束し，ソ連を中心とする［　Ｘ　］主義諸国との対立を深めることとなる。この対立を［　Ｙ　］という。

問９　下線部ｈについて，EUは1993年に発効した条約にもとづいて組織されました。この条約としてもっとも適切なものを，下の**ア**～**エ**から１つ選び，記号で答えなさい。

ア　ロンドン条約　　　　**イ**　ベルサイユ条約
ウ　ラムサール条約　　　**エ**　マーストリヒト条約

問10　下線部ｉに関する下の文章の空らん［Ｚ］にあてはまる言葉を考えて，意味が通るように記述しなさい。

2021年から2022年にかけての日本とイギリス両国の共通の問題として，「物価の上昇」があげられる。イギリスの2022年７月の消費者物価指数(消費者が日常的に購入しているモノ・サービスの価格の動きを表す数値)は，前の年の同じ月と比べて10.1％上昇した。また，日本の2022年８月の消費者物価指数は，前の年の同じ月と比べて３％上昇した。この物価上昇の要因として様々なことが考えられるが，日本の場合の要因の１つとしては，［　　Ｚ　　］が考えられる。

【理　科】〈第１回Ａ入試〉（30分）〈満点：60点〉

1　右図のような実験装置で，重さを変えてマグネシウム粉と銅粉をそれぞれステンレス皿の上で加熱しました。その後，よく冷ましてから重さをはかり，結果を下の表にまとめました。以下の問いに答えなさい。

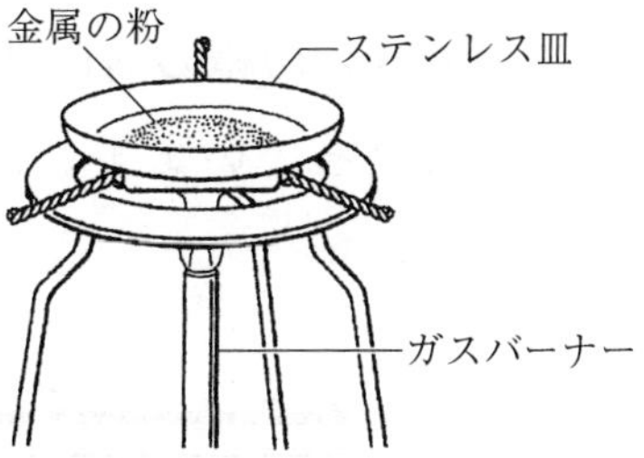

【マグネシウム粉の重さ(g)】

加熱前	0.6	1.2	1.8	2.4	3.0
加熱後	1.0	（ A ）	3.0	4.0	5.0

【銅粉の重さ(g)】

加熱前	0.6	1.2	1.8	2.4	3.0
加熱後	0.75	1.5	（ B ）	3.0	3.75

問１　マグネシウム粉と銅粉は，加熱すると重さが増えました。重さが増えたのはなぜですか。簡単に説明しなさい。

問２　上のマグネシウム粉や銅粉を加熱した実験と同じように鉄粉を加熱したあと，磁石を近づけたところ，磁石にくっつきませんでした。その理由を簡単に説明しなさい。

問３　表の中の(A)と(B)に入る数字を，それぞれ計算して答えなさい。

問４　マグネシウムの重さと，そのマグネシウムと結びつく物質の重さの関係は，ある一定の比になります。その比を簡単な整数比で答えなさい。

問５　マグネシウムの重さを横軸《じく》，そのマグネシウムと結びつく物質の重さを縦軸にとり，解答用紙にグラフをかきなさい。

2　図１のように，Ａさん・Ｂさん・Ｃさんの３人が横幅《はば》２メートルで縦が３メートルの大きさの鏡の前に立っています。また，３人の位置関係を上から見ると図２のようになっています。３人の身長が，全員 150 cm であるとき，以下の問いに答えなさい。

図１

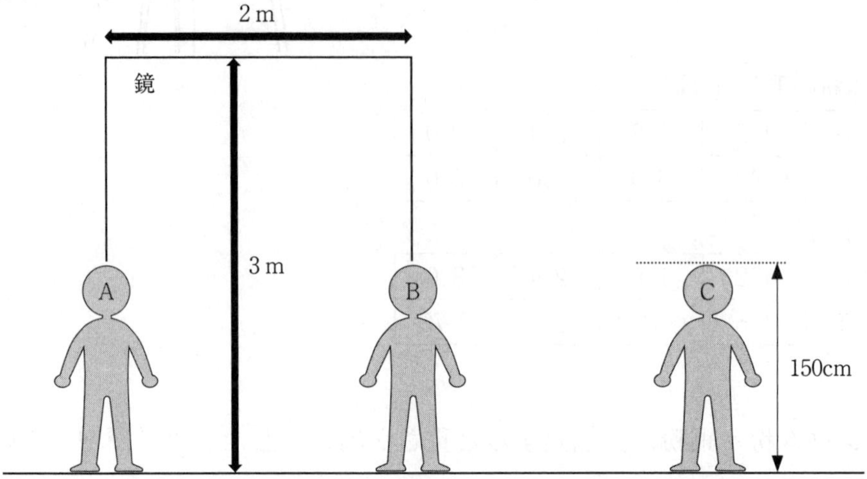

図２

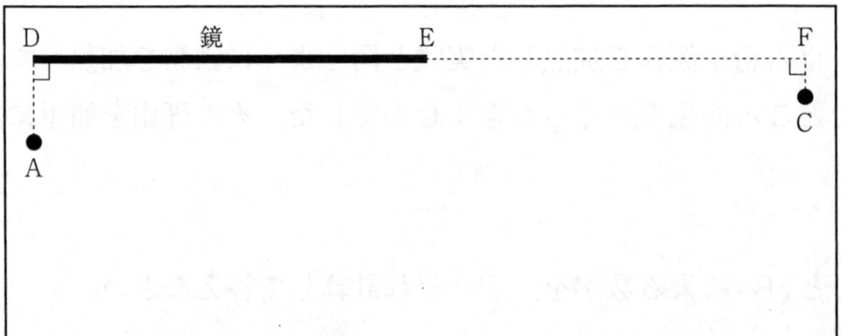

【図２の説明】　①　点Ｆは鏡DEを２ｍ延長した点である。
②　Ａさんから鏡までの距離《きょり》は 50 cm である。
③　Ｃさんから点Ｆまでの距離は 30 cm である。
④　Ｂさんから点Ｅまでの距離は２ｍである。

問１　Ａさんが鏡を見たとき，Ｂさんは鏡の中に映《うつ》って見えますか。「はい」か「いいえ」で答えなさい。

問２　Ａさんが鏡を見たとき，Ｃさんは鏡の中に映って見えますか。「はい」か「いいえ」で答えなさい。

3　同じ豆電球と乾《かん》電池を使って，図１と図２の回路をつくりました。この回路について，以下の問いに答えなさい。ただし， は豆電球を表し  は乾電池を表します。

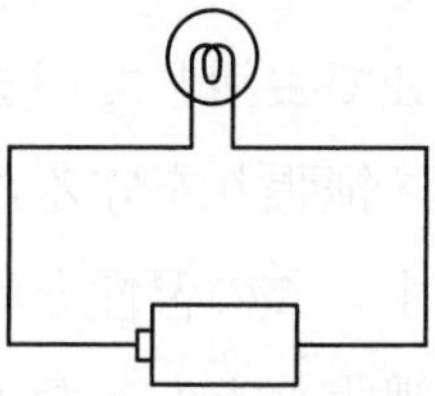

図１

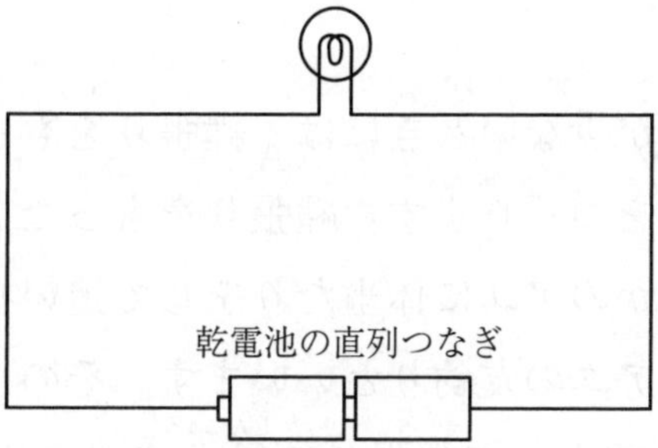

図２

【豆電球の説明】

＊下の図は豆電球を拡大したものです。

＊図のフィラメントに電流が流れるとフィラメントが熱をもって光を出すしくみになっています。

＊フィラメントは電流が流れにくくできています。

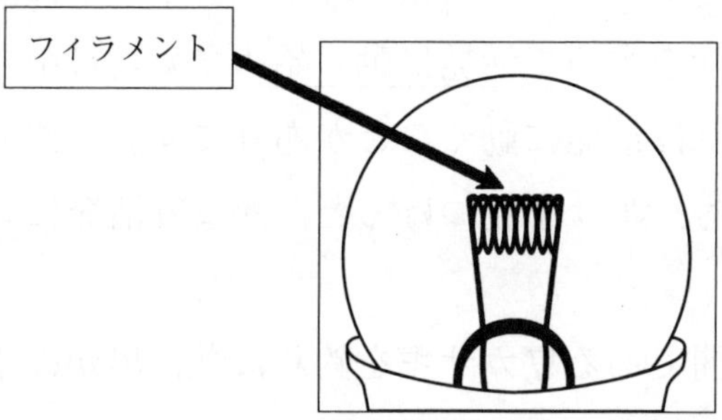

問１　図１の回路に比べて，図２の回路では豆電球の明るさはどうなりますか。また，そのように答えた理由も書きなさい。

問２　図２の回路をつくったあとに，同じ乾電池をさらに１個直列につないで実験を行いました。そうしたところ，豆電球が切れてしまいました。豆電球が切れた原因をくわしく書きなさい。

4　中学１年生になった太郎君は，釣《つ》りが好きで，いつも家族と一緒《いっしょ》に湖や川，海などに出かけます。次の文を読み，以下の問いに答えなさい。

６月上旬《じゅん》に，アユ釣りの解禁日を迎《むか》えたので，アユが釣れる川に出かけました。アユは，サケと同じように川で生まれて海へと下る魚です。川の下流域でふ化したあとすぐに海へ下り，海中のプランクトンを食べて成長します。そのまま半年ほど海で過ごして体長５～10 cmに成長したアユは，春を迎えて水温が上がってくると，生まれた川に戻ってきて，一気に※遡上《そじょう》を始めます。成長する前のアユは，プランクトンや水生昆虫《こんちゅう》を食べていますが，成長すると石に付着した（　あ　）を食物にしています。

アユは，生息している数が少ないときにはA縄張りをもって単独《たんどく》で生活していますが，数が多くなると群れをつくります。縄張りをもったアユは，縄張りを守るために縄張りに入ってきたほかのアユに体当たりをして追い払《はら》います。この習性を利用して釣り上げる方法を，アユの友釣りといいます。そのため，縄張りをもったアユを釣り上げるためには，前もって縄張りに侵入《しんにゅう》させるためのアユを用意する必要があります。太郎君は，この方法で一日釣りを楽しみました。

７月には，B淡水《たんすい》と海水がまじりあう場所(汽水《きすい》域)に，テナガエビを釣りに出かけました。テナガエビはアユと違《ちが》って肉食に近い雑食性なので，釣り針には動物性のエサをつけて釣り上げます。日中は波消しブロックや石積み，アシなどの中にかくれていて，光が少なくなるC夕方からエサを求めて活発に動き始めます。日中でも，くもり空や雨のときなど，光が少なければ活発に動くことがあります。ただ，波消しブロックなどにかくれている日中でも，エサを見つけると，かなり活発にエサを食べるのも特徴《とくちょう》です。

そして太郎君は，２月にはアユと同じ仲間であるワカサギを釣りに湖に出かけました。湖でワカサギを釣っているときに，この湖にどのくらいのワカサギがいるか気になり，家に帰ったあとインターネットで調べ，知ることができました。そこで，近所の湖にすんでいるフナの数を自分で調べようと思い，調べ方を検索《けんさく》したところ，D標識再捕《さいほ》法というものがあることを知りました。この方法は，湖などの閉鎖《へいさ》された場所で自由に行動している生物を一度つかまえて，体に目印(標識)をつけてもとの場所に放し，その生物が再び捕《とら》え(再捕)られたときの情報から，全体の数を推測する方法でした。一人では難しそうだったので，おじいちゃんに協力をしてもらい，天気のよい日の朝7時に投げ網《あみ》で60匹《ぴき》のフナをつかまえたあと，尾びれを少し切って，再び池に放しました。日をおいて湖中にそのフナがちらばるのを待ってから，同じやり方で50匹のフナをつかまえたところ，尾びれの切られたフナが20匹含《ふく》まれていました。この調査で湖にすんでいるフナの数を[い]匹と推測することができました。

※　遡上：流れをさかのぼって行くこと。

問1　成長したアユの主な食物(あ)は何ですか。次の①～③から1つ選び，番号で答えなさい。

①　プランクトン　　②　水中の昆虫　　③　藻《そう》類

問2　縄張りには，①繁殖《はんしょく》相手の確保，②食物の確保，③巣を中心とした繁殖場所の確保などの働きがあります。下線部Aのアユの縄張りは，①～③のどれと最も関係が深いですか。1つ選び，番号で答えなさい。

問3　下線部Bの汽水域に生息している生物を，次の生物群の中から1つ選びなさい。

イワナ　　ドジョウ　　オジサン　　トビハゼ　　サンマ

問4　下線部Cのように，主に夜になると活発に行動する生物を，次の生物群の中から1つ選びなさい。

カラス　　モンシロチョウ　　ニホンザル　　ネズミ　　スズメ

問5　下線部Dの標識再捕法は，イソギンチャクの調査には適していません。それはなぜですか。説明しなさい。

問6　湖にすんでいるフナの数[い]を答えなさい。

5　右図は火山の断面図です。Ａはどろどろに溶《と》けた岩石で，ふん火のときに火口から出てくることがあります。次の問いに答えなさい。

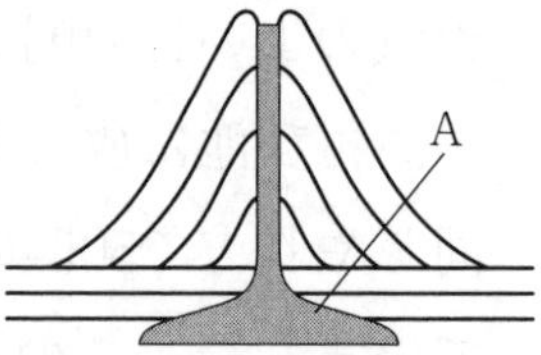

問１　Ａを何といいますか。下線部を参考にして答えなさい。

問２　Ａが火口から出てくるときに，同時に火山ガスも発生します。この火山ガスに最も多く含まれる気体は何ですか。

問３　Ａが地下深くでゆっくりと冷えて固まったとします。そのときできた岩石を拡大すると，どのように見えますか。次の①～③から１つ選び，番号で答えなさい。

①
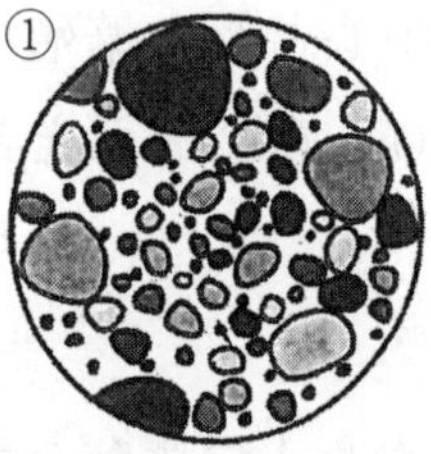
②
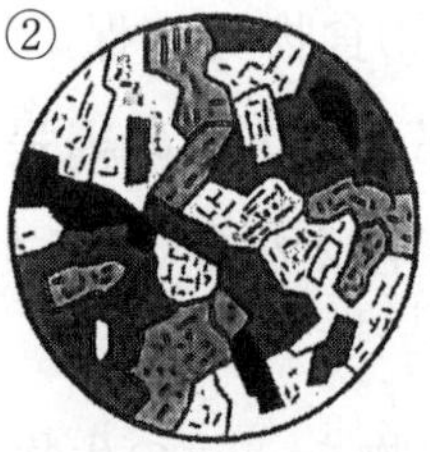
③
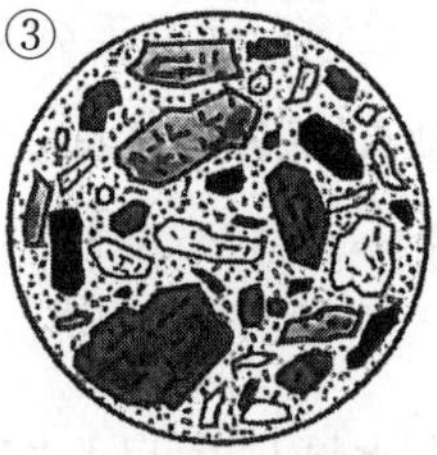

問４　**問３**の③のようなつくりをした岩石を次の岩石群から１つ選びなさい。

レキ岩　　ハンレイ岩　　アンザン岩　　カコウ岩　　ギョウカイ岩

問五　――線②「婆さんはこの頃、わしが口にださんことまでみんな見抜きよる」とありますが、「婆さん」が見抜いたのは、どのようなことですか。比喩《ゆ》を用いず、具体的に説明しなさい。

問六　――線③「わしは無言で歩き続けた」とありますが、このときの「わし」の心情を説明したものとして最も適当なものを次の**ア**～**エ**から選び、記号で答えなさい。

ア　春の空気に心を奪われている「婆さん」とは感じていることは違ったが、水を差すまいと思っている。

イ　何度も同じことを言っていた自分をからかってきた「婆さん」に対し、いまだに不愉快に思っている。

ウ　春の土手を、数十年ぶりに「婆さん」と仲良く並んで歩くことに、どこかくすぐったさを感じている。

エ　「婆さん」と同じように、のどかで暖かい春の空気に心地よさを感じ、満開の桜に心を奪われている。

問七　本文を内容から大きく二つに分けたとき、後半はどの部分からになりますか。後半の最初の五字を本文中から書き抜いて答えなさい。

問八　〰〰線Ｘ・Ｙは、どちらもほぼ同じ表現となっています。このような構成にすることにはどのような効果があると考えられますか。次の二つの条件にしたがって説明しなさい。

㈠　〰〰線Ｘでは「わしら」ですが、〰〰線Ｙでは「わし」に変わっています。このことが何を意味しているのかを明らかにすること。

㈡　「～効果。」で終わるような一文で答えること。

b 「きまりが悪く」

ア 照れくさく　**イ** いらだたしく

ウ うとましく　**エ** やりきれなく

問三 [Ａ]～[Ｅ]に入ることばとして最も適当なものを次の**ア**～**コ**からそれぞれ選び、記号で答えなさい。ただし、同じ記号を二度以上使ってはいけません。

ア ころころと　**イ** ひょいと　**ウ** ずっしりと　**エ** よろよろと　**オ** うらうらと

カ ふらりと　**キ** ぱりぱりと　**ク** ほとほとと　**ケ** にやにやと　**コ** がらがらと

問四 ――線①「その二十年間をもう一度生きてしまったりする」とありますが、これはどういうことですか。その説明として最も適当なものを次の**ア**～**エ**から選び、記号で答えなさい。

ア 実際に「わし」と「婆さん」が二十年前に戻り、再び同じ後悔をすることのないように、慎重に人生をやり直しはじめたということ。

イ 「婆さん」に指摘された事実にたどりつくまで、「わし」が、歩んできた二十年間を一つひとつ振り返っていたということ。

ウ 過去の記憶が鮮明によみがえったために、「わし」が現実との区別をつけられず混乱し、ふさぎこんでしまったということ。

エ 二十年間の幸せだった「婆さん」との思い出にすがるあまり、「わし」が現実に戻ってこられなくなってしまったということ。

頭が少しぼんやりし、急に疲労を感じて濡れ縁に腰をおろした。

「婆さんはどこかな」

声にだして言いながら、わしはふいにくっきり思いだす。あれはもう死んだのだ。去年の夏、カゼをこじらせて死んだのだ。

「妙子さん」

わしは呼びかけ、その声の弱々しさに自分で驚いた。なんですか、と次男の嫁はやさしくこたえる。

「夕飯にも、玉子焼きと手鞠麩のおつゆを作ってくれんかな」

いいですよ、と言って、次男の嫁はあかるく笑った。

Ｙ わしは最近、ごはんを食べるのに二時間もかかりよる。いれ歯のせいではない。食べることと生きることとの、区別がようつかんようになったのだ。

（江國香織『１日10分のごほうび　ＮＨＫ国際放送が選んだ日本の名作』中の「晴れた空の下で」による。
作問の都合上、本文の一部を変更しています。）

問一 ――線ア～オの漢字の読みをひらがなで答えなさい。

問二 ――線ａ・ｂのことばの本文中での意味として最も適当なものを後の**ア**～**エ**からそれぞれ選び、記号で答えなさい。

ａ「難儀して」

ア 一大事になって　**イ** 迷惑をかけて

ウ 苦労して　**エ** 恐怖を覚えて

わしは言い、浅漬けのきゅうりを［D］食った。

土手は桜が満開で、散歩の人出も多く、ベンチはどれもふさがっていた。子供やら犬やらでにぎやかな道を、わしらはならんでゆっくり歩く。風がふくと、花びらがたくさんこぼれおち、風景がこまかく白い模様になった。

「空気がいい匂《にお》いですねえ」

婆さんはうっとりと言う。

「いいですねえ、春は」

③わしは無言で歩き続けた。昔から、エ感嘆の言葉は婆さんの方がオ得手なのだ。婆さんにまかせておけば、わしの気持ちまでちゃんと代弁してくれる。

足音がやんだので横を見ると、婆さんはしゃがみこんでぺんぺん草をつんでいた。

「行くぞ」

桜がこんなに咲いているのだから、雑草など放っておけばいいものを、と思ったが、ぺんぺん草の葉をむいて、嬉しそうに揺らしながら歩いている婆さんを見たら、どうもそうは言えんかった。背中に、日ざしがあたたかい。

散歩から戻ると、妙子《たえこ》さんが卓袱台《ちゃぶだい》を拭《ふ》いていた。

「お帰りなさい。いかがでした、お散歩は」

妙子さんは次男の嫁で、電車で二駅のところに住んでいる。

「いや、すまないね、すっかりかたづけさしちゃって。いいんだよ、今これがやるから」

［E］顎《あご》で婆さんを促《うなが》そうとすると、そこには誰もいなかった。妙子さんはほんの束《つか》のま同情的な顔になり、それからことさらにあかるい声で、

「それよりお味、薄すぎませんでした」

と訊く。

「ああ、あれは妙子さんが作ってくれたのか。わしはまたてっきり婆さんが作ったのかと思ったよ」

昔、婆さんも手鞠麩のようにやわらかい娘だった。手鞠麩のようにやわらかくて、玉子焼きのようにやさしい味がした。

うふふ、と恥ずかしそうに婆さんが笑うので、わしは心の中を見透かされたようでｂきまりが悪くなる。

「なぜ笑う」

ぶっきらぼうに訊《き》くと、婆さんは首を少し傾けて、お爺さんだって昔こんな風でしたよ、と言いながら、箸で浅漬《あさづ》けのきゅうりをつまむ。②婆さんはこの頃《ごろ》、わしが口にださんことまでみんな見抜きよる。

ふいに、わしは妙なことに気がついた。婆さんが浴衣《ゆかた》を着ているのだ。白地に桔梗《ききょう》を染めぬいた、いかにも涼し気なやつだ。

「お前、いくら何でも浴衣は早くないか」

わしが言うと婆さんは穏やかに首をふり、目を細めて濡《ぬ》れ縁《えん》づたいに庭を見た。

「こんなにいいお天気ですから大丈夫ですよ」

たしかに、庭は［Ａ］あたたかそうだった。

「飯がすんだら散歩にでもいくか。土手の桜がちょうど見頃じゃろう」

婆さんは、［Ｂ］嬉《うれ》しそうに声をたてて笑う。

「きのうもおとついもそう仰有《おっしゃ》って、きのうもおとついもでかけましたよ」

ふむ。そう言われればそんな気もして、わしは黙った。そうか、きのうもおとといも散歩をしたか。婆さんは、まだくつくつ笑っている。

「いいじゃないか」

少しイ乱暴にわしは言った。

「きのうもおとといも散歩をして、きょうもまた散歩をしてどこが悪い」

はいはい、と言いながら、婆さんは笑顔のままでお茶をいれる。［Ｃ］、ウ快い音をたてて熱い緑茶が湯呑《ゆの》みにおちる。

「そんなに笑うと皺《しわ》がふえるぞ」

二　次の文章を読んで、後の問いに答えなさい。ただし、字数制限のある解答については、句読点・記号も一字とします。

X わしらは最近、ごはんを食べるのに二時間もかかりよる。いれ歯のせいではない。食べることと生きることとの、区別がようつかんようになったのだ。

たとえばこうして婆《ばあ》さんが玉子焼きを作る。わしはそれを食べて、昔よく花見に行ったことを思いだす。そういえば今年はうちの桜がまだ咲いとらんな、と思いながら庭を見ると、婆さんはかすかに微笑《ほほえ》んで、あの木はとっくに切ったじゃないですか、と言う。二十年も前に、毛虫がついて a 難儀して、お爺《じい》さん御自分でお切りになったじゃないですか。

「そうだったかな」

わしはぽっくりと黄色い玉子焼きをもう一つ口に入れ、そうだったかもしらん、と思う。そして、ふと箸《はし》を置いた瞬間に、①その二十年間をもう一度生きてしまったりする。

婆さんは婆さんで、たとえば今も鰺《あじ》をつつきながら、辰夫《たつお》は来年こそ無事大学に入れるといいですね、などと言う。

「ちがうよ。そりゃ辰夫じゃない」

鰺が好物の辰夫はわしらの息子で、この春試験に失敗したのはわしらの孫、辰夫の息子なのだった。説明すると、婆さんは少しも驚いた顔をせず、そうそう、そうでしたね、と言って微笑する。まるで、そんなのどちらでも同じことだというように。すると、白い御飯をゆっくりゆっくり噛《か》んでいる婆さんの、ア 伏せたまつ毛を三十年も四十年もの時間が滑《すべ》っていくのが見えるのだ。

「どうしたんです、ぼんやりして」

御飯から顔をあげて婆さんが言う。

「おつゆがさめますよ」

わしはうなずいてお椀《わん》を啜《すす》った。小さな手鞠麩《てまりぶ》が、唇《くちびる》にやわらかい。

問六 ――線③「法隆寺方式を生物が採用できるかは疑問です」について、次の(1)・(2)に答えなさい。

(1) 「法隆寺方式」とはどのようなやり方ですか。最も適当なものを次の**ア**〜**エ**から選び、記号で答えなさい。

ア 壊れたらその部分だけを補修するにとどめることで、建築材料の経費削減を何よりも優先するやり方。

イ 壊れたらその部分をとりあえず修繕し、早いうちに全体をまったく別のものにつくりかえるやり方。

ウ 壊れたらその部分を補修するという修繕をくり返し、古い部分を新しいものに取りかえるやり方。

エ 壊れたらその部分を補修するだけでなく、建築物の外観をそこなわない程度に改修をくり返すやり方。

(2) 「法隆寺方式」が「生物」に「採用できるかは疑問」だとする理由として最も適当なものを次の**ア**〜**エ**から選び、記号で答えなさい。

ア 体に新品の部分と古い部分が混在すると、動き回るといった体を酷使する活動が円滑に行えなくなる可能性があるから。

イ 体がすべて新品に置きかわってしまったら、子孫を増やすという目的を達成するための機能が衰えてしまう可能性があるから。

ウ 体に古い部分が残っていると、生物にとって重要な機能にエネルギーが行き届かず、働くことができなくなる可能性があるから。

エ 体をつくっている材料が変化すると、エネルギーを使っていても機能が停止し、生きているとは言えない可能性があるから。

問七 ――線④「機能って何でしょう」とありますが、生物にとっての「機能」に必要なものとして最も適当なものを次の**ア**〜**エ**から選び、記号で答えなさい。

ア 実現　**イ** 子孫　**ウ** 継続　**エ** 目的

問一 ――線ア～オのカタカナを漢字に直して答えなさい。

問二 [A]～[D]に入ることばとして最も適当なものを次の**ア**～**オ**からそれぞれ選び、記号で答えなさい。ただし、同じ記号を二度以上使ってはいけません。

ア　ましてや　**イ**　はなはだ　**ウ**　わざわざ

エ　そもそも　**オ**　あたかも

問三 [※]に入ることばとして最も適当なものを次の**ア**～**エ**から選び、記号で答えなさい。

ア　九死に一生　**イ**　油断は大敵　**ウ**　一事が万事　**エ**　諸行《しょぎょう》は無常《むじょう》

問四 ――線①「『生物とはずっと続くようにできているもの』だと私はみなしています」とありますが、筆者がこう考える根拠を、本文中のことばを使って、九十字以内で説明しなさい。

問五 ――線②「それは不可能です」について、次の(1)・(2)に答えなさい。

(1) 生物におきかえた場合、「それ」の指す内容を、解答欄《らん》に合うように、本文中から十字で書き抜いて答えなさい。

(2) 「不可能」だといえる理由を、「万物」ということばを使って、四十字以内でわかりやすく説明しなさい。

ほんの少しでも逃げ足が遅くなれば、捕食者に食われてしまう運命が待っています。大昔につくられたものだから、世界遺産として大切にして食べずにおこうね、と捕食者が見逃してくれるものではありません。生物たちはぎりぎりのところで日々生きているのです。ちょっとでも機能が衰えたら生存エキョウソウに負けてしまいます。

生物にとっては、機能こそが大切なんですね。考えてもみて下さい。ご臨終ですと言われたって、形も、体をつくっている材料も変わってはいません。変わったのは機能がなくなったことだけです。それだけで、もう生物として続いていないと言いオワタされてしまうのです。

ところで④機能って何でしょう。何か達成すべき目的があって、その目的を実現するように働いているのが機能。目的がなければ機能は存在しません。死体には目的がないので機能をもっていません。風があっちこっち動き回っていようともそれには目的がなく、たとえ厖大《ぼうだい》なエネルギーを使っていても機能しているとは言えないし、もちろん生きているとは言えません。生物は生き残って子孫を増やすという目的があります。それを達成すべくエネルギーを使って働くのが生物の機能。これが生物にとってきわめて大切です。だからこそ、ずっと続いていくことにおいて、機能が継続しているかどうかが重要だと考えたいのです。

（本川達雄『生物多様性　「私」から考える進化・遺伝・生態系』による。作問の都合上、本文の一部を変更しています。）

が関係してきます。

まず第一の壁から考えていきましょう。生物たちは、とても立派な体をもっています。単細胞の生物だってきわめて立派です。これほど技術が発達した現在でも、最も単純な構造をもつ単細胞生物でさえ人の手で作ることは不可能です。【Ｂ】多細胞生物の体をつくることなど到底できません。生物の体とは、それほど複雑で立派な構造物なのです。そういう立派な体をもった生物たちがずっと続いていくのですが、どんな体をしていたら、「ずっと続いていく」ことができるのでしょうか。

複雑で立派な構造物として、建築物を例にとって考えてみることにしましょう。ずっと続いていく建物はどうやったら作れるのでしょう。

単純に考えれば、絶対壊れないものを建てればよいのですが、②それは不可能です。熱力学の第二法則によれば、エントロピーは増大する、つまり秩序立った構造物は必ず無秩序になっていくのです。平たく言えば、形あるものは時が経《た》てば必ず壊れてしまいます。【※】。万物はこの法則から逃れられません。絶対壊れない建物を作ることは不可能なのです。

となるとウジゼンの策を考えねばなりません。完全に同じ物がずっと続くのが無理なら、どこかで妥協して、【Ｃ】続いているようにみなせる物を作るしかありません。妥協するとは、一部の継続性には目をつぶるということです。

絶対壊れないものを作るのが無理なら、壊れてきたらそこを補修し、また壊れたら再び補修し、と修繕を続けていけばずっと続いていくというのが一つのやり方でしょう。修繕する際には、古い部分を新しいものにとりかえます。つまりこの方法は、建築材料の継続性に少々目をつぶってしまうやり方です。世界最古の木造建築である法隆寺がこの例であり、大修理を繰り返しながら一三〇〇年もの間続いて来ました。貴重な世界遺産です。

ただし③法隆寺方式を生物が採用できるかは疑問です。壊れた部分を直していくことを繰り返せば、体は新品の部分といつ壊れるかわからない古い部分とがごっちゃになってしまいます。これでは全部が新品だった当初と同じように働けるかどうかは、【Ｄ】疑問でしょう。生物は跳んだりはねたりと体を酷使します。古い部分がまじってしまったおかげで、

2024年度 順天中学校

【国　語】〈第二回Ａ入試〉（五〇分）〈満点：一〇〇点〉

一　次の文章を読んで、後の問いに答えなさい。ただし、字数制限のある解答については、句読点・記号も一字とします。

ここからは、「なぜ」生物には多様性があるのか、つまり、多様性の存在する目的について考えたいのですが、そうするに当たって、[A]生物とはどんなものなのか、生物にとって一番大切なことは何なのかを、まず押さえておかねばなりません。

①「生物とはずっと続くようにできているもの」だと私はみなしています。考えてもみて下さい。地球の歴史は四六億年。生物の歴史は三五～四〇億年と言われています。そんな長い間途絶えることなく続いてきたのです。これは、生物がずっと続くようにできている何よりの証拠でしょう。現在いる生物たちは、細菌であれ植物であれわれわれ哺乳類《ほにゅうるい》であれ、共通の遺伝ア アンゴウを用い、共通の限られた数のアミノ酸を使ってタンパク質をつくりと、基本的な部分はみな共通です。だから今の生物すべては共通の祖先に由来することは確実であり、誕生以来三五億年以上にわたり、生物は途絶えることなく続いてきたと考えて間違いありません。

その間には巨大隕《いん》石がぶつかってきたり、地球全体が凍りついたりと、生物が根絶やしにされてもおかしくない過酷《かこく》な出来事が何度もありました。にもかかわらず続いて来たのです。それは生物というものが続くようにできているからで、絶滅せずに続いていく仕掛けを生物はもっているはずだと考えたくなってきます。

その仕掛けとはどのようなものなのでしょうか？　生物がずっと続いていくためには、イ コクフクしなければならない二つの壁があります。熱力学第二法則の壁と、生きていく環境が変化してしまうという壁です。そして後者に生物多様性

2023年度

順天中学校 ▶解説と解答

算数 ＜第１回Ａ入試＞（50分）＜満点：100点＞

解答

1 (1) $3\frac{3}{5}$ (2) $1\frac{4}{5}$ 2 (1) 126度 (2) 5，6，7，8，9 (3) 100枚 (4) ア 1時間 イ 10時 ウ 15分 (5) 9通り (6) 29.16cm^2 (7) ア 44度 イ 21度 (8) 16cm 3 (1) 252個 (2) 506個 (3) 1518個 4 (1) $\frac{1}{3}$ (2) ① $3\frac{1}{3}$cm ② $\frac{5}{54}$ 5 (1) **棒**…27本，**止め具**…22個 (2) **棒**…67本，**止め具**…52個 (3) 91本 (4) 1740本

解説

1 四則計算

(1) $\left(\frac{5}{6}+\frac{5}{3}\right)\div\left(2\frac{4}{9}-1\frac{3}{4}\right)=\left(\frac{5}{6}+\frac{10}{6}\right)\div\left(\frac{22}{9}-\frac{7}{4}\right)=\frac{15}{6}\div\left(\frac{88}{36}-\frac{63}{36}\right)=\frac{5}{2}\div\frac{25}{36}=\frac{5}{2}\times\frac{36}{25}=\frac{18}{5}=3\frac{3}{5}$

(2) $0.15\div\left(\frac{11}{21}\times\frac{7}{8}-\frac{5}{8}\div1\frac{2}{3}\right)=\frac{3}{20}\div\left(\frac{11}{24}-\frac{5}{8}\div\frac{5}{3}\right)=\frac{3}{20}\div\left(\frac{11}{24}-\frac{5}{8}\times\frac{3}{5}\right)=\frac{3}{20}\div\left(\frac{11}{24}-\frac{3}{8}\right)=\frac{3}{20}\div\left(\frac{11}{24}-\frac{9}{24}\right)=\frac{3}{20}\div\frac{2}{24}=\frac{3}{20}\div\frac{1}{12}=\frac{3}{20}\times\frac{12}{1}=\frac{9}{5}=1\frac{4}{5}$

2 割合，グラフ，分数の性質，過不足算，仕事算，場合の数，面積，角度，水の深さと体積

(1) 鹿児島県の割合は35％だから，おうぎ形の中心角は，360×0.35＝126(度)である。

(2) 分子を2にそろえると，$\frac{1}{5}$の分母は，5×2＝10となり，$\frac{3}{7}$の分母は，$7\times\frac{2}{3}=4\frac{2}{3}$になる。よって，$x$は$4\frac{2}{3}$より大きく，10より小さい整数となるので，5，6，7，8，9とわかる。

(3) 1人に4枚ずつ配ると52枚余り，さらに，7－4＝3(枚)ずつ多く配るのに，52－16＝36(枚)必要だから，配る人数は，36÷3＝12(人)とわかる。よって，画用紙の枚数は，4×12＋52＝100(枚)と求められる。

(4) 庭の草刈《か》りの全体量を1とすると，父，母，私が1人で1時間にする草刈りの量はそれぞれ，$1\div2=\frac{1}{2}$，$1\div3=\frac{1}{3}$，$1\div6=\frac{1}{6}$である。3人がいっしょにすると，1時間にする草刈りの量は，$\frac{1}{2}+\frac{1}{3}+\frac{1}{6}=1$なので，3人がいっしょにするとかかる時間は，1÷1＝1時間(…ア)とわかる。また，母と私がいっしょにすると，1時間にする草刈りの量は，$\frac{1}{3}+\frac{1}{6}=\frac{1}{2}$だから，2人が30分，つまり，$30\div60=\frac{1}{2}$(時間)にする草刈りの量は，$\frac{1}{2}\times\frac{1}{2}=\frac{1}{4}$となる。よって，残りの，$1-\frac{1}{4}=\frac{3}{4}$の量を3人ですると，かかる時間は，$\frac{3}{4}\div1=\frac{3}{4}$(時間)，$60\times\frac{3}{4}=45$(分)とわかる。したがって，草刈りが終わる時刻は，9時＋30分＋45分＝10時15分(…イ，ウ)である。

(5) 支払《しはら》い方は下の図①のように9通りある。

(6) 下の図②で，アとイの部分の半円を合わせると，半径が2cmの円になるので，その面積は，

2 × 2 ×3.14＝ 4 ×3.14(cm^2)である。また，太線で囲まれた長方形の面積は，6 × 8 ＝48(cm^2)，ウとエの部分の円の面積の和は，1 × 1 ×3.14× 2 ＝ 2 ×3.14(cm^2)で，オの部分は半径が 4 cmの半円だから，その面積は，4 × 4 ×3.14×$\frac{1}{2}$＝ 8 ×3.14(cm^2)となる。よって，影《かげ》をつけた部分の面積は，4 ×3.14＋48－ 2 ×3.14－ 8 ×3.14＝29.16(cm^2)と求められる。

図①

100円玉	2	1	1	1	0	0	0	0	0
50円玉	0	2	1	0	4	3	2	1	0
10円玉	1	1	6	11	1	6	11	16	21

図②

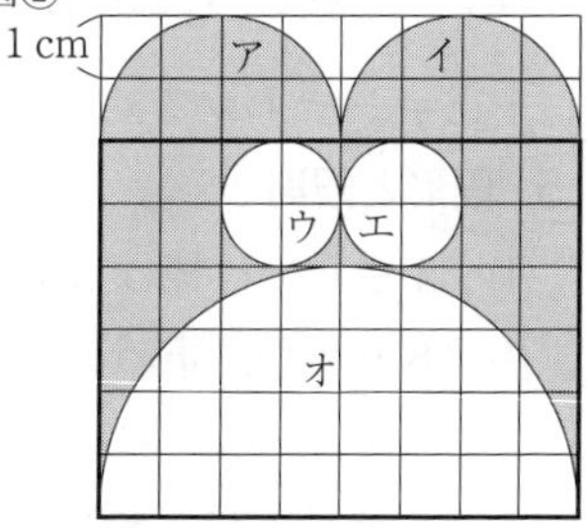

⑺　問題文中の図で，AD と BC が平行だから，角 BAD の大きさは，180－65＝115(度)である。よって，x の 2 倍が，115－27＝88(度)とわかるので，x は，88÷ 2 ＝44(度)(…ア)となる。また，角 ADC の大きさは角 BAD の大きさと同じ115度だから，y は，180－115－44＝21(度)(…イ)になる。

⑻　右の図③で，三角形 AGH と三角形 ABC は相似なので，AG：GH＝AB：BC＝30：15＝ 2 ： 1 になり，AG の長さは，30－20＝10(cm)だから，GH の長さは，10×$\frac{1}{2}$＝ 5 (cm)となる。すると，水の入っていない部分の容積は，5 ×10÷ 2 ×18＝450(cm^3)なので，三角形の面が底面になるときの，水の入っていない部分の深さは，450÷(15×30÷ 2)＝ 2 (cm)とわかる。よって，このときの水の深さは，18－ 2 ＝16(cm)と求められる。

図③

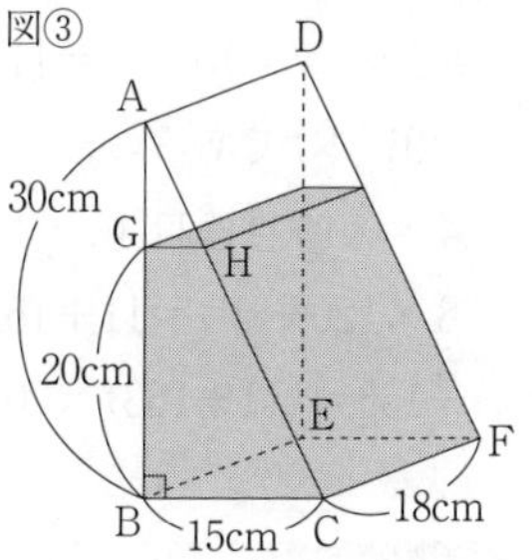

3　数の性質

⑴　約分して整数になる分数は，$\frac{4}{4}$，$\frac{8}{4}$，$\frac{12}{4}$，…，$\frac{2020}{4}$で，整数に直すと，1，2，3，…，505となる。よって，505÷ 2 ＝252あまり 1 より，2 の倍数となる整数は252個ある。

⑵　約分して分母が 2 となる分数は，$\frac{2}{4}$，$\frac{6}{4}$，$\frac{10}{4}$，…，$\frac{2022}{4}$で，約分すると，$\frac{1}{2}$，$\frac{3}{2}$，$\frac{5}{2}$，…，$\frac{1011}{2}$のように，分子が奇数《きすう》になる。よって，このような分数は，(1011＋ 1)÷ 2 ＝506(個)ある。

⑶　約分して整数となる分数以外はすべて，分子が奇数となる分数になるから，このような分数は，2023－505＝1518(個)とわかる。

4　平面図形―辺の比と面積の比，相似

⑴　ひし形 ABCD の面積は正三角形18個分である。また，右の図アで，太線で囲まれた 6 個の三角形は，いずれも正三角形 1 個の面積と等しいので，影《かげ》をつけた部分の面積は正三角形 6 個分になる。よって，ひし形 ABCD の面積の，6 ÷18＝$\frac{1}{3}$と求められる。

図ア

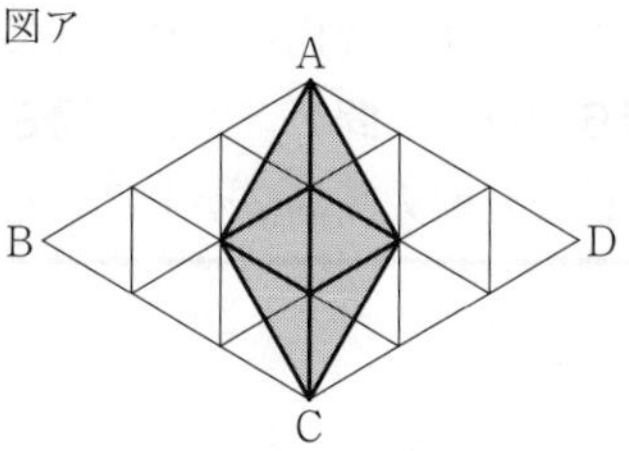

図イ

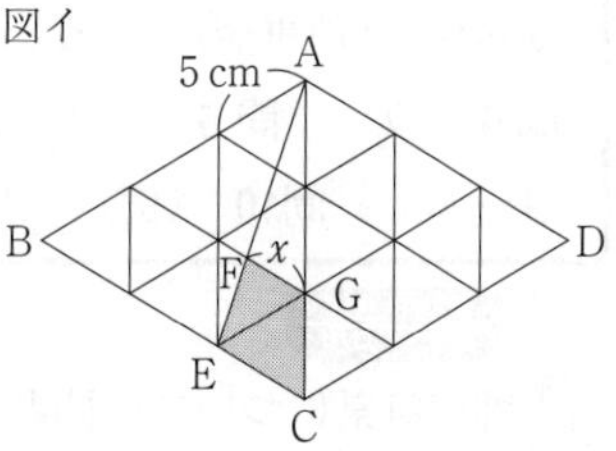

⑵　①　右上の図イで，三角形 AFG と三角形 AEC は相似なので，FG：EC＝AG：AC＝ 2 ： 3 となり，FG(x)の長さは，5 ×$\frac{2}{3}$＝ 3 $\frac{1}{3}$(cm)となる。　②　FG：EC＝ 2 ： 3 より，FG の長さは正三角形の 1 辺の長さの$\frac{2}{3}$倍なので，三角形 EFG の面積は正三角形の面積の$\frac{2}{3}$個分となる。

よって，影をつけた部分の面積は正三角形の面積の$1\frac{2}{3}$個分だから，ひし形ABCDの面積の，$1\frac{2}{3}$÷18＝$\frac{5}{54}$とわかる。

5 図形と規則

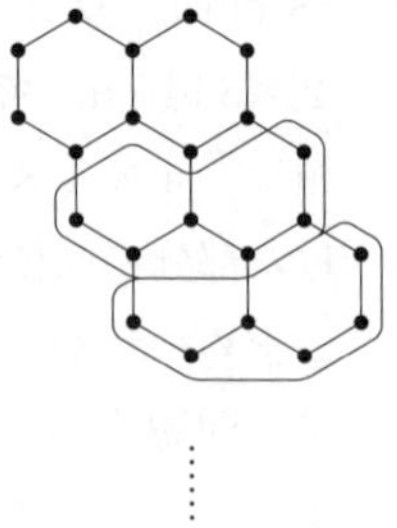

⑴　１番目では棒は11本，止め具は10個ある。その後は，右の図のように，棒は８本ずつ，止め具は６個ずつふえるので，□番目の棒は，11＋８×(□－１)(本)，止め具は，10＋６×(□－１)(個)で求めることができる。よって，３番目では，棒は，11＋８×(３－１)＝27(本)，止め具は，10＋６×(３－１)＝22(個)ある。

⑵　正六角形は１番目から順に２個，４個，６個，…のようになるから，16÷２＝８より，M＝８(番目)とわかる。よって，このとき，棒の本数は，11＋８×(８－１)＝67(本)，止め具の個数は，10＋６×(８－１)＝52(個)となる。

⑶　10＋６×(N－１)＝70と表すことができるので，６×(N－１)＝70－10＝60，N－１＝60÷６＝10，N＝10＋１＝11(番目)とわかる。よって，このとき，必要な棒の本数は，11＋８×(11－１)＝91(本)である。

⑷　１番目は11本，２番目は，11＋８＝19(本)，３番目は，19＋８＝27(本)，…，20番目は，11＋８×(20－１)＝11＋152＝163(本)となる。よって，全部で必要になる棒の本数は，11＋19＋27＋…＋163＝(11＋163)×20÷２＝1740(本)と求められる。

社　会　＜第１回Ａ入試＞（30分）＜満点：60点＞

解　答

1　**問１**　ウ　**問２**　①　エ　②　６(時間)　**問３**　日露戦争　**問４**　ウ　**問５**　アイヌ民族　**問６**　イ　**問７**　ア　**問８**　島根(県)　**問９**　エ　**問10**　イ　**問11**　カルデラ　**問12**　イチゴ　**問13**　①　イ　②　(例)　東日本大震災の影響を受けたため。

2　**問１**　松尾芭蕉　**問２**　イ　**問３**　厳島神社　**問４**　ウ　**問５**　ア　**問６**　杉田玄白　**問７**　ウ　**問８**　ウ　**問９**　ア　**問10**　墾田永年私財法　**問11**　二・二六事件　**問12**　イ　**問13**　①　五か条の(御)誓文　②　ウ

3　**問１**　**あ**　エリザベス　**い**　安全保障(理事会)　**う**　象徴　**え**　関税　**お**　日英同盟　**問２**　ウ　**問３**　エ　**問４**　ウ　**問５**　エ　**問６**　ウ　**問７**　ウ　**問８**　**X**　社会(主義)　**Y**　冷戦　**問９**　エ　**問10**　(例)　円安により輸入品価格が上昇したこと

解　説

1 都道府県についての問題

問１　稚内《わっかない》市は，北海道北部に位置する都市で，北海道本島最北端の地である宗谷《そうや》岬《みさき》が位置している。なお，アは北海道南西部，イは北海道中央部，エは北海道南東部に位置する都市。

問２　①　ロシアは発足当時から国際連合に加盟しているが，欧州連合(EU)には一度も加盟していない。　②　地球は１日で１周自転するので，360(度)÷24(時間)＝15(度)より，経度が15度違うと１時間の時差が生じる。東経45度のモスクワと東経135度の日本との経度の差は90度であるので，時差は，90（度）÷15（度）＝６（時間）となる。

問３　1905年に日露戦争の講和条約としてポーツマス条約が結ばれ，日本が韓国に対する優越権を持つこと，長春以南の鉄道と周辺の鉱山を日本にゆずること，旅順・大連の租借権を日本にゆずること，樺太の南半分を日本にゆずることなどが決められた。

問４　知床は，北海道の東部に位置する半島で，オホーツク海に向かって北東に突き出ている。2005年にユネスコ（国連教育科学文化機関）の世界自然遺産に登録され，多くの人が訪れる観光地となっている。なお，アは積丹《しゃこたん》半島，イは松前半島，エは根室半島。

問５　アイヌは北海道の先住民族で，狩りや漁をして暮らし，独自の生活習慣や文化を築きあげてきた。2020年７月，このアイヌ民族の文化を復興・発展させる拠点として，国立博物館やアイヌ文化を五感で体感できる国立公園を備えたウポポイ（民族共生象徴空間）が白老町に設立された。

問６　鳥取県の人口は約55.3万人である。日本の全人口が約１億2600万人，全人口に占《し》める割合が約0.4％であるので，12600（万人）×0.004＝50.4（万人）と計算でも求められる。なお，統計資料は『日本国勢図会』2022／23年版による（以下同じ）。

問７　大山《だいせん》は，鳥取県西部にそびえる活火山で，標高1729mは中国地方最高峰である。伯耆《ほうき》富士ともよばれ，牛の放牧が行われている。なお，イは山形県，ウは北海道，エは長野県と岐阜県の県境に位置する山。

問８　鳥取県は，東で兵庫県，南で岡山県，南西で広島県，西で島根県に接している。島根県中部に位置する石見《いわみ》銀山は，16世紀に発見され，17世紀に多くの銀がここから輸出された。鉱山跡や周辺の町並み，精錬《せいれん》に使う燃料のまきを得るための森林などがよく保存されていることが評価され，2007年に世界文化遺産に登録された。

問９　Ａ　日本で最も貿易額が大きい港は成田国際空港で，神戸港は成田国際空港，東京港，名古屋港，横浜港，関西国際空港，大阪港について第７位である。　Ｂ　西陣織は京都府，信楽《しがらき》焼は滋賀県でつくられる伝統的工芸品である。

問10　熊本県中南部に位置する八代平野では，たたみ表の原料となるい草の栽培《さいばい》がさかんで，11月下旬に苗が植えられ，翌年６月下旬から７月中旬にかけて刈り取られる。なお，アは鹿児島県，ウは長崎県，エは愛媛県に関する説明。

問11　阿蘇山には，噴火活動により地下にあったマグマが一度に大量に出たときに，マグマがあった部分の空洞《くうどう》が陥没《かんぼつ》してできたくぼ地がみられる。このくぼ地をカルデラといい，阿蘇山のカルデラは，南北約25km・東西約17kmの大きなだ円形で，世界有数の規模であるといわれる。

問12　イチゴは春から初夏にかけて旬を迎えるが，ハウス栽培や品種改良がすすんだため，現在はほぼ一年中市場に出回っている。生産量第１位の栃木県では「とちおとめ」，第２位の福岡県では「あまおう」という品種が有名で，この２県で全国収穫《しゅうかく》量の約４分の１を占める。

問13　①　利尻《りしり》こんぶなどで知られる北海道が，こんぶの全国収穫量の約80％を占めている。わかめは，三陸海岸で養殖《ようしょく》がさかんに行われ，宮城県と岩手県の収穫量が約４分の３を占める。のりは，多くの河川が流れ込み栄養分が豊かで干満の差が大きい有明海が養殖に適していることから，佐賀県が収穫量第１位である。ほたて貝の主産地は青森県の北に広がる陸奥湾《むつわん》と北海道にあるサロマ湖で，この２つの道県で収穫量の90％以上を占める。　②　リアス海岸の湾内は，ひとたび津波が発生すると逃げ場を失った波が集中し，一気に波が高くなってしまうため，2011（平成23）年３

月11日に東北地方太平洋沖地震が起こると，巨大津波が押し寄せ，三陸海岸の沿岸部は壊滅的な被害を受けた。このため，平成23年の養殖業の収穫量が落ちこんだ。

2 福井県に関するおもなできごとについての問題

問１ 松尾芭蕉は，江戸時代前期に俳句の芸術性を高めた人物である。1689年に弟子の曾良《そら》と江戸の深川を出発して東北・北陸地方の名所を旅し，各地の人々と交流しながら，美濃《みの》(岐阜県)の大垣《おおがき》に至るまでの道中で印象深かったできごとと俳句を『奥の細道』につづった。

問２ 1488年，浄土真宗(一向宗)の信者たちが，一向宗を弾圧しようとした加賀国(石川県)の守護大名富樫政親《とがしまさちか》をほろぼし，約100年間にわたって自分たちで国内を支配した。これを加賀の一向一揆という。

問３ 厳島神社は，広島県の宮島にある，海の中に建つ朱色の本殿や鳥居が有名な神社で，1996年に世界文化遺産に登録された。６世紀末に創建されたと伝えられるこの神社を，平安時代末期に平清盛が日宋貿易の船の安全と平氏一族の繁栄《はんえい》を願って整えた。

問４ アは1945年，イは1933年，ウは1937年，エは1931年，オは1941年のできごとなので，年代の古い順に並べると，エ→イ→ウ→オ→アとなる。

問５ UNHCR(国連難民高等弁務官事務所)は，紛争や迫害《はくがい》によって故郷を追われた難民を保護し，自由な帰国や他国への定住を助ける国際連合の機関で，本部はスイスのジュネーブに置かれている。なお，イは国連教育科学文化機関，ウは国連環境計画，エは国連児童基金。

問６ 杉田玄白は，前野良沢たちと医学解剖《かいぼう》書をオランダ語訳した『ターヘル・アナトミア』を苦労の末に日本語に翻訳し，『解体新書』として刊行した。また，このときの状況や苦労などを『蘭学事始』に著した。

問７ Ａ 執権は鎌倉幕府の将軍を補佐するために置かれた役職で，室町幕府の将軍を補佐する役職は管領《かんれい》である。 Ｂ 室町時代には商業や都市が発展し，町衆とよばれる有力な商工業者によって自治が行われたので，正しい。

問８ 江戸時代には，18世紀前半に第８代将軍の徳川吉宗が享保の改革，18世紀末に老中の松平定信が寛政の改革，19世紀半ばに老中の水野忠邦が天保の改革を実行した。ウの棄捐《きえん》令は旗本や御家人の借金を帳消しにする命令で，発布したのは松平定信である。

問９ 縄文時代には，弓矢を使ってニホンシカやイノシシを捕らえたり，動物の骨などを加工した骨角器を使って漁をしたり，ドングリなどの木の実を採取したりして生活していた。なお，イは古墳時代，ウは弥生時代，エは旧石器時代の日本のようす。

問10 743年，口分田の不足をおぎなうため，新しく切り開いた土地の永久私有を認める墾田永年私財法が定められた。これにより，公地公民の原則がくずれ，大寺院や貴族が大規模な開発を行い，荘園とよばれる私有地を増やしていった。

問11 1936年２月26日，青年将校らが中心となり，陸軍が首相官邸や警視庁などを襲い，大蔵大臣であった高橋是清らを殺害し，東京の中心部を占拠した。これを二・二六事件という。

問12 豊臣秀吉は，平定した国々に家臣を派遣して，1582年から検地を実施した。検地では，面積の単位や米の量をはかる「ます」の大きさを統一し，村ごとに田畑などの面積と等級を調査して生産高を石高《こくだか》で表し，所有者と耕作者を検地帳に記載した。

問13 ①，② 五か条の御誓文は，1868年に大名や公卿《くぎょう》などに示した明治政府の基本方針で，会議を開いて多くの人々の意見を聞いて決めること，心を一つにして国を治めていくこと，新しい知識を世界に学んで日本を発展させることなどが定められ，由利公正《ゆりきみまさ》や福岡孝弟《たかちか》が作成した原案に木戸孝允が修正を加えて発表された。

3 **イギリス女王死去を報じた新聞記事についての問題**

問１　あ　イギリスの女王であったエリザベス２世は，1952年２月に父ジョージ６世の死を受け，25歳で即位した。2022年９月に亡くなり，チャールズ皇太子がチャールズ３世として国王になった。　**い**　安全保障理事会は，世界の平和と安全の維持《いじ》に対して最も重要な役割をはたす国際連合の主要機関で，アメリカ・ロシア・イギリス・フランス・中華人民共和国(中国)の５か国が常任理事国となっている。　**う**　天皇の地位については，日本国憲法第１条で，「天皇は，日本国の象徴であり日本国民統合の象徴であって，この地位は，主権の存する日本国民の総意に基《もとづ》く」と定められている。　**え**　関税は，貿易品にかけられる税金で，国内産業を保護するために，輸入品にかけられることが多い。関税を低くすると輸入品の価格が下がるため，輸入が活発になる。

お　日本は，満州(中国東北部)に軍隊を置き，朝鮮にも勢力をのばそうとしていたロシアを非常に警戒していた。一方，イギリスは，中央アジア・インド・中国をめぐって南下政策をとるロシアと対立していた。1902年，ロシアに対して共通の利害関係を持つ両国は，日英同盟を結んだ。

問２　ヨーロッパ最大の農業国はフランスである。この国では，小麦・ジャガイモ・ブドウなどの栽培がさかんであるほか，トウモロコシなどの飼料作物をつくって肉牛・ぶたの飼育もしている。

問３　アは1950年，イは1956年，ウは1990年，エは1972年のできごとなので，年代の古い順に並べると，ア→イ→エ→ウとなる。

問４　GHQ(連合国軍最高司令官総司令部)は，第二次世界大戦後に日本の占領政策を指揮した機関で，1945年８月にポツダム宣言を受け入れたことで設置され，1952年にサンフランシスコ講和条約が発効されたことにより消滅した。ウの国民所得倍増計画は，高度経済成長期の1960年に池田勇《はや》人《と》内閣が発表した政策であるので，GHQの占領下で行われた政策ではない。

問５　国際司法裁判所は，国家間の争いを平和的に解決する国際連合の主要機関で，判決に法的な拘束力があるが，当事国である両方の同意を得られないと裁判が始められない。なお，アについて，総会の議決では一国一票の投票権を持つ。イについて，国際連合の本部はアメリカのニューヨークに置かれている。ウについて，日本は1956年にソ連との国交を回復したことにより，国際連合への加盟が認められた。

問６　憲法改正・法律・条約の公布，国会の召集，衆議院の解散，総選挙の施行の公示，栄典の授与，外交文書の認証などが天皇の国事行為と定められている。なお，アは国会の仕事。イについて，最高裁判所の裁判官は，内閣の指名により天皇が任命する長官以外は内閣が任命する。エは内閣の仕事。

問７　日本国憲法第70条では，「内閣総理大臣が欠けたとき，又《また》は衆議院議員総選挙の後に初めて国会の召集があったときは，内閣は，総辞職をしなければならない」と定められている。なお，アについて，内閣不信任決議を行うことができるのは衆議院のみである。イについて，「30日以内」ではなく「10日以内」である。エについて，衆議院が解散されないかぎり，内閣は総辞職しなければならない。

問８　X，Y　アメリカを中心とする資本主義諸国と，ソ連を中心とする社会主義諸国との，第二次世界大戦後の直接戦火を交えない国際的な対立を冷戦(冷たい戦争)といい，地中海にある国のマルタで1989年12月にアメリカのブッシュ(父)大統領とソ連のゴルバチョフ書記長が終結を宣言するまで続いた。

問９　EUは，国内事情の異なるヨーロッパ諸国の政治的・経済的な統合をおもな目的とし，1993年にマーストリヒト条約が発効したことで発足した。

問10　2022年３月から円安が急速に進行した結果，原油・天然ガスや食料品などの輸入品価格が上昇し，そのことが日本で販売される商品の価格に反映(上乗せ)されたことから，物価が大きく上がった。

理　科　＜第１回Ａ入試＞（30分）＜満点：60点＞

解　答

1 **問１**　(例)　酸素が結びついたから。　**問２**　(例)　鉄が別の物質になったから。　**問３**　**A**　2.0　**B**　2.25　**問４**　３：２　**問５**　解説の図を参照のこと。　**2** **問１**　はい　**問２**　いいえ　**3** **問１**　**明るさ**…明るくなる。　**理由**…(例)　豆電球に流れる電流の大きさが大きくなったから。　**問２**　(例)　大きな電流が流れてフィラメントが高温になり，焼き切れてしまったから。　**4** **問１**　③　**問２**　②　**問３**　トビハゼ　**問４**　ネズミ　**問５**　(例)　イソギンチャクはほとんど移動しないから。　**問６**　150匹
5 **問１**　マグマ　**問２**　水蒸気　**問３**　②　**問４**　アンザン岩

解　説

1 **金属の燃焼についての問題**

問１　マグネシウム粉や銅粉などの金属を空気中で加熱すると，空気中の酸素と結びついて，結びついた酸素の分だけ重さが増える。

問２　鉄粉を空気中で加熱すると，加熱後にできた物質は鉄とは別の酸化鉄に変化している。このため，鉄の性質はなくなっているので，磁石にくっつかなくなる。

問３　マグネシウム粉を加熱したときの，マグネシウム粉と加熱後にできた物質の重さの比は，0.6：1.0＝３：５で一定になっている。よって，1.2：A＝３：５より，A＝1.2×５÷３＝2.0となる。同様に，銅粉と加熱後にできた物質の重さの比は，0.6：0.75＝４：５で一定になっている。したがって，1.8：B＝４：５より，B＝1.8×５÷４＝2.25となる。

問４　(マグネシウムと結びつく物質の重さ)＝(加熱後の物質の重さ)－(マグネシウムの重さ)となる。0.6gのマグネシウムと結びついた物質の重さは，1.0－0.6＝0.4(g)なので，(マグネシウムの重さ)：(マグネシウムと結びつく物質の重さ)＝0.6：0.4＝３：２と求められる。

問５　マグネシウムの重さと結びつく物質の重さは比例関係にある。ここで，3.0gのマグネシウムと結びつく物質の重さは，5.0－3.0＝2.0(g)だから，右の図のように，０の点と(3.0，2.0)の点を結ぶ直線を引けばよい。

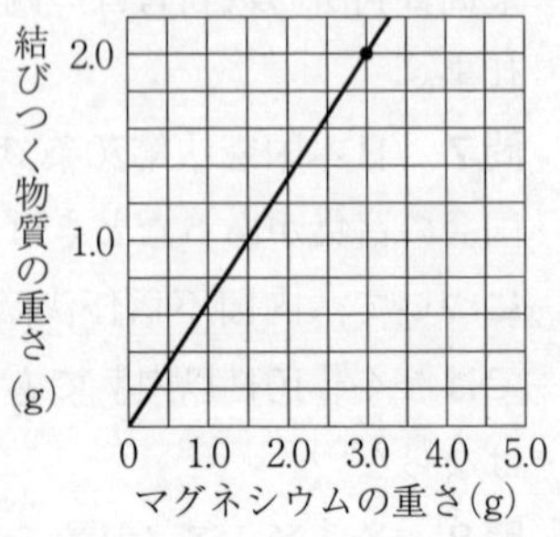

2 鏡の像についての問題

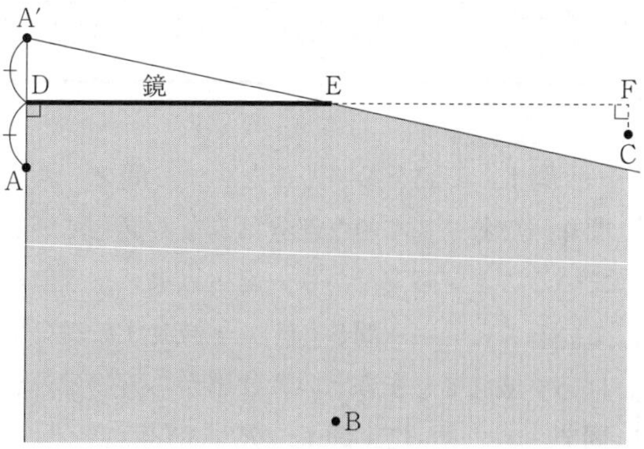

問1，問2　鏡に映《うつ》るAさんの像は，右の図のA′の位置にできる。A′と鏡の左はしの点Dを結んだ直線と，A′と鏡の右はしの点Eを結んだ直線にはさまれた，かげをつけた部分にいる人は，Aさんが鏡を見たとき，鏡の中に映って見える。したがって，Aさんは，Bさんを見ることはできるが，Cさんを見ることはできない。

3 回路と豆電球の明るさについての問題

問1　乾《かん》電池を2個直列につなぐと，豆電球に流れる電流の大きさが大きくなるため，豆電球は明るくなる。

問2　豆電球のフィラメントに電流が流れると，フィラメントが熱をもって光を出すので豆電球が光る。乾電池を3個直列につないだとき豆電球が切れてしまったのは，豆電球に大きな電流が流れてフィラメントが高温になり，焼き切れてしまったからだと考えられる。

4 アユの生態と標本再捕《さいほ》法についての問題

問1　成長する前のアユは，プランクトンや水生昆虫《こんちゅう》を食べているが，成長すると，石に付着したものを食物にしているとあるので，(あ)は藻《そう》類と考えられる。

問2　縄張りにほかのアユが入ってくると，縄張りの中で食料を確保するのがむずかしくなる。このため，縄張りに入ってきたほかのアユに体当たりして追い払《はら》う。

問3　トビハゼは干潟《ひがた》が広がるような汽水《きすい》域に生息している。なお，イワナとドジョウは淡水《たんすい》域，スズキのなかまのオジサンとサンマは海水域に生息している。

問4　ネズミは天敵《てき》が少なくなる夜になると活発に行動するものが多い。

問5　イソギンチャクはふつう岩の上などに張り付いていてほとんど移動しない。したがって，自由に行動する生物に用いる標識再補法で個体数を推測することはできない。

問6　60匹《ぴき》のフナをつかまえ，尾《お》びれを少し切って池に放したあと，つかまえた50匹のフナの中に，尾びれの切られたフナが20匹含《ふく》まれていたのだから，湖にすんでいるフナの数は，$50\times\frac{60}{20}=150$(匹)と推測することができる。

5 火山と火成岩についての問題

問1　地下にある岩石が高温のため，どろどろに溶《と》けたものをマグマという。

問2　火山ガスに最も多く含まれる気体は水蒸気で，そのほか，二酸化炭素や二酸化硫黄《いおう》なども含まれている。

問3　マグマが地下深くでゆっくりと冷え固まってできた岩石を深成岩という。深成岩は，②のように大きいつぶが集まってできている。なお，①はつぶが丸みを帯びていることからたい積岩，③は小さなつぶの中に大きなつぶが散らばっているので，マグマが地表付近で急に冷え固まってできた火山岩のつくりを示している。

問4　火山岩は，ここではアンザン岩が当てはまる。なお，レキ岩，ギョウカイ岩はたい積岩，ハンレイ岩，カコウ岩は深成岩に当てはまる。

国語 ＜第２回Ａ入試＞（50分）＜満点：100点＞

解答

一 **問１** 下記を参照のこと。 **問２** **Ａ** エ **Ｂ** ア **Ｃ** オ **Ｄ** イ **問３** エ **問４** （例） 基本的な部分はみな共通していることから，今の生物はすべて共通の祖先に由来していることが確実であり，誕生以来，三五億年以上にわたり，生物が途絶えることなく続いてきていること。 **問５** (1) 絶滅せずに続いていく(こと) (2) （例） 形あるものは時が経てば必ず壊れてしまうという法則から万物は逃れられないから。 **問６** (1) ウ (2) ア **問７** エ

二 **問１** **ア** ふ(せた) **イ** らんぼう **ウ** こころよ(い) **エ** かんたん **オ** えて **問２** **ａ** ウ **ｂ** ア **問３** **Ａ** オ **Ｂ** ア **Ｃ** ク **Ｄ** キ **Ｅ** イ **問４** イ **問５** （例） 「わし」が，おつゆに入っていた手鞠麩に若かりし頃のおだやかでやさしかった婆さんを重ね，しみじみと過去を振り返っていたこと。 **問６** エ **問７** 散歩から戻 **問８** （例） 婆さんが死んでしまい，爺さんは一人残されたが，それでも今までと同じような日常が繰り返されているということを印象深く表現する効果。

●漢字の書き取り

一 問１ ア 暗号 イ 克服 ウ 次善 エ 競争 オ 渡(されて)

解説

一 **出典：本川達雄《もとかわたつお》『生物多様性 「私」から考える進化・遺伝・生態系』**。筆者は，生物が誕生してから現在に至るまで，長く生き残ることができている理由について論じている。

問１ **ア** 一読しただけではわからないように変換《へんかん》されたデータ。 **イ** 課題や弱点を乗り越《こ》えること。 **ウ** 最善ではないが，比較的《ひかくてき》よいもの。 **エ** ほかよりぬきん出ようとして争うこと。 **オ** 音読みは「ト」で，「渡航《とこう》」などの熟語がある。

問２ **Ａ** 筆者は生物に「多様性」がある目的を考えるにあたり，「生物とはどんなものなのか」という問いにあらためて立ち返っている。よって，根本的な論を展開するさいに用いる「そもそも」が合う。 **Ｂ** 筆者は「最も単純な構造をもつ単細胞《たんさいぼう》生物」を引き合いに出し，より複雑な「多細胞生物」の体をつくる難しさを強調している。よって，より程度の軽いものを比較対象として，否定的な主張を強調するさいに用いる「ましてや」がよい。 **Ｃ** 筆者は「絶対壊《こわ》れないもの」はつくれないという前提を述べたうえで，「ずっと続いて」いるかのように「みなせる」物をつくるしかないと主張している。よって，実際は異なるがまるでそうであるかのようなさまを表す「あたかも」がふさわしい。 **Ｄ** 法隆寺《ほうりゅうじ》を修繕《しゅうぜん》してきたように生物も部分的に直すことで機能を継続《けいぞく》させられるかという問いに対し，筆者は強い疑念を示している。よって，程度を強調するさいに用いる「はなはだ」が正しい。

問３ 「形あるものは時が経《た》てば必ず壊れてしま」うという事実の言いかえが入る。よって，永遠の存在はなく，あらゆるものは変化していくことを意味する，エの「諸行は無常」が合う。

問４ 続く部分で筆者は，遺伝暗号やアミノ酸を根拠《こんきょ》として，「現在いる生物たち」の「基本的な部分はみな共通」しているとしたうえで，どの生物も「共通の祖先に由来すること」は確実だと主張している。つまり，生物が「誕生以来三五億年以上」にわたり「続いてきた」ことに間違《まちが》いはな

く，その事実こそが生物が過酷《かこく》な環境《かんきょう》にも負けず「続いていく仕掛《しか》け」をもつ「証拠《しょうこ》」なのだというのである。

問５　⑴「それ」とは，直前の部分で筆者が述べているように，「絶対壊れない」建築物を建てることを指す。このことは，「生物」が「絶滅《ぜつめつ》せずに続いていく」ことにあたる。　⑵　続く部分で筆者は，「絶対壊れない建物を作ること」が不可能な理由として，「形あるものは時が経てば必ず壊れ」るという法則から「万物《ばんぶつ》」は逃《のが》れられないという事実をあげている。

問６　⑴　前の部分で，「法隆寺方式」とは，壊れてきたら「古い部分を新しいものにとりかえ」るというように，部分的な修繕を繰《く》り返すことだと述べられている。よって，ウがふさわしい。
⑵　続く部分で筆者は，「法隆寺方式」によって生物の体に「新品の部分」と「古い部分」が入り混じると，体のすべてが新しかった当初と同じように「跳《と》んだりはねたりと体を酷使《こくし》」できるとは考えられず，厳しい環境で生き残れなくなると主張している。よって，アが選べる。

問７　本文の最後の段落では，「機能」とは何らかの「目的」を実現するためのものであり，「目的」がなければ機能も存在しないと述べられている。

二　出典：江國香織《えくにかおり》「晴れた空の下で」（『１日10分のごほうび　NHK国際放送が選んだ日本の名作』所収）。忘れることも多く，めっきり老いを感じるようになった「わし」は，伴侶《はんりょ》である「婆《ばあ》さん」を大切に思いながら静かに暮らしている。

問１　**ア**　音読みは「フク」で，「潜伏《せんぷく》」などの熟語がある。　**イ**　ぶっきらぼうでぞんざいなさま。　**ウ**　音読みは「カイ」で，「快調」などの熟語がある。　**エ**　心を動かされること。　**オ**　得意とすること。

問２　**a**「難儀《なんぎ》する」は，面倒《めんどう》な事態に苦労すること。ここでは，「わし」が手間取りながら桜の木を切ったようすを表す。　**b**「きまりが悪い」は，恥《は》ずかしく居心地が悪いさま。ここでは，考えていたことを婆さんに見透《みす》かされた「わし」が気恥ずかしく思う気持ちを表す。

問３　**A**　春の庭のあたたかさやのどかさを形容する言葉なので，明るく穏《おだ》やかなさまを表す「うらうらと」がよい。　**B**　婆さんの無邪気《むじゃき》な笑い声を形容する言葉なので，かわいらしく愉快《ゆかい》そうなさまを表す「ころころと」がふさわしい。　**C**　婆さんが緑茶をいれる音を形容する言葉なので，液体が少しずつ注がれるさまを表す「ほとほとと」が選べる。　**D**「わし」が浅漬《あさづ》けのきゅうりを食べるさまを形容する言葉なので，少し固いものが砕《くだ》ける音を表す「ぱりぱりと」が合う。　**E**「わし」が婆さんを顎《あご》で指し示すようすを形容する言葉なので，軽快な動きを表す「ひょいと」が正しい。

問４　前の部分で「わし」は，庭の桜の木は「二十年も前」に「わし」自身の手で切られたと婆さんから指摘《してき》され，「そうだったかな」と振《ふ》り返っている。その一瞬《いっしゅん》で，「わし」が二十年という時間に思いを馳《は》せたことが想像できるので，イがよい。

問５　前の部分で「わし」は，小さくやわらかな手鞠麩《てまりぶ》を口にしながら，婆さんも昔は手鞠麩のように「やわらか」く，「やさしい」娘《むすめ》だったと連想している。若いころの婆さんの思い出に一瞬浸《ひた》っていたことを婆さんに見ぬかれ，「わし」は照れくさくなったのである。

問６　続く部分では，何かをほめることは婆さんのほうが得意なので，ただ「まかせておけば」自分の気持ちも「代弁してくれる」とする「わし」の婆さんに対する信頼《しんらい》の気持ちが描《えが》かれている。春の心地よさを言葉にする婆さんに対し，「わし」が無言で同意していることがわかるので，エがよい。

問７　本文の前半部分では，「わし」は食事や散歩など，婆さんとふたりの時間を楽しんでいる。しかし，散歩から帰ってきた後半部分では，実際には婆さんはすでに亡《な》くなっていること，食事をつくってくれたのも婆さんではなく，次男の嫁《よめ》である妙子《たえこ》さんであることが明らかになっている。「散歩から戻ると」から始まる一文が，現実が明らかになる前と後との境《さかい》目《め》となっている。

問８　問７でみたように，本文の前半と後半は，「わし」が婆さんの存在を感じながら幻想《げんそう》混じりに生きる視点と，婆さんがいなくなった現実の世界という，二つの異なる描かれ方をしている。二つの波線（Ｘ，Ｙ）は，食事にかかる時間の長さや老いの形容はそのままに，「わしら」だけが「わし」に変わることで，ひとり残された爺《じい》さんの孤独《こどく》と，それでも淡々《たんたん》と続いていく日々を読者に印象づけている。

2023年度　順天中学校

【算　数】〈第１回Ｂ入試〉（50分）〈満点：100点〉

1　次の計算をしなさい。

(1) $\left(\frac{2}{3}+0.5\right)\div\left(1\frac{1}{6}\times1\frac{1}{3}\right)=\square$

(2) $\frac{6}{7}-\left(\frac{4}{9}-\frac{5}{8}\div1\frac{1}{2}\right)\times15\frac{3}{7}=\square$

2　次の $\square$ にあてはまる数を求めなさい。

(1) Aは１けたの整数で，Bは２けたの整数です。$A\times B\times B=2023$となるとき，$A=$ ア ，$B=$ イ です。

(2) AはBの$\frac{4}{3}$倍で，BはCの0.4倍のとき，$A:B:C$を最も簡単な整数の比で表すと $\square$ です。

(3) クイズで正解すると１問につき５点もらえ，間《ま》違《ちが》えると逆に５点引かれます。このクイズに全部で20問答えて，得点は30点でした。正解したのは $\square$ 問です。

(4) 果物をたくさん仕入れて，２つの売場に並べます。売場Ａに仕入れた数の$\frac{1}{5}$より38個多く並べ，売場Ｂに仕入れた数の$\frac{1}{3}$より15個多く並べました。並べきらずに残った個数は45個でした。２つの売場に並べた個数は合計 $\square$ 個です。

(5) 横一列に６個のマス目があります。３枚のカード $\boxed{1}$ $\boxed{1}$ $\boxed{1}$ を，マス目に１枚ずつ入れるとき，連続したマス目に３枚のカードを入れる並べ方は ア 通りです。

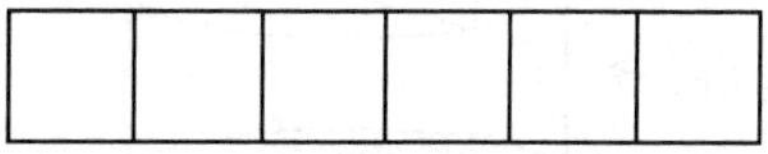

さらに，３枚のカード $\boxed{2}$ $\boxed{2}$ $\boxed{3}$ を追加して，全部で６枚のカードを，マス目に１枚ずつ入れます。３枚のカード $\boxed{1}$ $\boxed{1}$ $\boxed{1}$ を連続したマス目に入れて，２枚のカード $\boxed{2}$ $\boxed{2}$ も連続したマス目に入れる並べ方は イ 通りです。

(6)　図の三角形ABCで，辺CA上に点Dがあります。AB＝BC＝CDのとき，xは［　　　］度です。

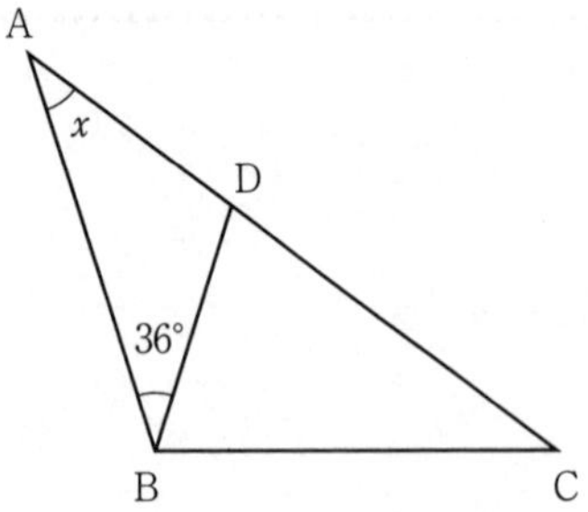

(7)　図の四角形ABCDは，ADとBCが平行で，ABとDCの長さが等しい台形です。この台形の面積は［　　　］cm^2です。

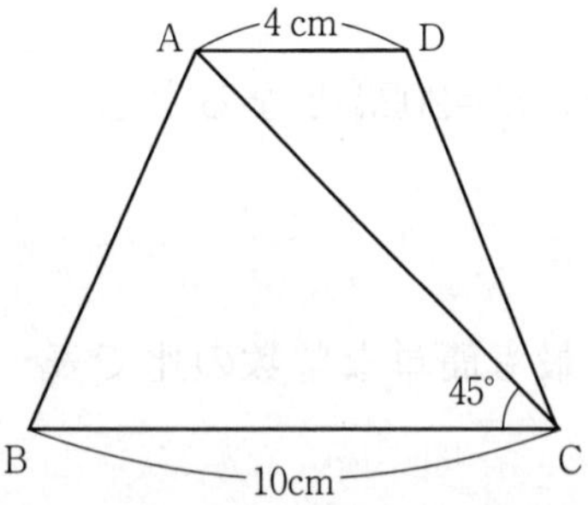

(8)　図１は，円柱を平面で切って，一部を切り取った立体です。図２は，この立体を真横から見た図です。この立体の体積は［　ア　］cm^3で，表面積は［　イ　］cm^2です。円周率は3.14とします。

図１

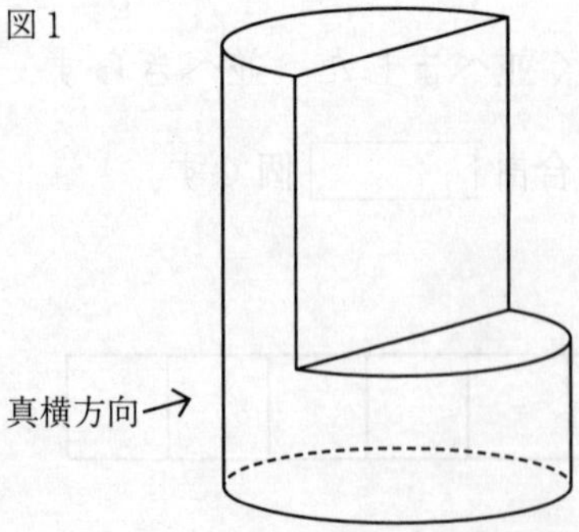

図２

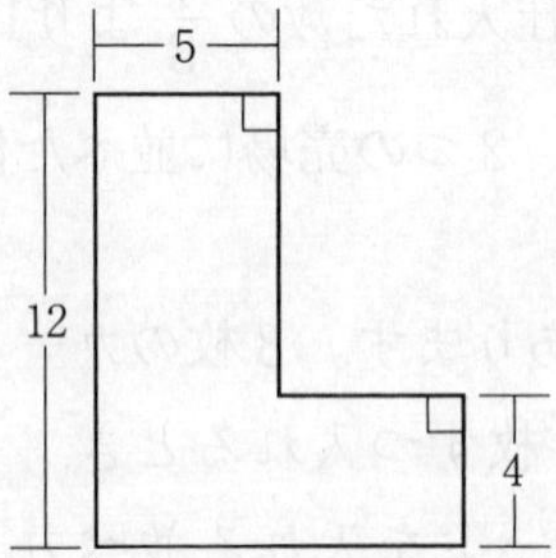

真横から見た図
（単位　cm）

3　●と○を，全体が正方形になるように並べます。１番目は●を並べ，２番目は○を加え，３番目は●を加え，４番目は○を加えます。図は４番目までを示しています。５番目以降もこのルールをくり返します。次の問いに答えなさい。必要があれば，下の表を利用しなさい。

(1)　６番目の図では，●と○はそれぞれ何個ありますか。

(2)　●と○が合計100個並ぶ図では，●と○はそれぞれ何個ありますか。

(3)　○が119個並ぶ図は，何番目と何番目の図ですか。

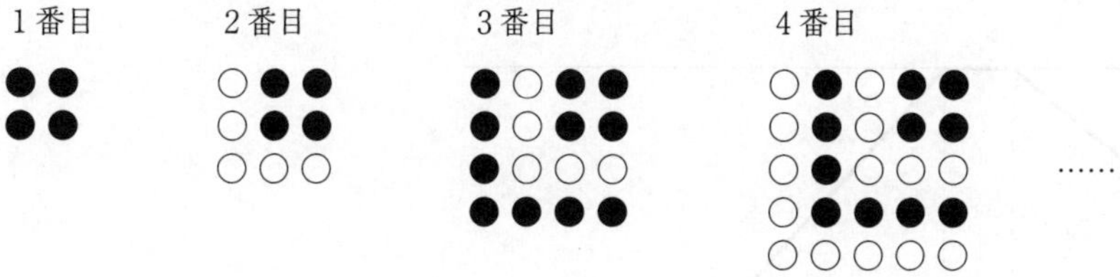

	１番目	２番目	３番目	４番目	
●					
○					
合計					

4　川に沿ってＡ地点があり，Ａ地点の上流にＢ地点が，Ａ地点の下流にＣ地点があります。モーターボートが静水時の速さを一定にして航行します。Ａ地点からＢ地点まで進み，Ｂ地点で５分間休憩《きゅうけい》しました。休憩後，Ｂ地点からＣ地点に向かいましたが，途中《とちゅう》でＡ地点から何分間かエンジンを止めました。グラフは，その様子を表しています。次の問いに答えなさい。

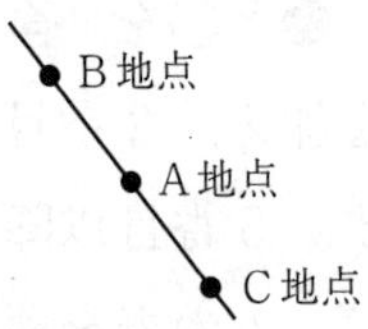

(1)　モーターボートの静水時の速さと，川の流れの速さはそれぞれ分速何ｍですか。

(2)　エンジンを止めていたのは何分間ですか。

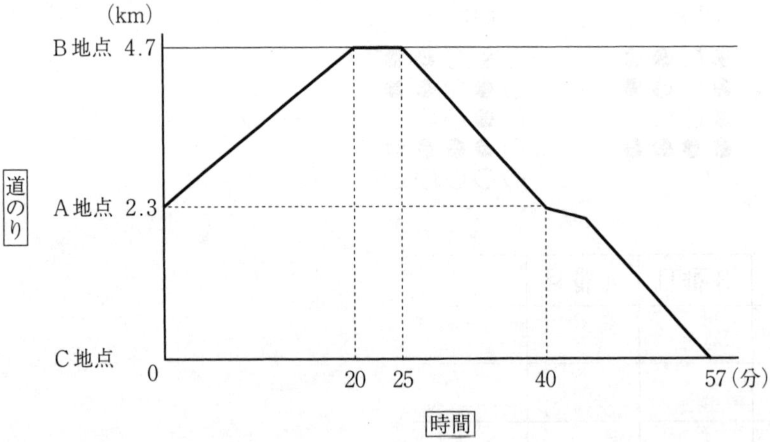

5　(1), (2)の問いに答えなさい。

(1)　図１，図２で，四角形ABCDは１辺が10cmの正方形です。

①　辺BC，CD上にそれぞれ点Ｅ，Ｆをとり，BE＝DF＝４cmとします。三角形AEFの面積を求めなさい。

②　辺BC上に点Ｅをとり，辺CDの延長上に点Ｇをとり，BE＝DG＝４cmとします。三角形AEGの面積を求めなさい。

図１

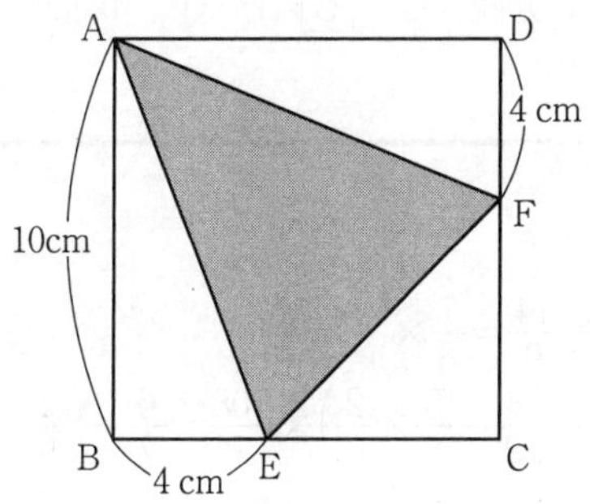

図２

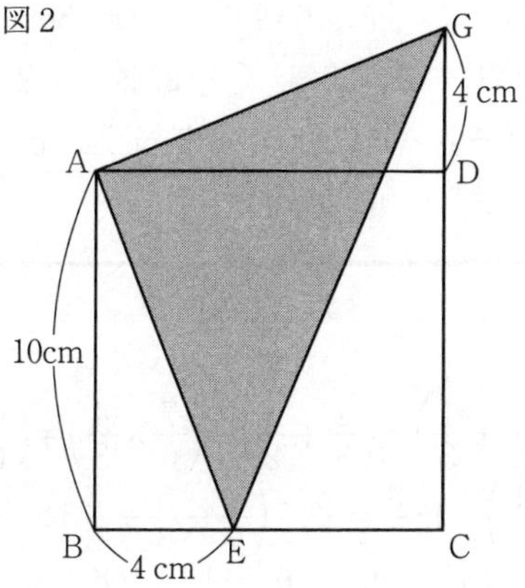

(2)　図３，図４で，四角形ABCDは長方形です。

①　辺ABの真ん中の点をＭとします。MP：PC＝１：２のとき，図３の影《かげ》をつけた三角形の面積は，長方形ABCDの面積の何分のいくつですか。

②　辺ABの真ん中の点をＭとします。BQ：QC＝１：２のとき，図４の影をつけた三角形の面積は，長方形ABCDの面積の何分のいくつですか。

図３

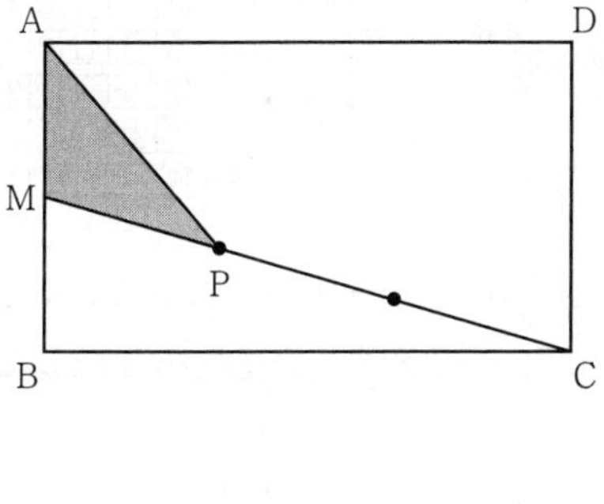

図４

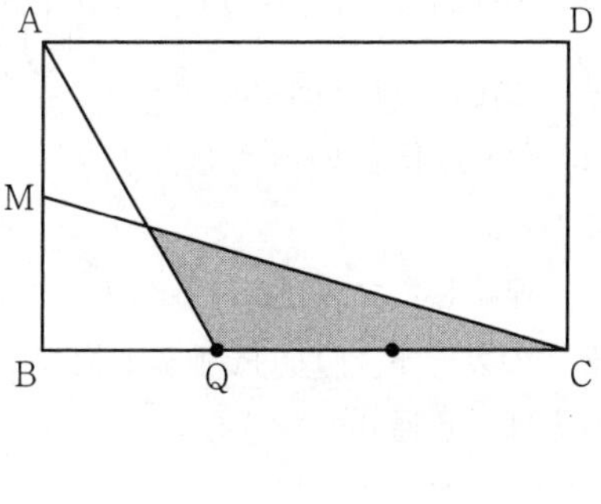

2023年度

順天中学校

▶解説と解答

算数 ＜第１回Ｂ入試＞（50分）＜満点：100点＞

解答

[1] (1) $\frac{3}{4}$　(2) $\frac{3}{7}$　[2] (1) **ア** 7　**イ** 17　(2) 8：6：15　(3) 13問　(4) 165個　(5) **ア** 4通り　**イ** 6通り　(6) 36度　(7) 49cm^2　(8) **ア** 628cm^3　**イ** 488.2cm^2　[3] (1) ●…22個，○…27個　(2) ●…56個，○…44個　(3) 14番目と15番目　[4] (1) **ボート**…分速140m，**川**…分速20m　(2) 3分間　[5] (1) ① 42cm^2　② 58cm^2　(2) ① $\frac{1}{12}$　② $\frac{2}{15}$

解説

[1] 四則計算

(1) $\left(\frac{2}{3}+0.5\right)\div\left(1\frac{1}{6}\times1\frac{1}{3}\right)=\left(\frac{2}{3}+\frac{1}{2}\right)\div\left(\frac{7}{6}\times\frac{4}{3}\right)=\left(\frac{4}{6}+\frac{3}{6}\right)\div\frac{14}{9}=\frac{7}{6}\times\frac{9}{14}=\frac{3}{4}$

(2) $\frac{6}{7}-\left(\frac{4}{9}-\frac{5}{8}\div1\frac{1}{2}\right)\times15\frac{3}{7}=\frac{6}{7}-\left(\frac{4}{9}-\frac{5}{8}\div\frac{3}{2}\right)\times\frac{108}{7}=\frac{6}{7}-\left(\frac{4}{9}-\frac{5}{8}\times\frac{2}{3}\right)\times\frac{108}{7}=\frac{6}{7}-\left(\frac{4}{9}-\frac{5}{12}\right)\times\frac{108}{7}=\frac{6}{7}-\left(\frac{16}{36}-\frac{15}{36}\right)\times\frac{108}{7}=\frac{6}{7}-\frac{1}{36}\times\frac{108}{7}=\frac{6}{7}-\frac{3}{7}=\frac{3}{7}$

[2] 整数の性質，比，つるかめ算，相当算，場合の数，角度，面積，体積，表面積

(1)　7×17×17＝2023より，A＝7（…ア），B＝17（…イ）になる。

(2)　Cを1とすると，Bは0.4，Aは，$0.4\times\frac{4}{3}=\frac{8}{15}$より，$A:B:C=\frac{8}{15}:0.4:1=\left(\frac{8}{15}\times15\right):(0.4\times15):(1\times15)=8:6:15$となる。

(3)　全問正解したとすると，得点は，5×20＝100(点)となり，実際よりも，100－30＝70(点)多くなる。そこで，正解を間違《まちが》えにすると1問につき，5＋5＝10(点)ずつ少なくなるので，間違えたのは，70÷10＝7(問)とわかり，正解したのは，20－7＝13(問)と求められる。

(4)　右の図①から，果物全体の，$1-\frac{1}{5}-\frac{1}{3}=\frac{7}{15}$が，38＋15＋45＝98(個)にあたるので，果物全体は，$98\div\frac{7}{15}=210$(個)とわかる。よって，2つの売場に並べた個数の合計は，210－45＝165(個)である。

図①

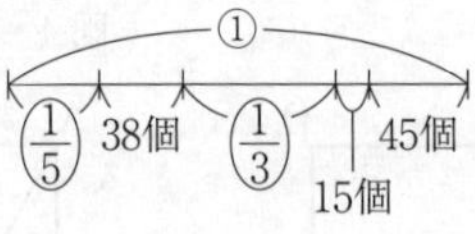

図②

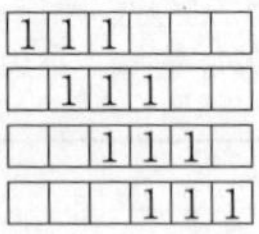

図③

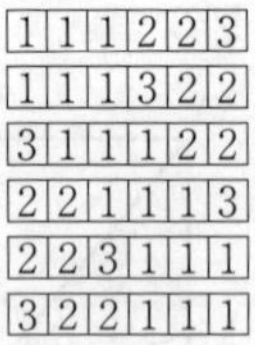

(5)　右上の図②より，連続したマス目に3枚のカードを入れる並べ方は，4通り（…ア）ある。また，右上の図③より，3枚のカード[1][1][1]を連続したマス目に入れて，2枚のカード[2][2]も連続したマス目に入れる並べ方は，6通り（…イ）ある。

(6)　下の図④で，三角形ABCは，AB＝BCの二等辺三角形だから，アはxと同じ大きさになる。また，三角形の1つの外角はとなり合わない2つの内角の和に等しいので，イは(x＋36)度である。そして，三角形BCDは，BC＝CDの二等辺三角形だから，ウはイと同じ(x＋36)度となる。よっ

て，$x+(x+36)+(x+36)=180$(度)と表すことができるので，$x\times3+72=180$，$x\times3=180-72=108$，$x=108\div3=36$(度)と求められる。

(7)　下の図⑤で，AB＝DC だから，BE＝FC となり，BE の長さは，(10－４)÷２＝３(cm)になる。また，三角形 AEC は直角二等辺三角形なので，AE の長さは EC の長さと同じ，10－３＝７(cm)となる。よって，この台形の面積は，(４＋10)×７÷２＝49(cm^2)である。

(8)　下の図⑥で，この立体は，底面の円の半径が，10÷２＝５(cm)で高さが４cmの円柱と，底面の円の半径が５cmで高さが，12－４＝８(cm)の円柱を半分にした立体を合わせた形になる。よって，この立体の体積は，$5\times5\times3.14\times4+5\times5\times3.14\times8\times\frac{1}{2}=200\times3.14=628$($cm^3$)(…ア)となる。また，図⑥で，斜線《しゃせん》部分の面積の和は，５×５×3.14×２＝50×3.14(cm^2)であり，円柱の側面積は，10×3.14×４＝40×3.14(cm^2)，円柱を半分にした立体の側面の面積の和は，$10\times3.14\times8\times\frac{1}{2}+8\times10=40\times3.14+80$($cm^2$)とわかる。したがって，この立体の表面積は，50×3.14＋40×3.14＋40×3.14＋80＝130×3.14＋80＝488.2(cm^2)(…イ)と求められる。

図④

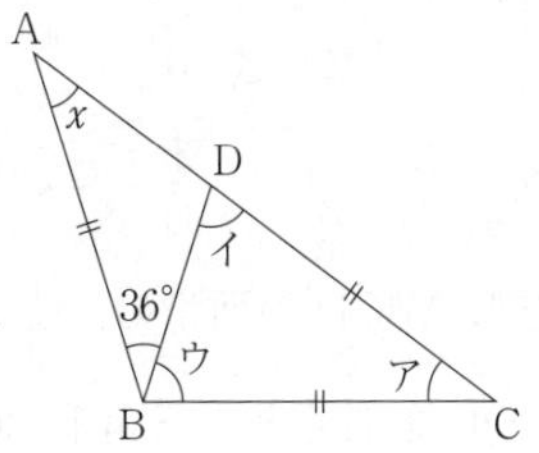

図⑤

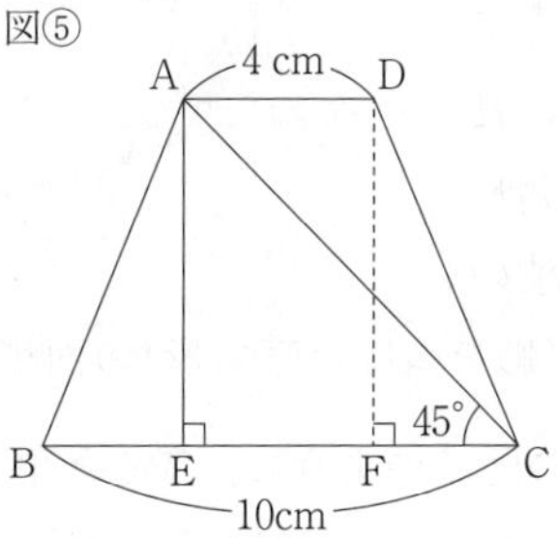

図⑥

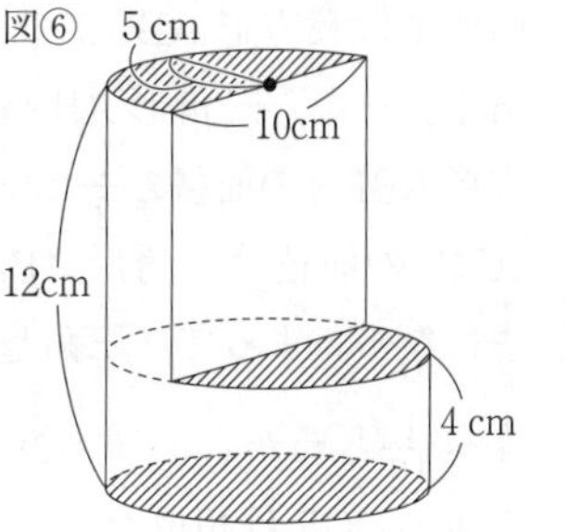

3 図形と規則

(1)　２番目からは○を５個，●を７個，○を９個，…のように，○と●を交互《こうご》に，加える個数を２個ずつふやしていくので，右の表のようになる。よって，６番目の図では，●が，11＋11＝22(個)，○が，14＋13＝27(個)ある。

	1番目	2番目	3番目	4番目	
●	4	4 →(+7)	11	11	
○	0 →(+5)	5	5 →(+9)	14	
合計	4	9	16	25	

(2)　表より，個数の合計は，１番目から順に，２×２＝４(個)，３×３＝９(個)，４×４＝16(個)，５×５＝25(個)，…，10×10＝100(個)となるので，●と○が合計100個並ぶ図は，10－１＝９(番目)とわかる。よって，●は，22＋15＋19＝56(個)，○は，27＋17＝44(個)ある。

(3)　(2)より，10番目の○は，44＋21＝65(個)，12番目の○は，65＋25＝90(個)，14番目の○は，90＋29＝119(個)ある。また，次の15番目は●がふえるから，○の個数は変わらない。よって，○が119個並ぶ図は，14番目と15番目とわかる。

4 グラフ─流水算

(1)　問題文中のグラフより，Ａ地点からＢ地点までの，4.7－2.3＝2.4(km)，つまり，2400mを20分で上り，40－25＝15(分)で下ったので，上りと下りの速さはそれぞれ分速，2400÷20＝120(m)，2400÷15＝160(m)である。よって，右の図のように表すことができるから，モーターボートの静水時の速さは分速，(120＋160)÷２＝140(m)，川の流れの速さは分速，(160－120)÷２＝20(m)と求められる。

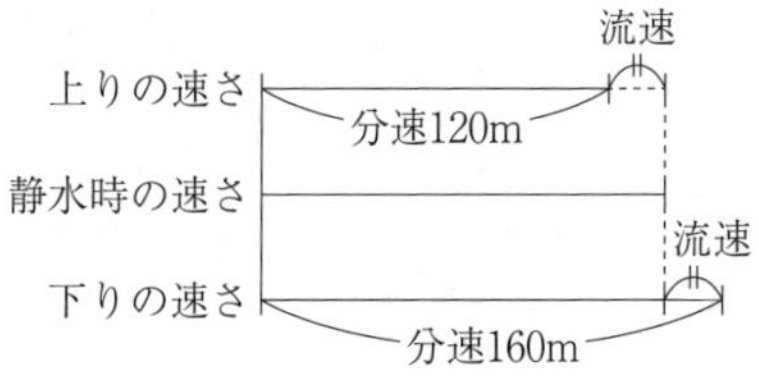

(2)　グラフより，Ａ地点からＣ地点まで下るのに，57－40＝17(分間)かかっている。この17分間で，川の流れによって進んだ距離《きょり》は，20×17＝340(m)なので，モーターボートによって進んだ距離は，2300－340＝1960(m)である。よって，エンジンを動かしていた時間は，1960÷140＝14(分間)だから，エンジンを止めていた時間は，17－14＝３(分間)となる。

5　平面図形―面積，辺の比と面積の比，相似

(1)　①　正方形ABCDの面積は，10×10＝100(cm^2)である。また，三角形ABEと三角形ADFの面積の和は，４×10÷２×２＝40(cm^2)であり，三角形CEFの面積は，(10－４)×(10－４)÷２＝18(cm^2)である。よって，三角形AEFの面積は，100－40－18＝42(cm^2)となる。　②　台形ABCGの面積は，(10＋10＋４)×10÷２＝120(cm^2)である。また，三角形ABEの面積は，４×10÷２＝20(cm^2)で，三角形CEGの面積は，(10－４)×(10＋４)÷２＝42(cm^2)になる。よって，三角形AEGの面積は，120－20－42＝58(cm^2)となる。

図ア

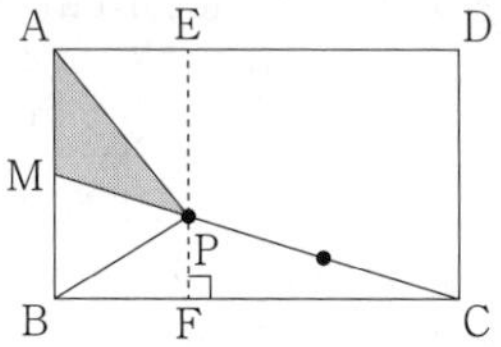

図イ

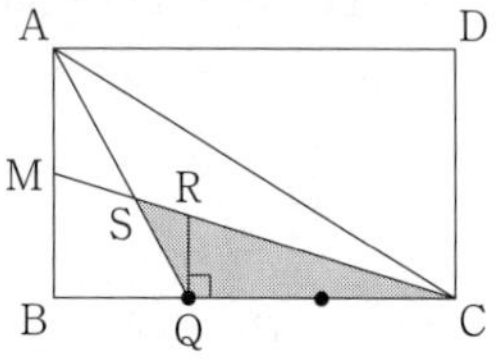

(2)　①　右の図アで，長方形ABFEの面積は長方形ABCDの面積の$\frac{1}{3}$である。また，三角形ABPの面積は長方形ABFEの面積の$\frac{1}{2}$となり，三角形AMPの面積は三角形ABPの面積の$\frac{1}{2}$になる。よって，三角形AMP(影《かげ》をつけた三角形)の面積は長方形ABCDの面積の，$\frac{1}{3}\times\frac{1}{2}\times\frac{1}{2}=\frac{1}{12}$とわかる。　②　右上の図イのように，BMと平行な線QRを引くと，三角形BCMと三角形QCRは相似だから，BM：QR＝BC：QC＝３：２となり，AM：QR＝BM：QR＝３：２になる。また，三角形AMSと三角形QRSは相似なので，AS：SQ＝AM：QR＝３：２となる。よって，三角形CQSの面積は三角形AQCの面積の，$\frac{2}{3+2}=\frac{2}{5}$とわかる。さらに，三角形ABCの面積は長方形ABCDの面積の$\frac{1}{2}$，三角形AQCの面積は三角形ABCの面積の$\frac{2}{3}$だから，三角形CQS(影をつけた三角形)の面積は長方形ABCDの面積の，$\frac{1}{2}\times\frac{2}{3}\times\frac{2}{5}=\frac{2}{15}$と求められる。

2022年度　順天中学校

〔電　話〕　03(3908)2966
〔所在地〕　〒114－0022　東京都北区王子本町１－17－13
〔交　通〕　JR京浜東北線・地下鉄南北線 ― 王子駅より徒歩３分

【算　数】〈第１回Ａ入試〉（50分）〈満点：100点〉

1　次の計算をしなさい。

(1) $\frac{5}{6}\times\left(\frac{7}{8}-0.75\right)\div\frac{4}{9}=\square$

(2) $1\frac{3}{5}\times\left(\frac{1}{12}+\frac{1}{20}+\frac{1}{30}\right)-\frac{2}{45}=\square$

2　次の□にあてはまる数を求めなさい。

(1)　１g，２g，４g，８gの４種類のおもりが１つずつあります。これらを組み合わせててんびんではかることができる重さは全部で□通りです。

(2)　計算練習のうち，全体の$\frac{2}{3}$を終えました。あと５題解くと，全体の$\frac{3}{4}$が終わることになります。この計算練習は全部で□題です。

(3)　水そうに毎分50Lずつ給水されていて，満水の状態から毎分80Lずつくみ出すと15分でたまっている水がなくなります。同じように給水されていて，満水の状態から毎分100Lずつくみ出すと□分でたまっている水がなくなります。

(4)　２つの整数A，Bがあり，和は78です。また，AをBでわると，商が２で，余りが９になります。Aは□，Bは□です。

(5) 針金を使って，正方形(図１)の枠《わく》を何個も作ります。図２は，この枠をそれぞれ２個，３個つないだもので，互《たが》いに重なる所や接する所を固定するために止め具を使います。●が止め具を表しています。図３は，この枠を横一列にそれぞれ４個，５個つないだ様子を表しています。同様に，枠を15個つなぐとき，止め具は全部で □ 個必要になります。

図１

図２

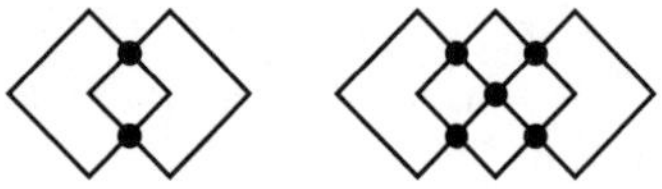

図３

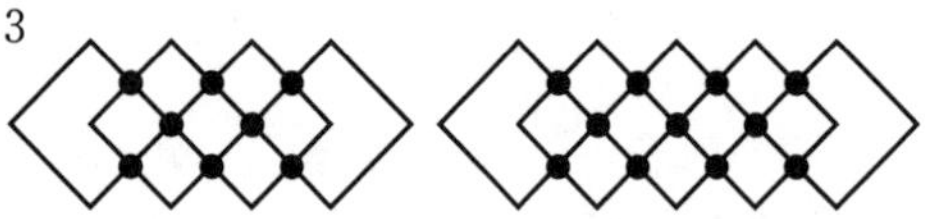

(6) 図のように，正六角形と平行な２直線があります。このとき，x は □ 度です。

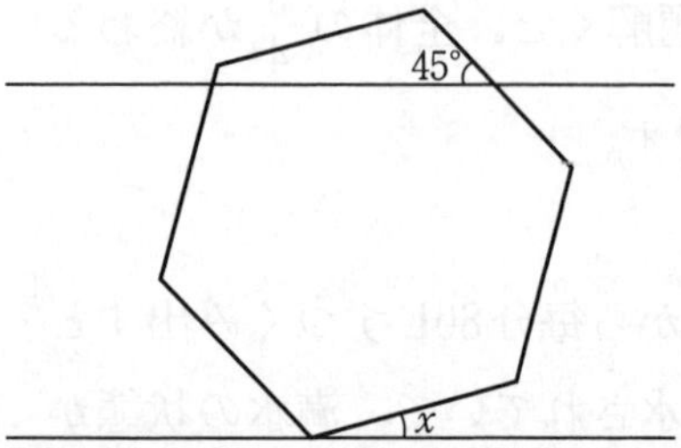

(7) 図のように，三角形の各辺を３等分した点と三角形の中の１点を結ぶと，ア，イ，ウの面積がそれぞれ13cm^2，11cm^2，14cm^{2}になりました。このとき，影《かげ》をつけた部分の面積の和は □ cm^{2}です。

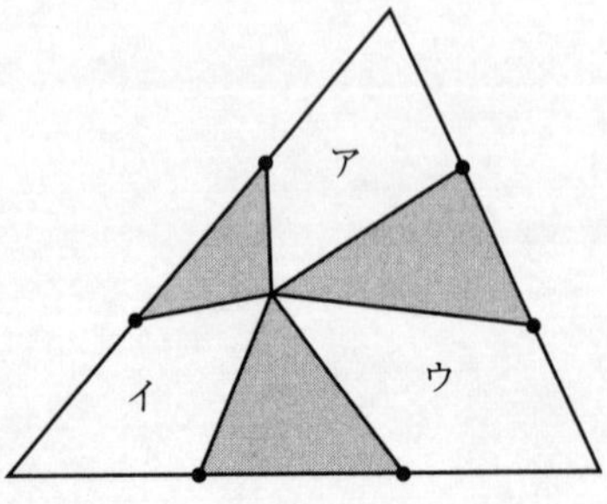

(8) 図は，直方体から直方体を切り取った立体です。この立体の体積は［ ア ］cm^3で，表面積は［ イ ］cm^2です。

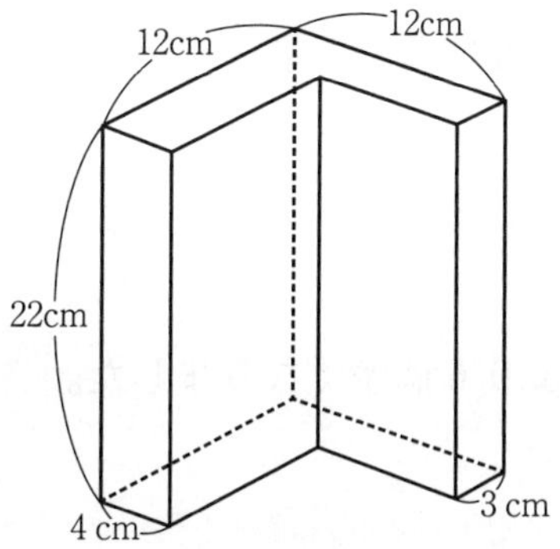

3 下の図のように，長方形ABCDで，辺CD上の点をEとします。BEを折り目として折り返したところ，頂点Cが辺AD上の点Fに重なりました。次の問いに答えなさい。

(1) 図１で，xは何度ですか。

(2) 図２のように，CとFを直線で結び，BEとの交点をGとして，BC＝12cm，CE＝４cmとします。［　］にあてはまる数や比を求めなさい。［ア］は最も簡単な整数の比で答えなさい。

三角形GBC（あの三角形）と三角形EGC（いの三角形）の面積比は［ ア ］で，三角形GBCの面積は［ イ ］cm^2，三角形FBCの面積は［ ウ ］cm^2です。

したがって，ABの長さは［ エ ］cmです。

図１

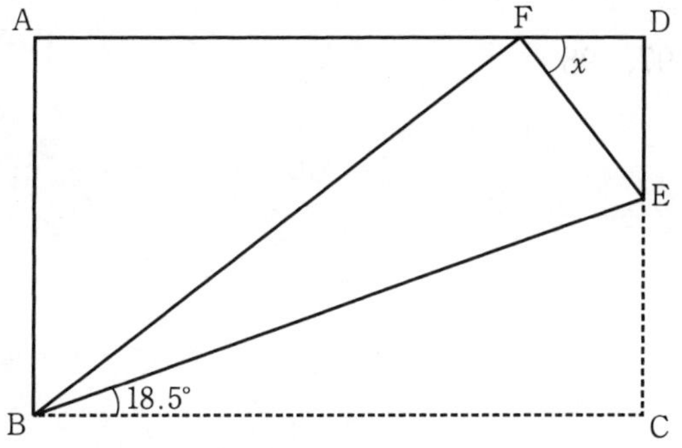

図２

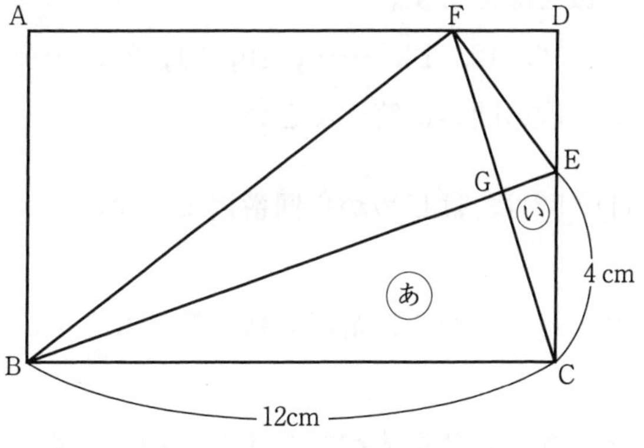

4　100個の飴《あめ》を３つの皿《さら》Ａ，Ｂ，Ｃに分けました。最初，ＡにはＢの２倍の個数を，ＢにはＣより４個多くなるようにして，次のような順に操作をしました。

操作１　ＡからＢに何個か移して，ＡとＢの個数を等しくする。

操作２　ＢからＣに何個か移す。

操作３　Ｃから，そのときの$\frac{1}{5}$をＢにもどす。

この結果，Ｂでは最初より７個多くなり，Ｃでは最初より６個多くなりました。次の問いに答えなさい。

(1)　３つの皿Ａ，Ｂ，Ｃで，最初の個数と操作３の後の個数をそれぞれ求めなさい。表で，最初の個数と操作３の後の個数を解答用紙の欄《らん》に記入しなさい。

	皿Ａ	皿Ｂ	皿Ｃ
最初	個	個	個
操作１の後	個	個	個
操作２の後	個	個	個
操作３の後	個	個	個

(2)　操作１で，ＡからＢに移した個数は，最初のＡの個数の何分のいくつですか。

(3)　操作２で，ＢからＣに移した個数は，そのときのＢの個数の何分のいくつですか。

5　２桁《けた》の整数を小さい順に並べます。ただし，11，22のような同じ数字を使った数を除きます。

10，12，13，……，20，21，23，……，96，97，98

次の問いに答えなさい。

(1)　57は，はじめから何番目ですか。

(2)　はじめから75番目の数を答えなさい。

(3)　並べた数をすべてたすと，和はいくつですか。

【社　会】〈第１回Ａ入試〉（30分）〈満点：60点〉

1　次の会話文は，順天中学校１年生のケンタくんとミナミさんが２学期始業式に，地理担当のホクト先生と夏休み中にあったできごとなどを話し合ったものです。この会話文を読んで，後の問いに答えなさい。

ホクト：ケンタくん，ミナミさん，今年の夏休みはどうでしたか？　去年は，受験勉強で大変だったと思うけど，少しはゆっくりできたかな？

ケンタ：ぼくは野球部に入ったんだけど，新型コロナウイルス関連で，練習が少なくてつまらなかったです。でも，オリンピックの野球で侍《さむらい》ジャパンが金メダルをとったので，感動しました。ソフトボールでも野球と同様に a アメリカ合衆国を破って金メダルをとったのを見て感動しました。

ミナミ：ケンタくんは本当に野球が好きなのね。そういえば，夏の高校野球では b 和歌山県代表の智《ち》弁《べん》和歌山高校が優勝したわね。でも，今年の高校野球は，雨で順延が続いて日程が大幅にずれて大変でしたよね。

ホクト：そうだね。８月11日からの九州北部を中心とした大雨は，死者も出す災害となったね。この時期に大雨になったのは，太平洋高気圧の勢力が南にかたよって南西からの湿った空気と，太平洋高気圧に沿う南からの暖かく湿った空気が，九州付近で重なったからなんだよ。さらに，日本の上空を吹く＜　A　＞の影響で，上空に寒気が流れ込んだから，前線が活発になったことも原因の一つなんだよ。そして８月13日には，［　あ　］県の雲仙市で大規模な土砂崩れが発生したよね。

ケンタ：ぼくのおじいちゃんとおばあちゃんは，大分県の c 別府市に住んでいるけど，近くに大きな川や土砂崩れが起きそうな場所がなかったので，避難をしなかったそうです。でも，電話したらとても怖かったって。

ミナミ：私のおじさんとおばさんは，島根県の県庁所在地の［　い　］市に住んでいるけど， d 災害発生時の避難場所などを示した地図を見て，早めに避難したみたいよ。

ホクト：本当にこの夏は天候が不順で， e 農作物も今後値段が上がる可能性があるね。ところで２学期は中間試験が終わると日本地理を勉強していく予定だけど，日本の農業について聞いてみていいかな？　ケンタくんには簡単な質問をするよ。日本の農業は稲作が中心になっているけど，産地や品種が登録された米のことを何と呼ぶでしょうか？

ケンタ：[　う　]米です。新潟県のコシヒカリや宮城県のはえぬきなどが代表的です。

ホクト：正解。さすがだね。新潟県や f東北地方は日本の穀倉《こくそう》地帯と呼ばれ，特に米の栽培がさかんなんだよ。でも，東北地方の太平洋側で初夏に＜ B ＞が吹くと，稲が十分に育たず，収穫量が減ってしまう冷害が起こるんだよ。じゃあ，次にミナミさんに聞くよ。ミナミさんにはちょっと難しいことを聞くからね。日本の農業の問題点を２つあげてみて。

ミナミ：はい，まず日本の農業の課題の１つ目は， g食料自給率が低いことです。それは，食生活が変化したことで，農産物の輸入が増加したためです。２つ目は{　X　}です。その問題を解決するためにも農業の担《にな》い手を確保することが大切です。

ホクト：さすが，ミナミさん。完璧な答えだね。２学期も引き続き地理の勉強を頑張ろうね。

問１　下線部ａのアメリカ合衆国の説明として正しいものを，下の**ア**～**エ**から１つ選び，記号で答えなさい。

ア　アメリカ合衆国の首都には，面積が世界最小の国家のバチカン市国がある。

イ　アメリカ合衆国は南半球にあるため，日本が夏の時期，アメリカ合衆国は冬である。

ウ　太平洋にあるハワイ島は，アメリカ合衆国の領土に属する。

エ　アメリカ合衆国は国土が広いわりに人口が少なく，人口密度は１km^2あたり３人である。

問２　下線部ｂの和歌山県について，次の問いに答えなさい。

①　和歌山県の説明として**適切でないもの**を，下の**ア**～**エ**から１つ選び，記号で答えなさい。

ア　和歌山県南部の潮岬は，本州の最南端にあたる。

イ　和歌山県の一部が奈良県と三重県の県境にあり，このような地域は飛び地とよばれる。

ウ　和歌山県の県庁所在地の和歌山市は，城下町として発展し，徳川吉宗の出身地である。

エ　和歌山県の高野山には，最澄が開いた延暦寺がある。

②　次の表は，和歌山県で生産がさかんなうめ・かき・みかんの生産量上位５県と割合を表したものです。農作物名と**Ａ**～**Ｃ**との組み合わせとして正しいものを，下の**ア**～**カ**から１つ選び，記号で答えなさい。

Ａ	％	Ｂ	％	Ｃ	％
和歌山	21.0	和歌山	20.8	和歌山	65.3
愛媛	16.8	奈良	15.0	群馬	4.8
静岡	11.5	福岡	8.0	三重	1.8
熊本	10.8	岐阜	6.9	宮城	1.6
長崎	7.2	愛知	5.0	神奈川	1.5

（農林水産省資料（2019年））

	ア	**イ**	**ウ**	**エ**	**オ**	**カ**
うめ	Ａ	Ａ	Ｂ	Ｂ	Ｃ	Ｃ
かき	Ｂ	Ｃ	Ａ	Ｃ	Ａ	Ｂ
みかん	Ｃ	Ｂ	Ｃ	Ａ	Ｂ	Ａ

問３　空らん＜Ａ＞には，常に西から吹いてくる風の名称が入ります。その風を答えなさい。

問４　空らん［あ］にあてはまる県名を**漢字**で答えなさい。

問５　下線部ｃの別府市の説明として正しいものを，下の**ア**～**エ**から１つ選び，記号で答えなさい。

ア　別府市は温泉で有名な観光地として，多くの観光客が訪れる。

イ　別府市は，『学問のすゝめ』を書いた福沢諭吉のゆかりの都市である。

ウ　別府市は，大友氏の城下町として栄え，大分県でもっとも人口の多い都市である。

エ　別府市の山間部では，杉を中心とした林業がさかんである。

問６　空らん い にあてはまる都市名を**漢字**で答えなさい。

問７　下線部ｄの地図を何というか，**カタカナ７字**で答えなさい。

問８　下線部ｅについて，右のグラフは令和３年の８月下旬に値段が上がったある農作物の産地別生産量の割合を表したものです。この農作物を，下の**ア**～**エ**から１つ選び，記号で答えなさい。

ア　きゅうり

イ　だいこん

ウ　なす

エ　ほうれん草

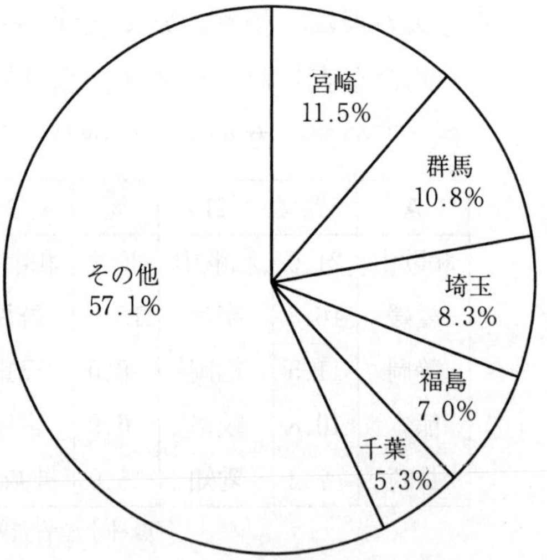

（農林水産省資料（2019年））

問９　空らん う にあてはまる語句を答えなさい。

問10　下線部ｆの東北地方の次ページの地図を見て，次の問いに答えなさい。

①　青森県の六ヶ所村にある施設を，下の**ア**～**エ**から１つ選び，記号で答えなさい。

ア　アルミニウム精錬《せいれん》工場　　**イ**　地熱発電所

ウ　核燃料再処理工場　　**エ**　宇宙センター

②　伝統工芸品の将棋《しょうぎ》の駒《こま》づくりがさかんな都市の位置を，地図中の**ア～エ**から１つ選び，記号で答えなさい。

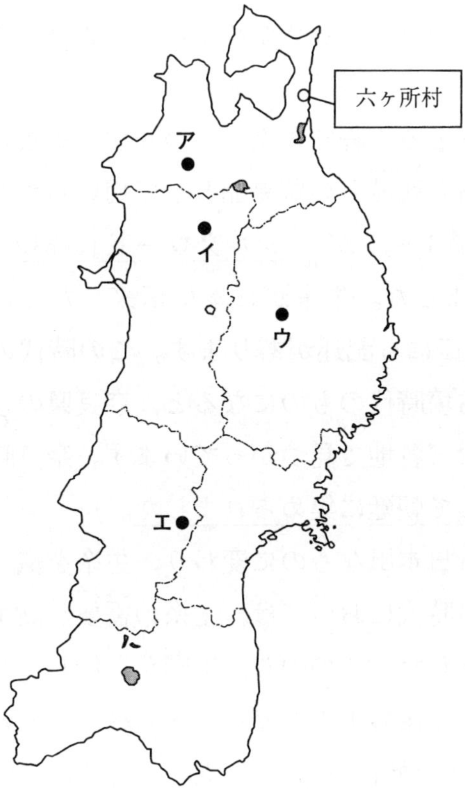

問11　空らん＜Ｂ＞にあてはまる風の名称を答えなさい。

問12　下線部ｇの食料自給率について，右の表は日本，アメリカ合衆国，フランスの食料自給率を表したものです。表中の空らん《　》にあてはまるものを，下の**ア～エ**から１つ選び，記号で答えなさい。

ア　魚介類　　　**イ**　卵

ウ　米　　　　　**エ**　豆類

試算値(%)

	日本	アメリカ合衆国	フランス
小麦	16	148	187
《　》	6	193	84
野菜類	79	87	72
果実類	38	73	62
肉類	52	113	100

(『日本国勢図会 2021/22』)

問13　空らん｛　Ｘ　｝にあてはまる文を，**15字以内**で答えなさい。

2　次の文章は順天中学校３年生の生徒が，「歴史の中の生糸」という題名で発表したレポートの原稿です。これを読んで，後の問いに答えなさい。

絹の糸は蚕《かいこ》という昆虫からつくられます。蚕は糸を吐き始めてから吐き終えるまで途切れることのない一本の糸で繭《まゆ》をつくり，その長さは１km以上にもなるというから驚きです。このような蚕を育て生糸をとる工程を養蚕《ようさん》といいます。養蚕は中国で古くから行われており，漢の時代になると西域《せいいき》との貿易品として用いられたそうです。この時ローマと中国をつないだ交易ルートが a「シルクロード」(絹の道)で，東西文化の交流に重要な役割を果たしました。生糸が日本に伝来したのは，b 弥生時代の前期といわれ，c『魏志』倭人伝にも記述があります。この時代の生糸の発見は九州北部に集中していますが，古墳時代のものになると，奈良県の d 桜井茶臼山古墳をはじめ，京都・島根・石川など各地で見つかっています。奈良時代にはさらに全国的に養蚕が広まり，e 税として朝廷に集められました。

平安時代になると国風文化が栄え，服装も日本風なものに変わり，生糸を織った絹織物がつくられるようになりました。室町時代においては，生糸の需要《じゅよう》が高まり，f 日明貿易では生糸は主要な輸入品となりました。こののち，中国から伝わった技術を用いて，g 西陣織が生まれています。その後のポルトガル人・スペイン人との南蛮貿易や，豊臣秀吉や徳川家康から許可状を発行された［　あ　］貿易においても生糸は主要な輸入品であり続けました。江戸時代には，生糸の輸入増加にともない金銀での代金の支払いも増加し，それらが国外へ流出してしまいました。これを防ぐために，h 江戸幕府は養蚕を奨励《しょうれい》しました。安定した社会情勢を背景として，西陣織以外にも各地で特産品の絹織物がつくられ，i 元禄文化の頃に栄えた越後屋呉服店のように，絹織物をあつかう大規模な商店もあらわれました。

j 明治時代になると，「富国強兵」・「殖産興業」のスローガンのもと，フランスの技術を参考に［　い　］が設立されました。群馬県が生糸の産地であったことが背景にあるのは間違いないでしょう。設立には伊藤博文や大隈重信らとともに，養蚕農家出身であった［　う　］も深く関わっていました。この人物は，新１万円札の肖像画にも決定し，大河ドラマ『青天を衝《つ》け』の主人公としても知られていますね。順天中学校近くの飛鳥山に住んでいたのは驚きです。生糸の生産は，化学繊維《せんい》の発展にともない，k 高度経済成長期に落ち込んでしまいます。しかしその美しさは今でも変わりません。ぜひ一度生糸のすばらしさにふれてみてください。

問１　空らん[あ]～[う]にあてはまる語句・人名をそれぞれ**漢字**で答えなさい。

問２　下線部ａについて，シルクロードを通じて日本に伝来した品々は，東大寺の正倉院に納められています。その品々の保存状態を保つための壁のつくりをもった建築様式を何というか，下の写真を参考にして，**漢字３字**で答えなさい。

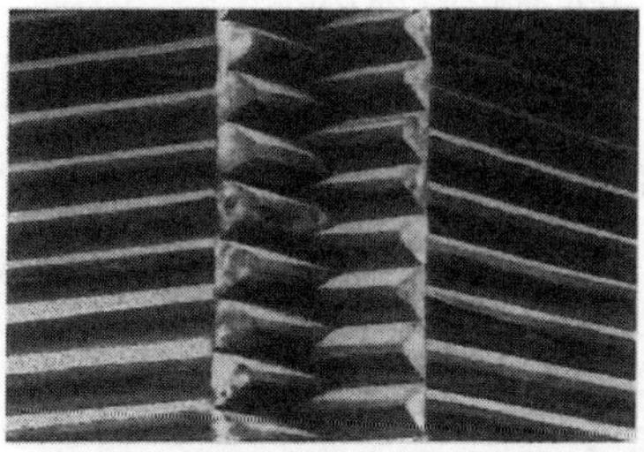

問３　下線部ｂについて，この時代の倭(日本)のようすを表した記述としてもっとも適切なものを，下の**ア～エ**から１つ選び，記号で答えなさい。

ア　倭は好太王が支配する高句麗を攻撃したが，高句麗の軍により敗退した。
イ　倭は唐の律令を参考に独自の律令を作成し，中央集権国家の建設を目指した。
ウ　倭は100余りの国に分かれていて，漢に定期的に使者を送っていた。
エ　倭は隋の皇帝に対して，対等な「天子」という称号を用いて手紙を送った。

問４　下線部ｃについて，この史料に記されている邪馬台国の女王を，**漢字**で答えなさい。

問５　下線部ｄについて，この古墳は右の図のような形をしています。このような種類の古墳の名称を答えなさい。

問６　下線部ｅに関連して，地方の特産物を朝廷に納めるものを何というか，下の**ア～エ**から１つ選び，記号で答えなさい。

ア　租　　**イ**　調　　**ウ**　庸　　**エ**　雑徭

問７　下線部ｆの内容としてもっとも適切なものを，下の**ア**～**エ**から１つ選び，記号で答えなさい。

ア　足利義満が，中国の皇帝に服従する朝貢《ちょうこう》形式がとられた。

イ　この貿易に使用する港として，大輪田泊を整備した。

ウ　モンゴルや高麗《こうらい》の兵の船と区別するために，勘合という合い札を用いた。

エ　戦国時代に使用される鉄砲や火薬などがさかんに輸入された。

問８　下線部ｇについて，「西陣」という地名は，将軍の跡継ぎ争いと守護大名の山名氏・細川氏の対立が結びついた全国的大乱に由来しています。この戦いの名称を答えなさい。

問９　下線部ｈに関する２つの文Ａ・Ｂを読んで，両方とも正しければ**ア**，Ａのみ正しければ**イ**，Ｂのみ正しければ**ウ**，両方ともあやまっていれば**エ**と答えなさい。

Ａ　江戸幕府は，大名を統制するために武家諸法度を制定し，城の改築《かいちく》禁止や参勤交代などを命じた。

Ｂ　江戸幕府の大老が桜田門外の変で襲われると，その犯人を捕らえるために安政の大獄が起こった。

問10　下線部ｉの時期につくられた作品と作者の組み合わせとして正しいものを，下の**ア**～**エ**から１つ選び，記号で答えなさい。

ア　作品＝見返り美人図　　作者＝喜多川歌麿

イ　作品＝奥の細道　　作者＝与謝蕪村

ウ　作品＝曾根崎心中　　作者＝近松門左衛門

エ　作品＝日本永代蔵　　作者＝滝沢馬琴

問11　下線部ｊについて，明治時代には下の絵のような欧米式の生活様式が広がっていきました。このことを何というか，**漢字４字**で答えなさい。

問12　下線部ｋについて，この頃の日本社会の状況を表した記述としてもっとも適切なものを，下の**ア～エ**から１つ選び，記号で答えなさい。

ア　田中角栄内閣によって，国民所得倍増計画が発表された。

イ　大阪で開かれる万国博覧会に向けて，東海道新幹線が開通した。

ウ　公害問題が相次いだため，環境基本法が制定された。

エ　白黒テレビ・電気冷蔵庫・電気洗濯機などの製品が急速に普及《ふきゅう》した。

問13　以下のグラフによると，1930年に生糸の輸出額が減少しています。この理由として考えられることを，1920年代後半の世界の経済状況をふまえて簡単に説明しなさい。

日本の生糸の輸出額

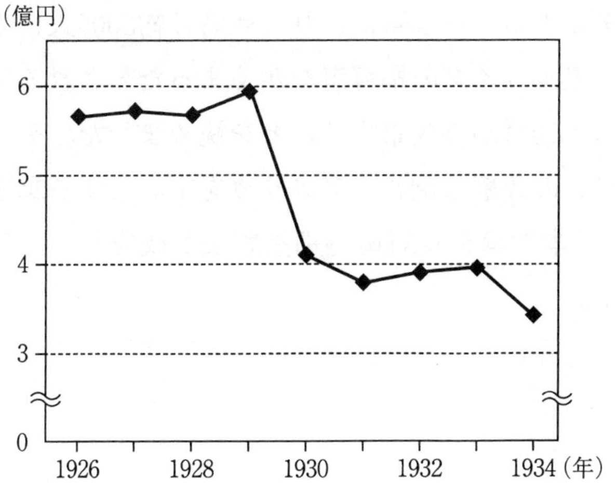

(『昭和国勢総覧』により作成)

3　次の文章を読んで，後の問いに答えなさい。

2019年末より感染の広がりをみせた新型コロナウイルスに，2021年も世界中が悩まされました。日本では，緊急事態宣言が，１月と４月，そして７月にも［　あ　］内閣により発出されました。７月に出された宣言は，対象地域を拡大したり延長を重ねたりしましたが，８月後半から全国の感染者数が減少したため，ａ東京都でも９月30日をもって解除となりました。この頃には，幅広い年代において［　い　］接種が進みました。

緊急事態宣言の発出中に，１年間延期されていた東京オリンピック・パラリンピックが開催されました。オリンピックは205の国・地域から約11000人の選手が参加し，ｂ徹底した感染対策を実施したうえで，過去最多の33競技339種目が行われました。日本選手団は，史上最多27個の金メダルを獲得しました。パラリンピック開催中の９月３日に，［　あ　］首相は次のｃ自由民主党の総裁選挙に立候補しないことを発表しました。この総裁選挙では［　う　］氏が勝利し，その後に開かれた［　え　］国会で，第100代ｄ内閣総理大臣に指名され，［　う　］内閣が誕生しました。以上のことから，2021年は激動の１年であったといっても過言ではありません。

歴史的にみて，激動の１年となる西暦○○○１年は2021年以外にもありました。以下の２つの文章は，西暦○○○１年に起きたできごとを記述したものです。

［Ａ］

○○○１年の９月11日に，アメリカ合衆国で同時多発テロが起きました。［　お　］教過激組織のアルカイダによるテロ攻撃により，死者は約3000人にのぼりました。ブッシュ大統領は，アルカイダの指導者をかくまったとされるアフガニスタンを，他の国と協力して10月から攻撃することを決めました。その攻撃によりｅ当時のアフガニスタンの政権は倒れ，アメリカを中心とする軍隊が駐留《ちゅうりゅう》することとなりました。日本ではテロ対策特別措置法が成立し，ｆ自衛隊がインド洋に派遣されました。

B

○○○１年の３月11日に，東北地方の三陸海岸沖を震源とする地震が起きました。この地震の震度は，日本国内観測史上最大のマグニチュード9.0を記録しました。この地震により発生した[か]による被害は非常に大きく，多くの死者・行方不明者を出しました。また，[か]の影響により，東京電力福島第一g原子力発電所では，水素爆発が起こり多くの放射性物質が大気中に放出されました。これらの地震から始まる一連の災害は一般的に[き]と呼ばれます。この災害は，そののち国の助成や財政援助を必要とする激甚《げきじん》災害に指定され，h国会においては，補正予算案が可決されたり，復興庁設置法が制定されたりしました。

問１　空らん[あ]～[き]にあてはまる語句などを答えなさい。

問２　下線部ａに関する記述として**適切でないもの**を，下の**ア**～**エ**から１つ選び，記号で答えなさい。

ア　日本最南端の島である沖ノ鳥島は，東京都の一部である。

イ　バブル経済の時期に，アジア初のオリンピックが東京で開催された。

ウ　東京都には，日本の企業の本社が一番多く集まっている。

エ　衆議院議員選挙の比例代表ブロックの一つとして，東京がある。

問３　下線部ｂとして**適切でないもの**を，下の**ア**～**エ**から１つ選び，記号で答えなさい。

ア　参加選手は，毎日PCR検査を受けることが義務づけられた。

イ　海外からの観客は，指定された国からのみ受け入れることが許された。

ウ　一部の競技会場を除いては，無観客で競技が行われた。

エ　外部との接触を避けるため，選手・関係者の移動・滞在は一定空間に限られた。

問４　下線部ｃについて，自由民主党の初代総裁は鳩山一郎です。この人物が自由民主党を組織してから，1993年まで続いた，自由民主党と日本社会党の２つの政党が対立していた政治体制を「［　X　］年体制」といいます。この［X］にあてはまる**数字**を答えなさい。

問５　下線部ｄに関する下の日本国憲法条文の［Y］にあてはまる語句を**漢字４字**で答えなさい。

第67条①「内閣総理大臣は，［　Y　］の中から国会の議決で，これを指名する。この指名は，他のすべての案件に先だつて，これを行ふ。」

問６　下線部ｅの政権を担当していた組織は，2021年８月に再び政権につきました。この組織の名称として正しいものを，下の**ア**～**エ**から１つ選び，記号で答えなさい。

ア　ヒズボラ　　**イ**　タリバン　　**ウ**　ハマス　　**エ**　ムスリム同胞団

問７　下線部ｆに関する記述としてもっとも適切なものを，下の**ア**～**エ**から１つ選び，記号で答えなさい。

ア　自衛隊が，PKO 協力法にもとづいて初めて海外に派遣されたのはカンボジアである。

イ　ベトナム戦争が，自衛隊を創設するきっかけになったといわれている。

ウ　自衛隊の役割は，日本を他国の攻撃から防衛することだけである。

エ　日本国憲法の改正により，自衛隊の存在が明記された。

問８　下線部ｇに関して，下の表は日本の発電電力量の推移を表したものであり，表の**ア～エ**は，火力・原子力・水力・太陽光のいずれかです。原子力にあてはまるものを**ア～エ**から１つ選び，記号で答えなさい。

	1980年	1990年	2000年	2010年	2018年	2019年
ア	92092	95835	96817	90681	87398	86314
イ	401967	557423	669177	771306	823589	792810
ウ	82591	202272	322050	288230	62109	61035
エ	—	1	—	22	18478	21414
風力	—	—	109	4016	6493	6906
地熱	871	1741	3348	2632	2113	2063

(単位：百万kWh)　　　　　　　　　　　　(『日本国勢図会 2021/22』)

問９　下線部ｈに関する記述として**適切でないもの**を，下の**ア～エ**から１つ選び，記号で答えなさい。

ア　国会には，国の政治が正しく行われているかを調査する国政調査権がある。

イ　国会は，国権の最高機関であり，国の唯一の立法機関である。

ウ　国会は，弾劾裁判所を設置し，問題性のある国会議員を辞めさせることができる。

エ　国会で予算を審議する際には，衆議院が先に議決することとなっている。

問10　文章中のＡとＢで説明されているできごとの間に起きた事項として正しいものを，下の**ア～オ**から**２つ**選び，記号で答えなさい。ただし，ＡとＢが年代順に並んでいるとは限りません。

ア　男女雇用機会均等法の成立　　　**イ**　郵政民営化法の成立

ウ　消費税法の成立　　　　　　　　**エ**　イラク戦争

オ　湾岸戦争

【理　科】〈第１回Ａ入試〉（30分）〈満点：60点〉

1　太郎君は夏休みの自由研究のために，自分の好きな魚について調べました。その調査によると，魚の中には，群れで生活するものや，単独で縄張《なわば》りをつくって生活したりするものがいることがわかりました。とくに，Aアユが条件によって群れをつくったり，単独で生活したりすることに興味をもちました。そこで，太郎君はメダカが群れで生活するのか，それとも，単独で生活するのかを調べるために，下記のような実験を行いました。

実験

(1)　透明《とうめい》で円筒《えんとう》形の大きな容器の中の中央に同質の小さな容器を入れ，それぞれの容器に水とメダカを入れる。

(2)　２匹のメダカの行動を観察するために，容器の下からスマートフォンで動画を撮影《さつえい》する。

(3)　１分おきに動画を静止し，B小さな容器に入れたメダカの移動距離《きょり》とC２匹のメダカの頭の距離を測定する。

(4)　(3)の下線部Ｂと下線部Ｃについて，実験結果をグラフでまとめる。

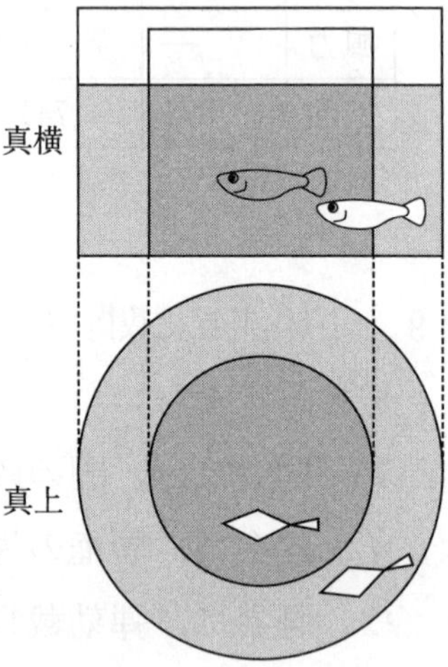

結果

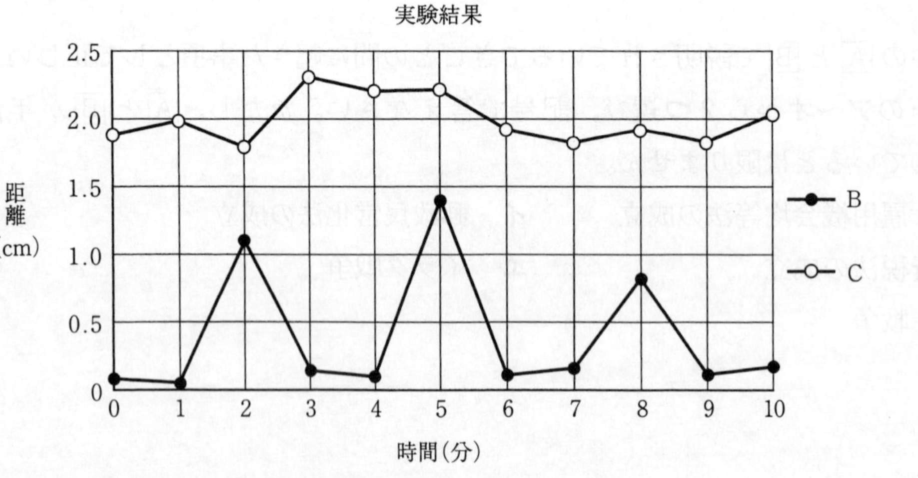

問１　下線部Ａについて，アユはどのような条件のときに群れをつくりますか。下の図を参考に，次の①～⑥から１つ選び，番号で答えなさい。ただし，えさの量や天敵《てんてき》の数に違《ちが》いはないものとします。

①　生息地におけるアユの数が多いとき

②　生息地におけるアユの数が少ないとき

③　生息地の水がきれいなとき

④　生息地の水がよごれているとき

⑤　生息地に水草などの隠《かく》れ家《が》が多いとき

⑥　生息地に水草などの隠れ家が少ないとき

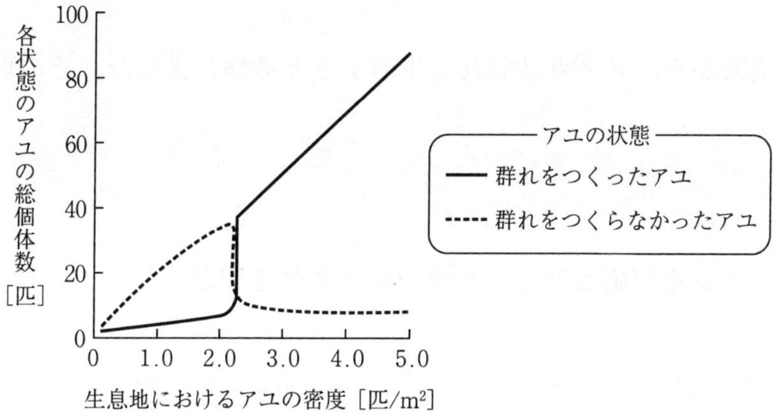

※　匹/m²は，１m²あたりにいるアユの匹数を表します。

参考：Territory holders and non-territory holders in Ayu fish coexist only in the population growth process due to hysteresis

問２　下の図は，メダカから尾ビレ以外のヒレを取り除いた図です。解答用紙の図に，メダカの左側をみたときにみることができる，尾ビレ以外のすべてのヒレを，位置や大きさに気を付けてかき足しなさい。ただし，オスとメスのどちらをかいてもかまいません。

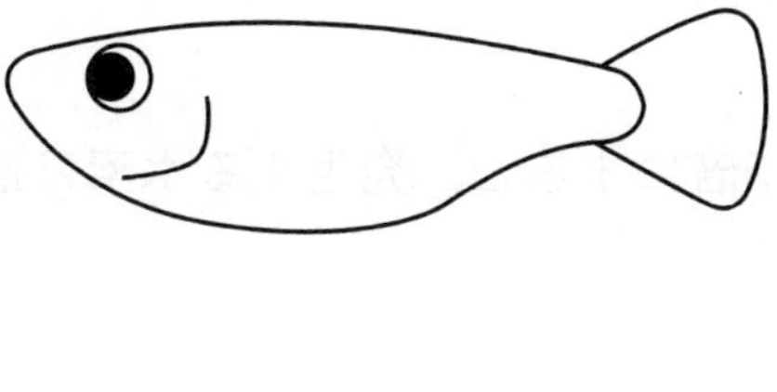

問３　実験のように新しい環境《かんきょう》に移した場合，メダカの行動パターンは変化します。実験 からわかるメダカの行動パターンを，次の①～⑥から１つ選び，番号で答えなさい。

①　常に水槽《すいそう》内を泳ぎ回っている。

②　常に水槽内の１カ所にとどまっている。

③　泳いだりとどまったりを繰《く》り返す。

④　常に沈《しず》んだところにいる。

⑤　常に水面に浮《う》かんでいる。

⑥　沈んだり浮かんだりを繰り返す。

問４　太郎君は実験結果から，メダカは群れで生活すると考察しました。その理由を述べなさい。

２　塩酸とアルミニウムを反応させて，水素を発生させる実験を行いました。以下の問いに答えなさい。

［実験］　決まった量の塩酸にアルミニウムを少しずつ加えていったとき，出てきた水素の体積は，下の図１のグラフのようになりました。

図１

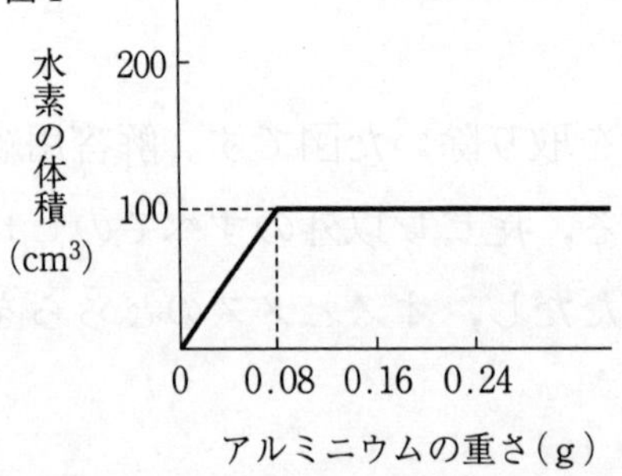

問１　実験に使う塩酸の濃《こ》さは変えずに体積を0.5倍にすると，発生する水素は最大で何cm^{3}になりますか。

問２　実験に使う塩酸の体積は変えずに濃さを４倍にしたとき，反応するアルミニウムは最大で何ｇですか。

問3　図1で用いた塩酸を濃さは変えずに体積を2.5倍にし，アルミニウム0.4gを加えました。このとき，発生する水素は最大で何cm^3になりますか。

問4　この実験で水素を発生させる装置として，下の図2のようなものを用いました。点線で囲まれた三角フラスコの中の状態を，2本のガラス管の長さに注意して，解答用紙の図にかき入れなさい。

図2

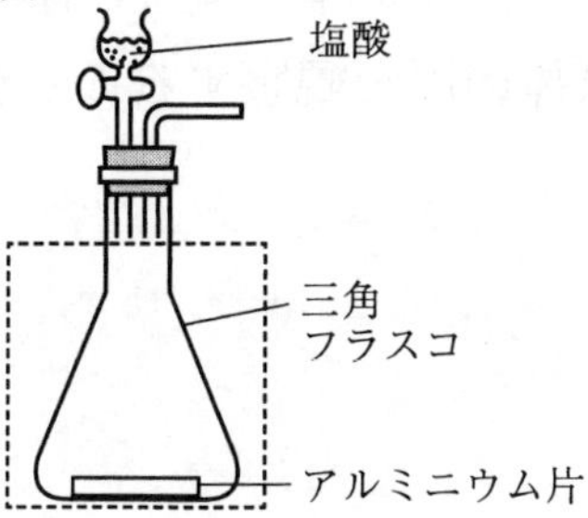

3　月は地球の周りを公転しており，太陽の光を反射して光っているので，地球から見た月の形は毎日変化しているように見えます。これを月の満ち欠けといい，太陽，地球，月の3つの天体の位置関係によって決まります。地球から見て，月が太陽と反対側にあるとき，月はふつう(　ア　)になります。しかし，太陽，地球，月が一直線に並ぶと，月全体または一部が地球の影《かげ》に入って欠けて見える(　イ　)が見られます。2021年5月26日には，世界各地で(　イ　)が見られ，日本ではとくに月全体が地球の影に入った(　ウ　)が見られました。Aこのとき，月は東の方(左の方)からだんだんと欠けていきました。

問1　文中の(ア)～(ウ)に当てはまる語句を，次の①～⑧からそれぞれ1つずつ選び，番号で答えなさい。

①　満月　　②　新月　　③　日食　　④　月食
⑤　部分日食　　⑥　部分月食　　⑦　皆既《かいき》日食　　⑧　皆既月食

問2　下線部Aから，月は地球上から見て，どの方角に公転していることがわかりますか。次の文の空欄に合うように，それぞれ東・西・南・北のいずれかを答えなさい。

「＿＿＿＿から＿＿＿＿へ公転している。」

問３　太陽―地球―月の順で並ぶときに(イ)が起こるのであれば，(イ)は月が地球をはさんで太陽と反対側に来るたびに観測されるはずです。しかし，実際はそれよりももっと少ない頻度《ひんど》でしか(イ)を観測することはできません。この理由を説明しなさい。

問４　太陽，地球，月が，太陽―月―地球の順に一直線に並んだとき，地球上の限られた地域では，太陽全体が月に隠《かく》される現象が観測できます。このとき，隠された太陽の周りには，白く光り輝《かがや》く100万℃を超《こ》える気体の層を観察することができます。この気体の層のことを何というか答えなさい。

4　次の各問いに答えなさい。

問１　図１のように，天じょうからつるした糸におもりをつけ，左右に振《ふ》らせる実験を行いました。実験では糸の長さを表１のように変化させて，おもりが１往復するときの時間をはかりました。ただし，おもりの重さは100g，振り始めの位置は図１のAからとしました。以下の問いに答えなさい。

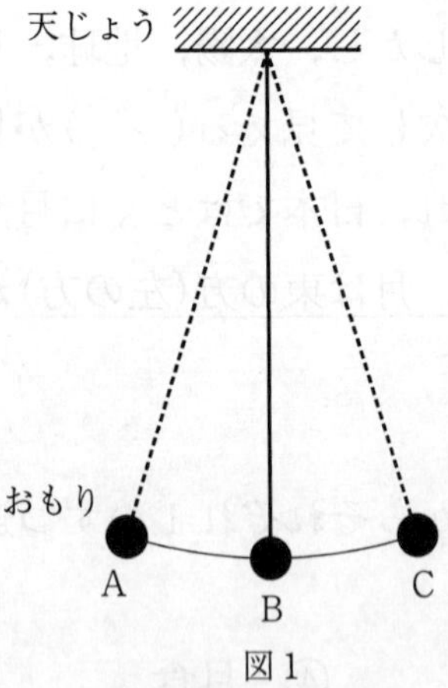

図１

糸の長さ(cm)	１往復する時間(秒)
10	0.63
20	0.90
40	1.26
90	1.89

表１

(1)　糸の長さを160cmにすると，１往復する時間は何秒になりますか。

(2)　糸の長さを20cmにして，おもりの重さを200gにすると，１往復する時間は何秒になりますか。

問2　太郎君が図2のように，ベランダに固定した滑車《かっしゃ》Aと固定されていない滑車Bを用いて600gのおもりを持ち上げて静止させています。滑車Aも滑車Bも，ともに重さは200gです。このとき，太郎君が入れている力は何gですか。

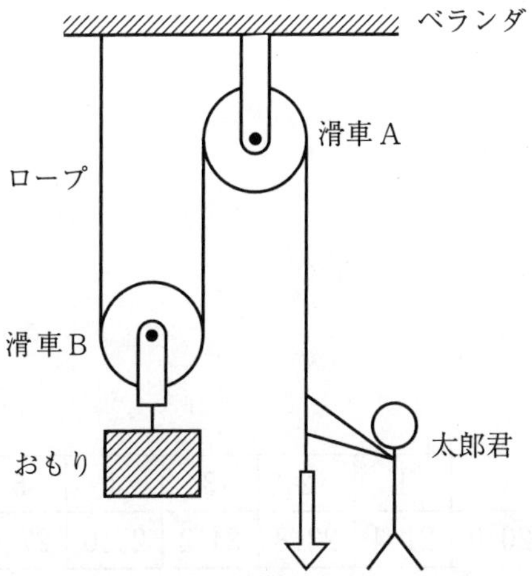

図2

問3　次に太郎君は，ベランダの上から固定されていない滑車Bを用いて，図3のように600gのおもりを持ち上げて静止させています。このとき，太郎君が入れている力は何gですか。

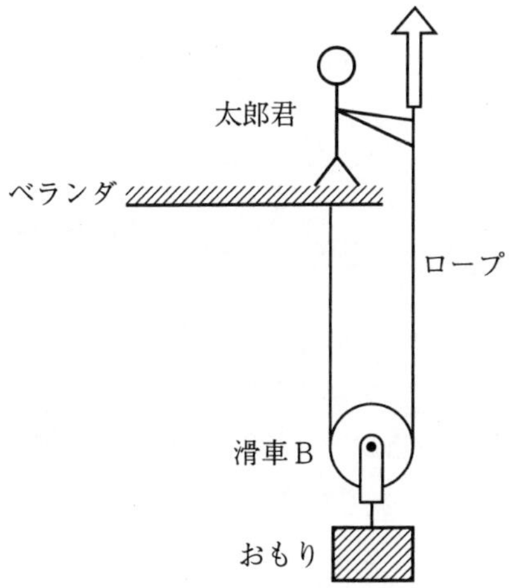

図3

問4　図4のように，熱を伝えにくい素材でできた容器に，20.0℃の水100gを入れました。ヒーターに電流を流して，1分ごとに水温をはかった結果が表2に示されています。表2の結果をグラフで表すと，下の図5のようなグラフになります。この実験を20.0℃の水200gにして行うと，どのようなグラフになるか，解答用紙にかき入れなさい。

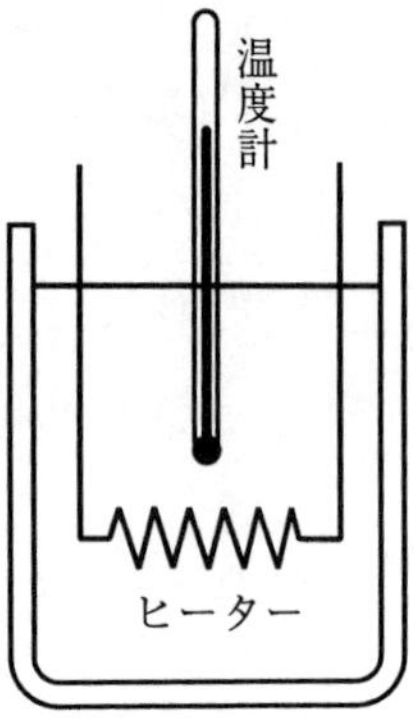

図4

電流を流した時間(分)	0	1	2	3	4	5
水温(℃)	20.0	21.4	22.8	24.2	25.6	27.0

表2

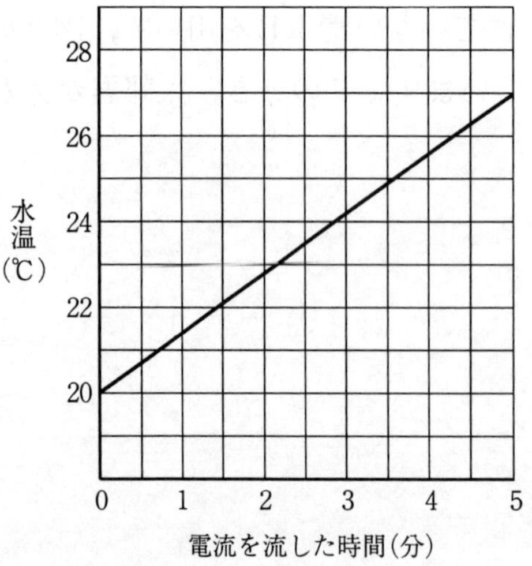

図5

問七　――線④「ぽろりと涙がこぼれた」とありますが、それはなぜですか。その理由として最も適当なものを次の**ア**～**エ**から選び、記号で答えなさい。

ア　夕美に泣きそうな顔をしていると指摘されたことで、ふいに、夕美と同じ倒れ方をした祖母の死に感じたとてつもない恐怖が呼び起こされ、それがきっかけで自分は眠りの世界へと逃げ込むようになってしまったのだと改めて感じ、やりきれなくなったから。

イ　夕美に哀しそうな顔をしていると指摘されたことで、過去にあった嫌なできごとが次々と思い起こされたが、くじけそうになりながらも、今がこれまで見て見ぬふりをしてきたものごとや自分の内面としっかり向き合う機会だと気持ちを奮い立たせているから。

ウ　夕美に泣きそうな顔をしていると指摘されたことで、心の奥底にある古くつらい記憶が、前向きになれない自分の性格を決定づけているという事実が意識され、思い出したくもない過去を思い出すきっかけをつくった夕美に対し、うらめしく思っているから。

エ　夕美に哀しそうな顔をしていると指摘されたことで、自分のなかに押し込めていた祖母の死や大学受験にまつわる苦い記憶が呼び起こされ、改めて、嫌なことからすぐ逃げ出してしまう卑怯な面を持つ自分自身のことが大嫌いだという、悲しい事実を意識したから。

問八　――線⑤「あのね、朝子ちゃん。私、平気じゃないよ」とありますが、夕美が「私」と共通して抱いている怖れとはどのようなものですか。それを最も簡潔に言い表した四十字程度の部分を、これより後の本文中から探し、最初と最後の五字を書き抜いて答えなさい。

問九　――線⑥「私は覚悟を決めて、笑い返した」とありますが、「私」の覚悟とはどのようなものですか。四十字以内で説明しなさい。

問六 ――線③「とんでもなかった」とありますが、ここでの「私」の心情として最も適当なものを次の**ア**～**エ**から選び、記号で答えなさい。

ア 普通の人とは違った感覚を持っている自分は異常なのではないかと思っていたなか、そんな自分を理解してくれる夕美と出会ったことで不安から解放されたが、夕美はそんな自分を哀れんで付き合ってくれていたと知ってショックを受け、心から悲しんでいる。

イ 多くの人が普通にできることをできない自分に嫌気がさしていたなか、似た境遇にある夕美と出会ったことで安心感を覚えていたが、自分は怠惰なだけだったのに対し、夕美にはそうならざるを得ない事情があったという事実を知って驚き、情けなく思っている。

ウ 何をやってもうまくいかない駄目な自分に落ちこんでいたなか、あらゆることをそつなくこなす優秀な夕美と出会い、その姿に憧れるとともに自らを奮い立たせていたが、実のところ夕美は陰で自分を見下していたことを知って衝撃を受け、つらく思っている。

エ 普通の人ができることをうまくできないために周囲に対し劣等感を抱いていたなか、似た状態にある夕美と出会ったことで仲間意識を抱いていたが、夕美が自分自身を変えようと必死で努力していることを知り、また孤独になるのではないかと焦っている。

問一 ――線ア～オの漢字の読みをひらがなで答えなさい。

問二 [A]～[C]に入ることばとして最も適当なものを下の**ア**～**エ**からそれぞれ選び、記号で答えなさい。

[A] **ア** へらへらと **イ** めらめらと **ウ** ざわざわと **エ** のろのろと

[B] **ア** ごとんと **イ** ぺたんと **ウ** どすんと **エ** ばたんと

[C] **ア** きちっと **イ** けろっと **ウ** ぽろっと **エ** すらっと

問三 [※]に入ることばとして最も適当なものを次の**ア**～**エ**から選び、記号で答えなさい。

ア 対岸の火事 **イ** 犬猿の仲

ウ 月とすっぽん **エ** 水魚の交わり

問四 ――線①「私は下の下、底辺だ」とありますが、このとき「私」はなぜこのように思ったのですか。状況がわかるように、五十字以内で説明しなさい。

問五 ――線②「『湯本先生が車椅子使った方がいいんじゃないですかー』なんてにこにこ笑いながら言っている」とありますが、倒れてしまったにもかかわらず、夕美が「にこにこ笑」っていた理由について説明した次の文の[1]、[2]に入ることばを、指定の字数で本文中からそれぞれ探し、書き抜いて答えなさい。

ナルコレプシーの発症をおさえるため、あまり自分の[1（十二字）]のならば、せめて[2（五字）]で一定に保っていたほうがよいと考え、そうなるようにがんばっているから。

なんだかすごーく楽しかったの。ああ、楽しいなあって思って、気がついたら倒れてた」

笑顔を向けられて、なぜだか泣きそうになった。やっとの事で、一つ小さくうなずく。相手もうなずき返し、

「私ね、すぐに寝ちゃったり、倒れたりっていう症状自体は高校生のころからあって、病名のォ診断がついたのは大学入ってからなんだけど、それからずっと、心を揺らさないように頑張ってきたの。でもね、この寮に入って朝子ちゃんと同室になって、私、心が揺れまくりだよ」

「何それ、超危ないじゃん。私のせい？」

「そ、朝子ちゃんのせい。だってすごーく楽しかったり、突然、さっきみたいなすごーく哀しい気持ちになったり、ほんと、揺れまくり。でもね。心が揺れるって、ブランコみたいに楽しいし、気持ちいいし、嬉しいね。だってそれって、生きてるってことじゃない？」

夕美ちゃんはそう締め括り、口を大きく開けて、にかりと笑った。がんばっているんじゃない、本物の笑顔だ。

「――わかった」⑥私は覚悟を決めて、笑い返した。「そういうことなら、責任持って私が夕美ちゃんを守ってあげる。こう見えても、まあまあ力はあるんだから。私にぴったり貼り付いて、好きなだけ、思う存分笑ったりびっくりしたり、怒ったり……たまには哀しんだりするがいいわ！」

最後はふんぞり返って言ってやったら、夕美ちゃんはいたずらっ子のような顔をした。

（加納朋子『カーテンコール！』による。作問の都合上、本文の一部を変更しています。）

＊湯本先生…元・校医。とうの昔に引退していたものの、理事長の頼みで来てくれている。

体を、そっと抱き留める。

「あー、また、力が抜けちゃった」

私の腕の中で、夕美ちゃんはふわあっと笑った。

「⑤あのね、朝子ちゃん。私、平気じゃないよ」

いきなり言われて反応が追いつけずにいると、相手はまた笑って言葉を足してくれた。

「どうして平気で歩き回れるのかって、さっき言ってたでしょ？　私、平気じゃないよ。色んなことが怖いよ。どうしてここに来たかって言ったでしょ？　それはね、怖かったから。学生じゃなくて、社会人でもなくて、他の何でもない……そういう状態になってしまうのが、怖かったの。この先、どうなっちゃうんだろうって。たぶんみんなも、多かれ少なかれ、そうなんじゃないのかな？」

「……うん、そうだね」

私だってそうだ。世間一般的にも、たぶん多くの人がそう思うだろう。

何にもなれない。何者でもない。将来どころか、明日明後日《あさって》のことですら、おぼつかない。

そんな状態になるのは、とても怖いことだ。

だから与えられた猶予《ゆうよ》期間に飛びついた。刑の執行を、少しでも引き延ばすために。

「……それとね、どうしていつもニコニコしているかって話。あのね、私、感情を揺らしちゃ駄目でしょ？　だからね、感情を楽しい感じで一定に保つようにがんばっているの。だってその方が楽しいでしょ？　でもそのニコニコは、偽物《にせもの》なのよ。だってそうでしょ？」

そう問われ、私は小さくうなずく。確かにそうだ。がんばらなきゃならない時点で、その「楽しい」気持ちは本物ではない。

「でもね」と夕美ちゃんは続ける。「感情を揺らすなって、それって、ブランコに乗ってもいいけど危ないから漕《こ》ぐなって言われているようなもんじゃない？　それじゃ、意味なくない？　さっき、最初に倒れたとき、朝子ちゃんと話してて、どうして、私は夕美ちゃんが倒れたとき、オロオロと泣きそうになるの？　哀しくて、怖くて、たまらなくなったの？
目の前で人が倒れたら、怖いのは普通だ。心配するのも。だけど、こんなにも哀しくなるのはどうして？
答えは、自分で知っている。
その理由は、古い古い記憶にあった。思い出したくもない、辛《つら》くて哀しくて嫌な記憶。

> ここで「私」は、祖母を放って出かけた母と、苦しむ祖母をよそにぐうぐう寝ていた「私」のせいで祖母が亡くなったのだと、叔母から強く責められた幼稚園の頃の記憶を思い出している。

――あれ以来、晴美叔母さんはとても苦手だ。その後、普通に優しくしてもらっていたにもかかわらず。
親戚《しんせき》の集まりで、特に法事やお葬式で叔母さんに会うたび、当時のことを思い出してしまうから。
そして大学に入って、気づいたことがある。
私は、嫌なことから逃げるんだ。まるでシャッターを下ろすみたいにすべてを拒絶して、眠りの世界へと逃げ込んでしまうんだ。
朝、起きられないのはきっと、本当に行きたい大学に行けなかった現実が耐えられないから。
私はとても卑怯《ひきょう》で後ろ向きな逃亡者なんだ。
「――だから私は、自分の事が大嫌いなの。哀しい顔に見えるんだとしたら、きっとそのせい……」
そう話を締め括《くく》りかけて、どきりとした。
夕美ちゃんが、泣いていた。大きな眼にいっぱい涙を溜《た》めて。
その濡《ぬ》れた瞳《ひとみ》がふいに泳ぐように揺れ、あっと思う。
今度は、間に合った。膝が触れ合うような距離で、二人とも床に座っていたから。ふにゃりと脱力した夕美ちゃんの身って、少し慰《なぐさ》められていた。
　③とんでもなかった。
　ひたすら低レベルなことばかり考えていた自分が恥ずかしかった。夕美ちゃんにはちゃんとした事情があった。それもけっこう深刻な……単なる怠け者の私なんかとは、似て非なるものだった。まさしく［　※　］だよ……。

> 　この後、病気のせいで嫌な思いもたくさんしているだろうにあっけらかんと笑う夕美に対し、どうしていつもニコニコしていられるのか、どうして平気で歩き回れるのか、など「私」は立て続けに質問する。

「いきなりの質問ラッシュ。嬉《うれ》しいなあ……やっと私に興味持ってくれた？」
「……え？」
「だって何にも、聞かなかったでしょう？　あのね、私ね、ずっと前から朝子ちゃんのこと、知ってたよ。教室とか、食堂とかで見かけて、いつも『どうして』って思ってたよ。今、聞いてもいい？　朝子ちゃんはどうして、いつもそんなに哀《かな》しそうな顔をしているの？」
　虚《きょ》を衝《つ》かれて、しばらく黙り込んでしまった。
「……私、哀しそう？」
　うん、と夕美ちゃんはうなずく。
「それにね、こないだお散歩で私が倒れた時も、さっきちょっと倒れた時もね、朝子ちゃん、泣きそうな顔してた。びっくり、とか、心配、とかじゃなくて、とにかく今にも泣きそうだったの」
　どうして？　と小首を傾《かし》げるように聞いてくる。その瞬間、④ぽろりと涙がこぼれた。
　なぜ私は泣いている？　どうして？　どうして？

ああ良かったと言っている。良かったじゃないよ、ほとんどアウトだよと思うけど、そう突っ込める空気でもなければ立場でもない。

「……それは……大変だったね」

他に言いようがなくてそうつぶやくと、夕美ちゃんはぱたぱた手を振った。

「やだ、そんな深刻になることないよー、別に命に関わるわけじゃなし」そう言ってから、ふと視線を落とす。「……ただ、こんなじゃどうせまともに就職もできないじゃない？　だから卒業できなくてもいいかなあって思ってたの。いいってか、仕方ないなって。家でできる仕事をエ模索するしかないかもって思って、それなら、別に大学卒業する必要ないじゃない？」

胸の内側が、ヒリヒリ痛んだ。

――こんなじゃどうせまともに就職もできない。

それは、今の私が身に沁《し》みて思っていることだった。

百パーセント自業《じごう》自得だけれど。朝、[C]定時に起きることなんて、社会人にとっては当たり前、それができないなんて論外だ。

遅刻魔は、色んな物を無くす。信用とか友達とか大学の単位とか。だから将来の夢さえ無くす。いつも慌てていて、時間もない。余裕もない。だから身だしなみもどんどん適当になっていき、女の子としての自信もないから、彼氏を作ろうなんて気も無くす。

どうしてこんなに駄目なんだろうと、ため息がでる。他の多くの人たちが普通にできることが、どうして私にはできないのだろうと。

不本意な女子大生をやっていた四年分、私の中には劣等感だとか自己嫌悪《りんお》だとかが、排水管のヘドロみたいにこびりついている。もうほとんど詰まりかけていて、汚水が逆流する寸前みたいなものだ。

それが、夕美ちゃんと出会って少しだけ気が楽になっていた。ああ、ここにも似たような人がいた。私と同じだあと思

床に　Ｂ　座り込む。

「いや、それ、絶対どこかおかしいから。病院行った方がいいから」

「病院ならだいぶ行ったよ、あっちこっち」

「え？」

「なんかね、ナルコレプシーって病気なんだって」床の上で体育座りをして、暢気そのものの口調で言う。思わず床に両手をついた。

「たまーにね、今みたいに力が抜けちゃうの」

「何それ、危ないじゃん。こないだのもそうだったの？　超危ないじゃん。あんなどさっと倒れてさ、もし地面に尖《とが》った石とか枝とかあったら、大《おお》怪《け》我《が》するじゃん。顔とか……眼とか……」

考えただけでも恐ろしい。

「心配させてごめんね。倒れる方は最近ずっとなかったから、ちょっと油断してた」相変わらずにこにこ笑いながら、夕美ちゃんは言う。「あのね、あんまり感情を揺らしちゃいけないらしくてね、気をつけてはいたんだけど、こないだのいきなりの工事の音はびっくりしたなあ。やられたわ」

「何それ、どういう仕組みなの？」

「私にもよくわかんない」あっけらかんと夕美ちゃんは言う。「まだ、今イチよくわかっていない病気なのよね。なぜか日本人にはわりと多いらしいんだけど。いきなり脱力しちゃうのは、カタプレキシーっていって、すぐに元どおりになるんだけど、メインの症状は睡眠発作でね、とにかくいきなり寝ちゃうの。電車に乗ってもね、倒れると危ないからなるべく座るようにしているんだけど、気がついたら終点、なんてザラよ。山手線なんか、何周したんだか、わかんなくなる。一人で遠出なんて、危なくてできないよ。学校でもね、体育の最中でも寝ちゃうくらいだから、授業中だろうが、試験中だろうがおかまいなし。だからさー、入試とか、落ちまくったよー。うちの学校の時だけは、何とか解答欄を埋めた後で寝たから、ギリセーフだったけど、ほんと危ないとこだったわ」

場違いにのんびりした声は、夕美ちゃんのものだった。イ呆気にとられる私を尻目《しりめ》に、ゆっくり起き上がるそぶりを見せるので、あわてて抱き起こす。夕美ちゃんはそのままあたりをきょろきょろ見回している。そして納得したようにうなずいた。

「あ、私また、倒れちゃったのね？」

「またって……」

驚いて聞き返したとき、［Ａ］した一団がやってきた。いち早く駆けだしてくれた子が、校医さんをウ伴って戻ってきたのだ。

（中略）

「すみませーん、ちょっとこけちゃって。大丈夫でーす」

夕美ちゃんは立ち上がり、スカートのすそをパタパタ叩《はた》いた。細かい落ち葉や土汚れがついてしまっている。私は彼女の後ろに回り、そっと髪や背中のゴミを払い落としてやった。振り向いて「ありがとー」と笑う様子は、本当になんでもなさそうに見える。

②『＊湯本先生が車椅子使った方がいいんじゃないですかー』なんてにこにこ笑いながら言っているのを見て、釈然としないものはあったけれど、取り敢えずほっとしていた。

けれどその翌日に、夕美ちゃんはまた倒れた。

その時は私たちの部屋で、ふたりきりだった。それまでにいくらか打ち解けていた私たちは、何かしょうもないことでケラケラ笑っていた。すると、いきなりどさっと床に崩れてしまった。

「え、ちょっと」

慌てて駆け寄ると、相手はにこっと笑って、「あー、何か力抜けちゃった……」と暢気《のんき》に言っている。私まで脱力し、

二　次の文章を読んで、後の問いに答えなさい。ただし、字数制限のある解答については、句読点・記号も一字とします。

閉校が決まった萌木《もえぎ》女学園大学で、十名ほどの学生が単位不足のため卒業保留組になってしまった。卒業保留組のための寮《りょう》のルームメイトである「私」（梨木朝子《なしきあさこ》）と有村夕美《ありむらゆみ》は、卒業するための特別補講に参加している。

私はまるきり役立たずの、棒立ちだった。
頭の中が白くなり、そこへやけにア鮮明な、幼い頃の記憶がフラッシュバックする。
優しかったおばあちゃん。大好きだった祖母の姿。そのおばあちゃんは、今の夕美ちゃんとおんなじように、私の目の前でいきなり、床の上に倒れてしまった。
『おばあちゃん、おばあちゃん、おばあちゃん……』
馬鹿《ばか》みたいに、ひたすら連呼していたことだけ、覚えている。
そして今、声を上げることすらできず、ただ突っ立っている私に、誰かが声をかけてきた。
「校医さん、呼んでくる。梨木さんは有村さんのこと、見てて」
何人かが、連れだって走っていった。
ダメダメな集団の中にさえ、やっぱりきっちり優劣は存在している。有事の際に、役に立つ行動ができる人と、ただオロオロするだけの人間と。
①私は下の下、底辺だ。
砂を噛《か》むように、そんなことを思う。そこへ、あらぬ方角から声がかかった。
「あれえ、朝子ちゃん。どうしたの？」

問六 ――線④「チャンネル」として**適当でないもの**を次の**ア**～**エ**から一つ選び、記号で答えなさい。

ア せっせと本を読むこと
イ 考えを書いてみること
ウ 書いたものを推敲すること
エ 書いたものを音読すること

問七 ――線⑤「頭がいい」とありますが、その内容を説明したものとして最も適当なものを次の**ア**～**エ**から選び、記号で答えなさい。

ア 『平家物語』は、作者によって他者にくりかえし語られるうちに表現が洗練されていき、複雑な筋であるのに、整然とした印象を与えるものになっているということ。
イ 『平家物語』は、何度も書き直されるうちにしだいに話の内容が整理され、わかりにくい部分もあるとはいえ、全体としては難しさを感じさせないものになっているということ。
ウ 『平家物語』は、琵琶法師たちが声に出して読むうちに聞く者の頭の中が整理され、高度な内容であるにもかかわらず、理解しやすいものに聞こえるということ。
エ 『平家物語』は、多くの琵琶法師によって語られるうちに表現が整理されて、とてもこみ入った筋であるにもかかわらず、わかりやすいものになっているということ。

問八 ――線「考えをまとめようとして、なかなか思うように行かなくて、いらいらすることがある」とありますが、あなたはこれまで、そうした経験はありますか。そのときにどうやって乗り切ったかもふくめて、八十字以上百字以内で書きなさい。

問一 ――線ア～オのカタカナを漢字に直して答えなさい。

問二 ［※］に入ることばとして最も適当なものを次の**ア**～**エ**から選び、記号で答えなさい。

ア 途方にくれる　**イ** 身に余る
ウ 歯が立たない　**エ** 地に足がつかない

問三 ――線①「欲を出すと逆効果になる」とありますが、その理由として最も適当なものを次の**ア**～**エ**から選び、記号で答えなさい。

ア 字を書くことも文章を書くことも、両方ともうまくならないといけないと思い込むから。
イ いいものを書きたいという気持ちにとらわれて、のびのびとしたものがなくなるから。
ウ こどものときに無心で字を書いたように文章を書かなくては、周囲からほめられないから。
エ 文章を上達させるためには、むしろ下手な文章を書こうと思うことが近道になるから。

問四 ――線②「そこ」の指す内容を三十字以内で答えなさい。

問五 ――線③「頭の中にたくさんのことが表現を待っている」に用いられている表現技法として最も適当なものを次の**ア**～**エ**から選び、記号で答えなさい。

ア 体言止め　**イ** 直喩《ゆ》　**ウ** 擬人法　**エ** 擬態法

は、めったなことを話してはいけないということもある。それと矛盾《むじゅん》するようだが、整理のためにはとにかく表現してみるのがよい。

原稿に書いたものを推敲する場合でも、黙って読まないで音読すると、考えの乱れているところは、読みつかえるからすぐわかる。声も思考の整理にたいへん役立つのである。

『平家物語』はもともと語られた。くりかえしくりかえし語られている間に、表現がオジュンカされたのであろう。たいへんこみ入った筋であるにもかかわらず、整然として頭に入ってくる。作者はいかにも頭脳明晰《めいせき》であるという印象を与えるが、これはひとりの作者の手柄ではなく、長く語ってきた琵《び》琶《わ》法《ほう》師《し》の集団的功績ともいうべきものであろう。

思考は、なるべく多くの④チャンネルをくぐらせた方が、整理が進む。頭の中で考えているだけではうまくまとまらないことが、書いてみると、はっきりしてくる。書きなおすとさらにジュンカする。ひとに話してみるのもよい。書いたものを声を出して読めば、いっそうよろしい。『平家物語』が〝⑤頭がいい〟のは偶然ではない。

（外山滋比古『思考の整理学』による。作問の都合上、本文の一部を変更しています。）

＊混沌…物事が入り混じって、まとまっていない状態。
＊ジャイロスコープ…物体の向きや一秒あたりに進む角度を検査する計測器。
＊一瀉千里…物事が一気にはかどることのたとえ。
＊満身創痍…ここでの意味は、何度も推敲を重ねて訂正が多くある状態。
＊定稿…それ以上、訂正・補足などの必要のない完成した原稿。

くなってしまう。ひとつひとつ、順次に書いて行く。どういう順序にしたらいいかという問題も重要だが、初めから、そんなことに気を使っていたのでは先へ進むことができなくなる。とにかく書いてみる。

書き進めば進むほど、頭がすっきりしてくる。先が見えてくる。もっともおもしろいのは、あらかじめ考えてもいなかったことが、書いているうちにふと頭に浮んでくることである。そういうことが何度も起れば、それは自分にとってできのよい論文になると見当をつけてもよかろう。

書き出したら、あまり、立ち止まらないで、どんどん先を急ぐ。こまかい表現上のことなどでいちいちこだわり、書き損じを出したりしていると、勢いが失われてしまう。

全速力で走っている自転車は、すこしくらいの障害をものともしないで直進できる。ところがノロノロの自転車だと、石ころひとつで横転しかねない。速度が大きいほど＊ジャイロスコープの指向性はしっかりする。

いかに論文だからとは言え、書いては消し、消しては書くといったことをしていれば、何を言おうとしているかわからなくなる。＊一瀉千里《いっしゃせんり》に書く。とにかく終りまで行ってしまう。そこで全体を読みかえしてみる。こうなればもう、訂正、修正がゆっくりできる。

推敲《すいこう》する。部分的な改修ではなく、構造的変更、つまり、まん中の部分を冒頭へ、あるいは、最後部を最初へもってくる、という大手術を加える必要もあろう。ただ、一応、終りまで行っているという安心感があるから、ゆとりをもって、工夫をこらすことができる。

第一稿が＊満身創痍《まんしんそうい》になったら、第二稿を作る。これもただ第一稿の訂正のあとを写しとるというのではつまらない。新しい考えをなるべく多くとり入れるように努めながら、第二稿を作りあげる。これもまた推敲する。それで目立って改善されたようだったら、第三稿を作る。もうこれ以上は手を加える余地がないというところに至ってはじめて、＊定稿《ていこう》にする。書きなおしのエロウリョクを惜しんではならない。書くことによって、すこしずつ思考の整理が進むからである。何度も何度も書きなおしをしているうちに、思考の昇華《しょうか》の方法もおのずから体得される。

書いてみることのほかに、聴き上手な相手を選んで、考えていることをきいてもらうのも、頭の整理に役立つ。ときにありあまるほどあるというときほど、混乱がいちじるしい。いくらなんでもこのままで書き始めるわけには行かないから、もうすこし構想をしっかりしてというのが論文を書こうとする多くの人に共通の気持である。それがまずい。

気軽に書いてみればいい。あまり大論文を書こうと気負わないことである。力が入ると力作にならないで、上すべりした長篇《ちょうへん》に終ってしまいがちである。いいものを書きたいと思わない人はあるまいが、思えば書けるわけではない。むしろ、そういう気持をすてた方がうまく行く。論文でなく、報告書、レポートでも同じだ。

こどものとき実にいい字を書いたのに、大人になると、どうしてこんなことになったのかというほどあわれな字を書く人がすくなくない。こどものときは、無心である。うまく書こうとは思わないから、かえって、のびのびしたいい字になった。すこしほめられたりして自信がつくと、こんどは上手に書いて、ほめられたいという気持がおこってくる。そうすると、なかなか上達しない。文章を書くのも同じであって、①欲を出すと逆効果になる。

まだまだ書けないと思っているときでも、もう書けると、自分に言いきかす。とにかく書き出すと、書くことはあるものだ。おもしろいのは、書いているうちに、頭の中に筋道が立ってくる。頭の中は立体的な世界になっているらしい。あちらにもこちらにもたくさんのことが同時に自己主張している。イシュウシュウすべからざる状態という感じは、②そこから生じるのであろう。

書くのは線状である。一時にはひとつの線しか引くことができない。「ＡとＢとは同時に存在する」、と考えたとしても、ＡとＢとを完全に同時に表現することは不可能で、かならず、どちらかを先に、他をあとにしないではいられない。

裏から言うと、書く作業は、立体的な考えを線状のことばの上にのせることである。なれるまでは多少のウテイコウがあるのはしかたがない。ただ、あまり構えないで、とにかく書いてみる。そうすると、もつれた糸のかたまりを、一本の糸をいと口にして、すこしずつ解きほぐして行くように、だんだん考えていることがはっきりする。

また、書こうとしてみると、自分の頭がいかに混乱しているかがわかったりすることもある。そういう場合でも、とにかく書いてみようとしていれば、すこしずつだが、筋道がついてくる。

③頭の中にたくさんのことが表現を待っている。それが一度に殺到《さっとう》したのでは、どれから書いたらよいのか、わからな

二〇二四年度 順天中学校

【国　語】〈第二回Ｂ入試〉（五〇分）〈満点：一〇〇点〉

一　次の文章を読んで、後の問いに答えなさい。ただし、字数制限のある解答については、句読点・記号も一字とします。

考えをまとめようとして、なかなか思うように行かなくて、いらいらすることがある。よく調べて、材料はたっぷりあるのだが、むしろ、たっぷりありすぎるから、どうまとめたらよいか、［　※　］、というのかもしれない。

まとめ、というのは、実際やってみると、なかなか、たいへんな作業であるのがわかる。その面倒さにてこずったことのある人は、だんだん、整理したり、文章にまとめたりすることをア ケイエンするようになる。そして、ただ、せっせと本を読む。読めば知識はふえる。材料はいよいよ多くなるが、それだけ、まとめはいっそうやっかいになる。こうして、たいへんな勉強家でありながら、ほとんどまとまった仕事を残さないという人ができる。

もうすこし想を練《ね》らなくては、書き出すことはできない――卒業論文を書こうとしている学生などが、よく、そう言う。ぐずぐずしていると、時間がなくなってきて、あせり出す。あせっている頭からいい考えが出てくるわけがない。

そういうときには、

「とにかく書いてごらんなさい」

という助言をすることにしている。ひょっとすると、書くのを怖《おそ》れる気持があるのかもしれない。それで自分に口実をもうけて、書き出すのを一日のばしにする。他方では、締切りが迫ってくるという焦躁《しょうそう》も大きくなってくる。

頭の中で、あれこれ考えていても、いっこうに筋道が立たない。＊混沌《こんとん》としたままである。ことによく調べて、材料が

2022年度

順 天 中 学 校　▶解説と解答

算　数　＜第１回Ａ入試＞（50分）＜満点：100点＞

解　答

1 (1) $\frac{15}{64}$　(2) $\frac{2}{9}$　**2** (1) 15通り　(2) 60題　(3) ９分　(4) **Ａ** 55　**Ｂ** 23　(5) 41個　(6) 15度　(7) 19cm^2　(8) **ア** 1584cm^3　**イ** 1200cm^2　**3** (1) 53度　(2) **ア** ９：１　**イ** 21.6cm^2　**ウ** 43.2cm^2　**エ** 7.2cm　**4** (1) **最初** **皿Ａ** 52個　**皿Ｂ** 26個　**皿Ｃ** 22個／**操作３の後** **皿Ａ** 39個　**皿Ｂ** 33個　**皿Ｃ** 28個　(2) $\frac{1}{4}$　(3) $\frac{1}{3}$　**5** (1) 43番目　(2) 92　(3) 4410

解　説

1 **四則計算**

(1) $\frac{5}{6}\times\left(\frac{7}{8}-0.75\right)\div\frac{4}{9}=\frac{5}{6}\times\left(\frac{7}{8}-\frac{3}{4}\right)\times\frac{9}{4}=\frac{5}{6}\times\left(\frac{7}{8}-\frac{6}{8}\right)\times\frac{9}{4}=\frac{5}{6}\times\frac{1}{8}\times\frac{9}{4}=\frac{15}{64}$

(2) $1\frac{3}{5}\times\left(\frac{1}{12}+\frac{1}{20}+\frac{1}{30}\right)-\frac{2}{45}=\frac{8}{5}\times\left(\frac{5}{60}+\frac{3}{60}+\frac{2}{60}\right)-\frac{2}{45}=\frac{8}{5}\times\frac{10}{60}-\frac{2}{45}=\frac{4}{15}-\frac{2}{45}=\frac{12}{45}-\frac{2}{45}$
$=\frac{10}{45}=\frac{2}{9}$

2 **場合の数，相当算，ニュートン算，整数の性質，図形と規則，角度，辺の比と面積の比，体積，表面積**

(1)　１ｇ，２ｇ，１＋２＝３(ｇ)がはかれるので，４ｇに１ｇから３ｇを加えると，４＋１＝５(ｇ)から，４＋３＝７(ｇ)がはかれる。同様に，８ｇに１ｇから７ｇを加えると，８＋１＝９(ｇ)から，８＋７＝15(ｇ)がはかれる。よって，てんびんではかることができる重さは１ｇから15ｇの15通りある。

(2)　右の図１で，全体の，$\frac{3}{4}-\frac{2}{3}=\frac{1}{12}$が５題にあたるので，この計算練習は全部で，$5\div\frac{1}{12}=60$(題)となる。

図１
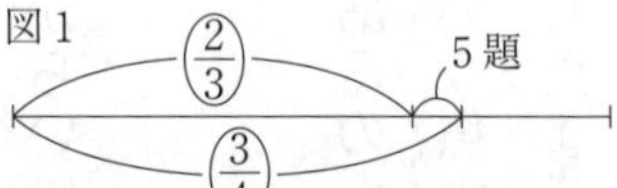

(3)　毎分80Lずつくみ出すと，水そうの水は毎分，80－50＝30(L)ずつ減っていき，満水の状態から15分で水がなくなるから，満水の水の量は，30×15＝450(L)である。毎分100Lずつくみ出すと，水そうの水は毎分，100－50＝50(L)ずつ減っていくので，水そうの水がなくなるのにかかる時間は，450÷50＝９(分)とわかる。

(4)　$A\div B$＝２余り９より，$A=B\times2+9$と表せる。また，$A+B$＝78だから，$(B\times2+9)+B$＝78と表すことができる。よって，$B\times3+9$＝78，$B\times3$＝78－９＝69より，B＝69÷３＝23，A＝78－23＝55と求められる。

(5)　枠《わく》が２個で止め具は２個，枠が３個で止め具は５個，枠が４個で止め具は８個，枠が５個で止め具は11個，…のように，枠が３個より多いとき，枠が１個ふえるごとに止め具は３個ずつふえることがわかる。よって，枠が15個のとき止め具は，２＋３×(15－２)＝41(個)となる。

(6)　下の図２のように，ＡやＢと平行な直線Ｃ，Ｄを引く。まず，ＡとＣが平行なので，アの角の大きさは45度である。また，N角形の内角の和は，180×（N－２）（度）で求められるから，六角形の内角の和は，180×（６－２）＝720(度)となり，正六角形の１つの内角は，720÷６＝120(度)である。すると，イの角の大きさは，120－45＝75(度)になり，ＣとＤが平行なので，角ウの大きさも75度となる。よって，角エの大きさは，180－75＝105(度)なので，角オの大きさは，120－105＝15(度)となり，ＤとＢが平行だから，角xの大きさは角オの大きさと同じ15度とわかる。

⑺　下の図３で，影《かげ》をつけた３つの部分の面積はそれぞれ三角形OAB，三角形OBC，三角形OCAの面積の$\frac{1}{3}$だから，影をつけた部分の面積の和は三角形ABCの面積の$\frac{1}{3}$となる。よって，ア，イ，ウの面積の和は三角形ABCの面積の，$1-\frac{1}{3}=\frac{2}{3}$になるので，三角形ABCの面積は，$(13+11+14)\div\frac{2}{3}=38\div\frac{2}{3}=57$(cm²)とわかる。したがって，影をつけた部分の面積の和は，$57\times\frac{1}{3}=19$(cm²)である。

⑻　下の図４で，この立体の底面積は，一辺12cmの正方形の面積から，たての長さが，12－３＝９(cm)，横の長さが，12－４＝８(cm)の長方形の面積を引いたものなので，12×12－９×８＝72(cm²)になる。よって，この立体の体積は，72×22＝1584(cm³)（…ア）となる。また，この立体の側面積は，切り取る前の直方体の側面積と等しいから，(22×12)×４＝1056(cm²)である。したがって，この立体の表面積は，72×２＋1056＝1200(cm²)（…イ）と求められる。

図２

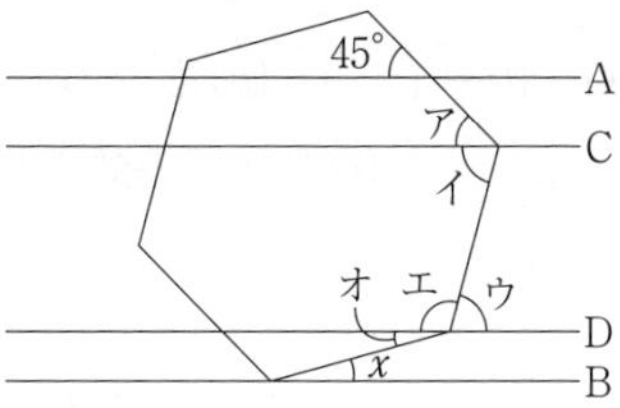

図３

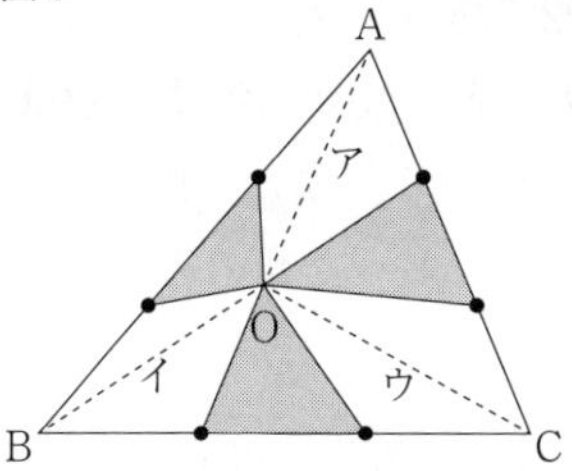

図４

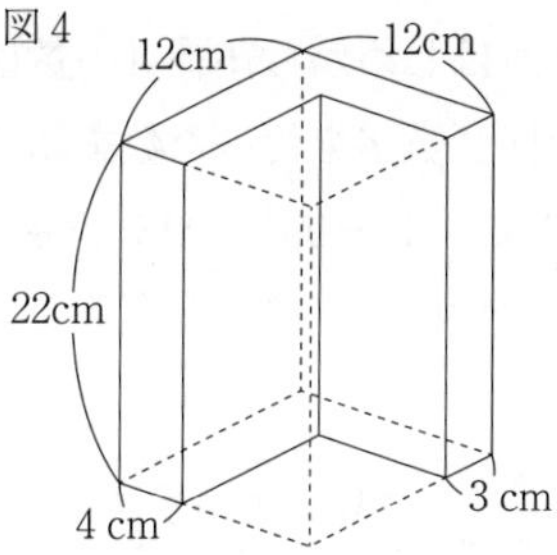

3　平面図形―角度，相似，面積

⑴　問題文中の図で，角FBEと角CBEの大きさは等しいので，角FBCの大きさは，18.5×２＝37(度)である。また，AFとBCは平行だから，角AFBの大きさは角FBCの大きさと等しく37度とわかる。よって，角xの大きさは，180－90－37＝53(度)となる。

⑵　四角形BCEFはBEを対称《たいしょう》の軸《じく》として線対称な図形だから，BEとCFは垂直に交わる。つまり，角BGCと角EGCはどちらも直角であり，角BCEも直角だから，三角形GBC，三角形GCEはどちらも三角形CBEと相似になる。よって，三角形GBCと三角形GCEは相似で，相似比は，12：４＝３：１になるから，その面積比は，（３×３）：（１×１）＝９：１(…ア)とわかる。次に，三角形CBEの面積は，12×４÷２＝24(cm²)なので，三角形GBCの面積は，$24\times\frac{9}{9+1}=21.6$(cm²)（…イ）になり，三角形FBCの面積は，21.6×２＝43.2(cm²)（…ウ）となる。さらに，ABの長さは三角形FBCで，BCを底辺としたときの高さにあたるから，43.2×２÷12＝7.2(cm)(…エ)と求められる。

4　分配算，割合

⑴　最初のＢの個数を①とすると，Ａの個数は②，Ｃの個数は(①－４)となり，①＋②＋(①－４)＝100と表せる。よって，④－４＝100，④＝100＋４＝104，①＝104÷４＝26より，最初のＢの個

数は26個，Ａの個数は，26×２＝52(個)，Ｃの個数は，26－４＝22(個)とわかる。次に，操作１で，ＡとＢの個数はそれぞれ，(52＋26)÷２＝39(個)になる。操作２，操作３ではＡの個数は変わらないので，操作３の後のＡの個数は39個となる。また，操作３の後，Ｂでは最初より７個，Ｃでは最初より６個多くなったから，操作３の後のＢの個数は，26＋７＝33(個)，Ｃの個数は，22＋６＝28(個)と求められる。

(2)　ＡからＢに移した個数は，52－39＝13(個)なので，最初のＡの個数の，13÷52＝$\frac{1}{4}$である。

(3)　操作３の後のＣの個数(28個)は，操作２の後のＣの個数の，$1-\frac{1}{5}=\frac{4}{5}$にあたるから，操作２の後のＣの個数は，28÷$\frac{4}{5}$＝35(個)とわかる。よって，操作２で，ＢからＣに移した個数は，35－22＝13(個)になり，そのときのＢの個数の，13÷39＝$\frac{1}{3}$となる。なお，３つの皿の個数は右上の表のようになる。

	皿Ａ	皿Ｂ	皿Ｃ
最初	52個	26個	22個
操作１の後	39個	39個	22個
操作２の後	39個	26個	35個
操作３の後	39個	33個	28個

5 数列

(1)　同じ数字を使った数をふくめると，10から57まで，57－10＋１＝48(個)の数がある。そこから，11，22，33，44，55の５個を除くので，57ははじめから，48－５＝43(番目)とわかる。

(2)　10台，20台，30台，…にそれぞれ９個ずつ数がある。この９個を１組とすると，はじめから75番目までには，75÷９＝８余り３より，８組と，さらに３個の数がある。よって，90，91，92，…より，はじめから75番目の数は92である。

(3)　同じ数字を使った数をふくめると，10から99まで数は，99－10＋１＝90(個)あるので，その数の和は，(10＋99)×90÷２＝4905になる。また，除いた，11，22，…，99の９個の数の和は，(11＋99)×９÷２＝495となる。よって，並べた数の和は，4905－495＝4410と求められる。

社　会　＜第１回Ａ入試＞（30分）＜満点：60点＞

解　答

1 **問1**　ウ　　**問2**　①　エ　　②　カ　　**問3**　偏西風　　**問4**　長崎(県)　　**問5**　ア　　**問6**　松江(市)　　**問7**　ハザードマップ　　**問8**　ア　　**問9**　銘柄(ブランド)(米)　　**問10**　①　ウ　　②　エ　　**問11**　やませ　　**問12**　エ　　**問13**　(例)　農業従事者の高齢化での人手不足　　**2** **問1**　**あ**　朱印船(貿易)　　**い**　富岡製糸場　　**う**　渋沢栄一　　**問2**　校倉造　　**問3**　ウ　　**問4**　卑弥呼　　**問5**　前方後円墳　　**問6**　イ　　**問7**　ア　　**問8**　応仁の乱　　**問9**　イ　　**問10**　ウ　　**問11**　文明開化　　**問12**　エ　　**問13**　(例)　生糸の主要な輸出相手国であったアメリカで世界恐慌が始まり，輸出量が減少したため。　　**3** **問1**　**あ**　菅義偉　　**い**　ワクチン　　**う**　岸田文雄　　**え**　臨時(国会)　　**お**　イスラム(教)　　**か**　津波　　**き**　東日本大震災　　**問2**　イ　　**問3**　イ　　**問4**　55(年体制)　　**問5**　国会議員　　**問6**　イ　　**問7**　ア　　**問8**　ウ　　**問9**　ウ　　**問10**　イ，エ

解　説

1 2021年のできごとを題材とした問題

問1　ア　バチカン市国は，イタリアの首都ローマの中にある。　　イ　アメリカ合衆国本土は，

北半球に位置している。　ウ　ハワイ島はアメリカ合衆国に属しているので，正しい。　エ　アメリカ合衆国は，世界第３位となる約3.3億人の人口をかかえ，人口密度は１km²あたり約34人となっている。統計資料は『日本国勢図会』2021／22年版による(以下同じ)。

問２　①　和歌山県の高野山には，真言宗の開祖である空海の開いた金剛峰寺《こんごうぶじ》がある。最澄《さいちょう》は天台宗の開祖で，比叡山《ひえいざん》(京都府・滋賀県)に延暦寺《えんりゃくじ》を開いた。　②　温暖な気候を好む作物であるみかんは，生産量全国第１位の和歌山県のほか，愛媛県や静岡県，九州地方の各県など，温暖な地域での生産量が多い。かきの生産量は和歌山県が全国第１位で，奈良県がこれにつぐ。うめは，全国生産量のおよそ７割を占《し》める和歌山県が第１位で，群馬県が第２位となっている。

問３　偏西風《へんせいふう》は，30～65度の中緯度を常に西から東へと吹《ふ》く風で，世界の気候に大きな影響《えいきょう》を与えている。

問４　雲仙《うんぜん》市は，長崎県南東部の島原半島に位置している。

問５　ア　大分県の別府市について，正しく説明している。　イ　福沢諭吉は，現在の大分県中津市にあたる豊前《ぶぜん》中津藩の藩士の子として，大坂(大阪)で生まれた。　ウ　大分県で最も人口が多いのは，県庁所在地の大分市である。　エ　別府市は，特に林業がさかんとはいえない。

問６　島根県の県庁所在地は県北東部に位置する松江市で，松江城の城下町として発展した。

問７　地震・洪水・火山の噴火などの自然災害ごとに，危険度や予想される被害の大きさ，避難《ひなん》場所，避難経路などを記した地図をハザードマップという。地方自治体などによって作成され，防災・減災に役立てられている。

問８　きゅうりの生産量は，温暖な気候を生かした促成《そくせい》栽培がさかんな宮崎県が全国第１位で，近郊農業のさかんな関東の各県も上位に入る。なお，だいこんは北海道，なすは高知県，ほうれん草は埼玉県が生産量全国第１位(2019年)。

問９　産地や品種が登録された米はブランド米(銘柄《めいがら》米)とよばれ，こしひかりやはえぬきのほか，あきたこまちやゆめぴりかなど，各地でさまざまなものがつくられている。

問10　①　青森県の六ヶ所村には，使用済みの核燃料を再び利用できるようにするための核燃料再処理工場が立地している。なお，2022年時点で，日本にアルミニウム精錬《せいれん》工場はない。地熱発電所は火山や温泉のある山間部に多く，青森県北西の沿岸部に位置する六ヶ所村にはない。宇宙センターは，茨城県のつくば市や鹿児島県の種子島《たねがしま》にあるものがよく知られるが，六ヶ所村にはない。　②　伝統的工芸品の将棋《しょうぎ》の駒《こま》づくりがさかんなことで知られる天童市は，山形県東部に位置している。なお，アは青森県弘前市，イは秋田県大館《おおだて》市，ウは岩手県盛岡市。

問11　東北地方の太平洋側では，初夏から真夏にかけて，やませとよばれる北東風が吹くことがある。やませは寒流の千島海流(親潮)の上を吹き渡ってくるため冷たく湿っており，霧《きり》などを発生させる原因となる。これが長く続くと日照不足や低温によって冷害が発生することがある。

問12　日本の食料自給率は先進国の中で特に低く，多くの食料を輸入に頼っている。特に大豆の自給率は低く，10％以下で推移している。なお，日本の魚介《ぎょかい》類の自給率は50％程度となっている。鮮度が重視され，輸入が難しい卵と，主食である米は，ほぼ100％を自給できている。

問13　Ｘのあとに「その問題を解決するためにも農業の担《にな》い手を確保することが大切です」とあることから，農業の担い手が不足してきている理由を書く必要がある。日本で農業の担い手が不足している理由として，農業従事者が高齢化する一方で，あとをつぐ人が増えないことがあげられる。

2 各時代の歴史的なことがらについての問題

問1　**あ**　豊臣秀吉や徳川家康は朱印状《しゅいんじょう》という海外渡航許可証を大名や商人らに与えた。大名や商人らはおもに東南アジアで貿易を行った。この貿易は，朱印状をたずさえた船である朱印船によって行われたことから，朱印船貿易とよばれる。　**い**　明治時代初め，養蚕業がさかんだった群馬県の富岡に，官営の富岡製糸場がつくられた。富岡製糸場は，フランスの技術を導入して1872年に操業を開始した。　**う**　渋沢《しぶさわ》栄一は埼玉県の豪農の出身で，1873年に日本で最初の銀行である第一国立銀行を設立したほか，数多くの企業の設立や経営に関わったことから，「日本資本主義の父」ともよばれる。2024年発行の新１万円札には，渋沢栄一の肖像《しょうぞう》が用いられる。

問2　東大寺の正倉院は，断面が三角形の長材を組んで壁とする，校倉《あぜくら》造という建築様式でつくられている。

問3　中国の古い歴史書『漢書』地理志によると，弥生時代にあたる紀元前１世紀ごろの倭《わ》(日本)には100余りの小国があり，中には漢(中国)の皇帝に使いを送る国もあった。なお，アは古墳時代，イとエは飛鳥時代にあてはまる。

問4　中国の古い歴史書『魏志《ぎし》』倭人伝には，３世紀の日本に邪馬台国《やまたいこく》という強国があり，女王の卑弥呼《ひみこ》がまじないによって国を治めていたことや，239年に魏(中国)に使いを送り，皇帝から「親魏倭王」の称号や金印，銅鏡などを授けられたことが記されている。

問5　前方後円墳は，円形と四角形(方形)を組み合わせた形の古墳で，大型の古墳のほとんどが前方後円墳である。

問6　奈良時代には律令制度にもとづいた政治が行われ，農民にはさまざまな税や労役の義務が課された。このうち，租は収穫量の約３％の稲を納める税，調は地方の特産物を納める税，庸《よう》は労役のかわりに布を納める税で，調と庸は農民がみずから都に運んで納めなければならなかったため，大きな負担となった。雑徭《ぞうよう》は，国司のもとで60日以内の労働につくという労役である。

問7　ア　足利義満が1404年に始めた日明貿易は，日本の支配者が中国の皇帝に服従するという朝貢《ちょうこう》形式で行われたので，正しい。　イ　大輪田泊《おおわだのとまり》は現在の神戸港(兵庫県)の一部にあたり，平清盛が日宋貿易を行うさいに整備した。　ウ「モンゴルや高麗《こうらい》の兵の船」ではなく，「倭寇《わこう》の船」が正しい。倭寇とは，日本の武装商人団や海賊《かいぞく》のことである。　エ　鉄砲や火薬は，16世紀以降にスペイン人やポルトガル人との間で行われた南蛮《なんばん》貿易でさかんに輸入された。

問8　1467年，室町幕府の第８代将軍足利義政の跡継《あとつ》ぎ争いに，有力守護大名の山名氏・細川氏の対立などが結びついて，応仁の乱が起こった。このとき，山名氏が率いた西軍が陣地《じんち》を置いたところが，のちに西陣とよばれるようになり，西陣織という高級絹織物の産地として発展した。

問9　A　1615年，江戸幕府は大名を統制するために武家諸法度《しょはっと》を出し，以後，原則として将軍の代がわりごとに多少の修正が加えられた。武家諸法度では，無許可での城の改築が禁止されたり，第３代将軍徳川家光が行った改定によって参勤交代が制度化されたりした。　B　江戸幕府の大老井伊直弼《なおすけ》は，幕府の政策に批判的な大名らを安政の大獄《たいごく》(1858～59年)で処罰《しょばつ》したが，その報復として1860年に桜田門外の変で暗殺された。

問10　近松門左衛門《もんざえもん》は，江戸時代前半に栄えた元禄《げんろく》文化を代表する歌舞伎《かぶき》・人形浄瑠璃《じょうるり》の脚本《きゃくほん》家で，代表作に『曾根崎心中《そねざきしんじゅう》』や『国性爺合戦《こくせんやかっせん》』がある。なお，「見返り美人図」は菱川師宣《ひしかわもろのぶ》の浮世絵，『奥の細道』は松尾芭蕉《ばしょう》の俳諧《はいかい》紀行文，『日本永代蔵《えいたいぐら》』は井原西鶴《さいかく》の浮世草子。

問11　明治時代初めには，政府が積極的に近代化と西洋化を進めたことから，文化や生活の面でも急速な欧米化が見られた。この変化を，文明開化という。

問12　ア　1960年に成立した池田勇人《はやと》内閣は，国民所得倍増計画を発表して高度経済成長を後押しした。田中角栄内閣は1972年に成立したが，翌年には石油危機（オイルショック）が起こって高度経済成長が終わった。　イ　東海道新幹線は，同年に開催される東京オリンピックに合わせて，1964年に開通した。　ウ　高度経済成長期には公害問題が相次いだことから，1967年に公害対策基本法が施行された。環境基本法はこれにかわる法律として，1993年に施行された。　エ　高度経済成長期には電化製品が家庭に普及《ふきゅう》し，その前半には白黒テレビ・電気冷蔵庫・電気洗濯《せんたく》機が「三種の神器」とよばれて人気を集めた。

問13　1929年，アメリカ合衆国のニューヨーク株式市場で株価が大暴落し，ここから世界恐慌《きょうこう》とよばれる不景気が世界中に広がった。当時，アメリカは日本の生糸の最大の輸出先であったが，世界恐慌によって輸出が激減し，日本経済に大きな影響を与えた。

3 現代の日本と世界についての問題

問1　**あ，い**　菅義偉《すがよしひで》内閣は2020年9月に成立し，2021年10月まで続いた。その間には，新型コロナウイルス感染症《しょう》の拡大を防ぐため，複数回にわたって緊急《きんきゅう》事態宣言が出された。また，感染拡大と感染による重症化を防ぐため，ワクチン接種が進められた。　**う，え**　2021年10月，自由民主党（自民党）の総裁選挙に勝利した岸田文雄は，同月に召集《しょうしゅう》された臨時国会で内閣総理大臣に指名された。なお，この臨時国会で衆議院が解散され，その後，特別国会が招集されたが，ここでも岸田文雄が内閣総理大臣に指名された。　**お**　アルカイダはイスラム教過激組織で，2001年9月にはアメリカ同時多発テロを引き起こした。　**か，き**　2011年3月11日，東北地方の三陸海岸沖を震源とするマグニチュード9.0の巨大地震（東北地方太平洋沖地震）が発生した。このとき，地震の揺《ゆ》れで巨大津波が発生し，東日本の太平洋側に押し寄せて大きな被害をもたらした。この一連の大災害は，東日本大震災とよばれる。

問2　バブル経済の時期は，1980年代後半から1990年代前半にあたる。アジアで初めての開催となるオリンピックは，高度経済成長期の1964年に東京で開催された。

問3　2021年に開催された東京オリンピック・パラリンピックでは，新型コロナウイルス感染症の拡大を防ぐため，海外からの観客は受け入れられなかった。

問4　1955年，分裂していた日本社会党が統一されると，これに対抗して日本民主党と自由党が合同し，鳩山《はとやま》一郎を党首とする自由民主党が誕生した。この後，与党の自由民主党が野党の日本社会党と対立する政治体制が続き，これは成立した年から「55年体制」とよばれた。「55年体制」は，1993年に非自民・非共産の8会派からなる細川護熙《もりひろ》政権が成立したことで崩壊した。

問5　日本国憲法第67条1項の規定にもとづき，内閣総理大臣は，国会議員の中から国会の議決で指名される。

問6　アフガニスタンでは，2001年のアフガニスタン戦争によって当時のタリバン政権が倒され，アメリカ合衆国の主導によって民主的な政権が成立した。しかし，2020年にアメリカ軍がアフガニスタンからの撤退《てったい》を表明すると，タリバンは再び勢力を拡大し，2021年8月には首都カブールを制圧して政権を取りもどした。

問7　ア　1992年にPKO（国連平和維持活動）協力法が成立すると，自衛隊がPKOとして初めてカンボジアに派遣された。よって，正しい。　イ 「ベトナム戦争」ではなく「朝鮮戦争」が正しい。　ウ 自衛隊のおもな任務は国の防衛だが，災害派遣や国際協力も行っている。　エ 日本国憲法は2022年２月時点で公布から一度も改正されておらず，自衛隊の存在は日本国憲法には明記されていない。

問８　2011年に東京電力福島第一原子力発電所で重大な事故が起こると，全国の原子力発電所が点検などのために次々と稼働《かどう》を停止した。その後，厳しい基準を満たし，地元の同意を得られた原子力発電所が再稼働しているが，発電電力量は2011年以前に比べて激減した。なお，アは水力，イは火力，エは太陽光。

問９　弾劾《だんがい》裁判所は，裁判官として不適切な言動のあった裁判官を裁くために国会内に設置される。国会議員が裁判官を務め，不適任と判断された裁判官は罷免《ひめん》(やめさせること)される。

問10　Ａのアメリカ同時多発テロは2001年，Ｂの東北地方太平洋沖地震は2011年のできごとである。アは1985年，イは2005年，ウは1988年(消費税の導入は1989年)，エは2003年，オは1991年のできごとなので，イとエがあてはまる。

理　科　＜第１回Ａ入試＞（30分）＜満点：60点＞

解　答

1 **問１**　①　**問２**　(例)　解説の図を参照のこと。　**問３**　③　**問４**　(例)　２匹のメダカの距離がほぼ一定なので，中央のメダカが移動しても，それに合わせて他方の個体がついていくことがわかるから。　**2** **問１**　50cm^3　**問２**　0.32ｇ　**問３**　250cm^3　**問４**　解説の図を参照のこと。　**3** **問１**　ア　①　イ　④　ウ　⑧　**問２**　西(から)東(へ公転している。)　**問３**　(例)　月の公転軌道が，地球の公転軌道に対して傾いているから。　**問４**　コロナ　**4** **問１**　(1)　2.52秒　(2)　0.90秒　**問２**　400ｇ　**問３**　400ｇ　**問４**　解説の図を参照のこと。

解　説

1 **アユとメダカの生態についての問題**

問１　アユの密度が2.3匹《ひき》/m^2くらいまでは，群れをつくったアユの総個体数はあまりふえず，群れをつくらなかったアユの総個体数は密度にほぼ比例してふえている。密度が2.3匹/m^2になると，群れをつくったアユの総個体数は急激にふえ，群れをつくらなかったアユの総個体数は急激に減っている。密度が2.3匹/m^2より大きくなると，群れをつくったアユは密度に比例してふえているが，群れをつくらなかったアユはふえていない。これより，生息地におけるアユの密度が大きいとき，つまり，アユの数が多いとき，アユは群れをつくると考えられる。

問２　メダカのヒレの種類とその枚数は，胸ビレ，腹ビレが２枚ずつ，背ビレ，しりビレ，尾《お》ビレが１枚ずつである。ここでは，メダカの左側をみたときにみることができるヒレをかくのだから，尾ビレ以外の，胸ビレ，腹ビレ，背ビレ，しりビレを１枚ずつかけばよい。ヒレの位置と大きさに気を付けてかくと，右上の図のようになる。

問３　結果のグラフから，２匹のメダカの距離《きょり》は近くなったり遠くなったりを繰《く》り返す。これは，メダカが動いたり止まったりを繰り返しているため，測定するタイミングによって，２匹のメダカの距離にばらつきがでるからだといえる。

問４　問３で述べたことと，結果のグラフから，メダカは動いたり止まったりを繰り返しているにもかかわらず，２匹のメダカの距離が2.0cm前後でほぼ一定になっている。このことから，メダカは群れで生活すると推定できる。

２　塩酸とアルミニウムの反応についての問題

問１　塩酸の濃《こ》さは変えずに体積を0.5倍にすると，塩酸にとけている塩化水素の量も0.5倍になるため，発生する水素の体積は，100×0.5＝50(cm^3)になる。

問２　はじめの決まった量の塩酸と過不足なく反応するアルミニウムの重さは0.08ｇで，このとき水素が100cm^{3}発生している。したがって，塩酸の濃さを４倍にしたときに反応するアルミニウムの最大の重さは，0.08×４＝0.32(ｇ)である。

問３　塩酸の体積を2.5倍にしたときに過不足なく反応するアルミニウムの重さは，0.08×2.5＝0.2(ｇ)である。これより，体積を2.5倍にした塩酸に，アルミニウムを0.4ｇ加えたとき，アルミニウムの一部は反応しないでとけ残る。よって，このとき発生する水素の最大の体積は，100×2.5＝250(cm^3)と求められる。

問４　左側のろうと管は塩酸を入れたときに液につかるように十分に長くし，右側のＬ字管(ガラス管)は，発生した気体が出やすいように短くする。したがって，右の図のようになる。

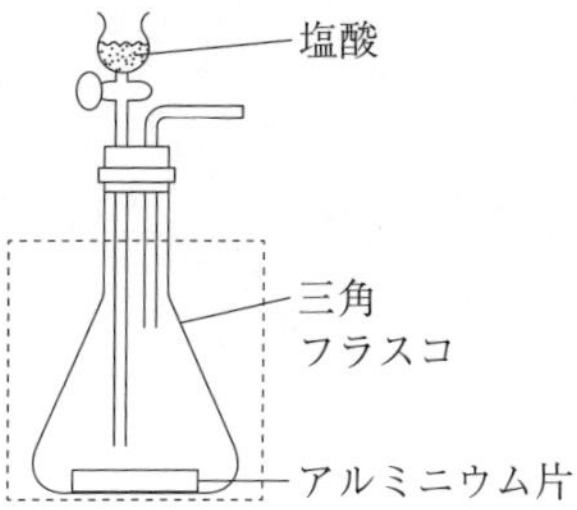

３　月食と日食についての問題

問１　地球から見て，月が太陽と反対側にあるときに見える月を満月といい，満月のときに太陽―地球―月がこの順に一直線に並ぶと，月全体または一部が地球の影《かげ》に入って欠けて見える。この現象を月食といい，特に月全体が地球の影に入ったときの月食を皆既《かいき》月食という。

問２　月食のとき，月は東(左)の方からだんだんと欠けていく。これは，月が西から東へ地球のまわりを公転していて，月の東側から地球の影に入るからである。また，同じ理由で，地球の影に入っていた月が再び現れてくるときも，東の方からだんだんと満ちてくる。

問３　月の公転軌道《きどう》が地球の公転軌道に対して少し傾《かたむ》いているため，満月のたびに月食が観測されるわけではない。

問４　太陽が月に隠《かく》される現象を日食といい，太陽全体が月に完全に隠されるときの日食を皆既日食という。皆既日食のときには中心部の光がさえぎられるため，太陽のまわりに白く光り輝《かがや》くコロナという気体の層を観察することができる。

４　おもりの運動，滑車《かっしゃ》の性質，電熱線の発熱についての問題

問１　(1)　表１より，糸の長さを，40÷10＝４(倍)にすると，１往復する時間が，1.26÷0.63＝２(倍)になっていることがわかる。したがって，糸の長さを40cmの４倍の，40×４＝160(cm)にしたときにおもりが１往復する時間は，1.26×２＝2.52(秒)になる。　(2)　おもりが１往復する時間はおもりの重さに関係しない。したがって，おもりの重さを200ｇにしても，糸の長さが20cmのときにおもりが１往復する時間は0.90秒となる。

問２　滑車Ｂとおもりは見かけ上２本のロープで支えられているから，ロープ１本あたりにかかる重さは，(200＋600)÷２＝400(g)である。滑車Ａは定滑車で，力の向きを変えているだけなので，太郎君が入れている力も400gとなる。

問３　問２と同じように，滑車Ｂとおもりは見かけ上２本のロープで支えられているので，ロープ１本あたりにかかっている重さは，(600＋200)÷２＝400(g)である。したがって，太郎君が入れている力も400gである。

問４　20.0℃の水の量を，200÷100＝２(倍)にして同じ実験を行うと，決まった時間に上昇《じょうしょう》する水温は$\frac{1}{2}$になる。したがって，５分後の水の上昇温度は，(27.0−20.0)÷２＝3.5(℃)となり，５分後の水温は，20.0＋3.5＝23.5(℃)となる。その様子をグラフに表すと右の図のようになる。

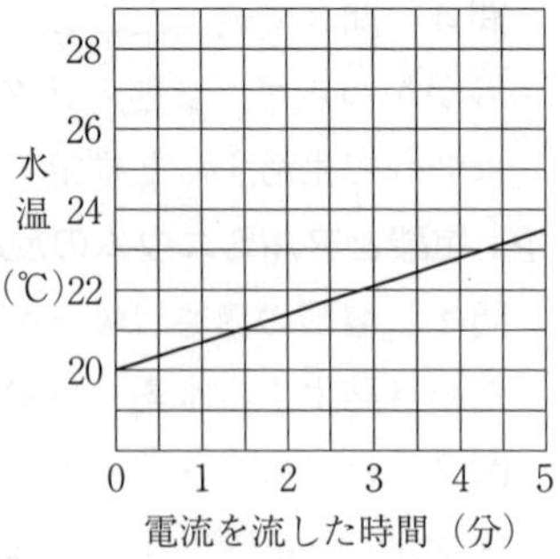

国語 ＜第２回Ｂ入試＞（50分）＜満点：100点＞

解答

一 **問１** 下記を参照のこと。 **問２** ア **問３** イ **問４** （例） 頭の中にあるたくさんのことが同時に自己主張していること。 **問５** ウ **問６** ア **問７** エ **問８** （例） 話し合いのとき，考えがなかなかまとまらず，みんながいらいらしていた。そのため私はそれぞれの考えの共通点を見つけ，話を広げていきみんなの考えていることを整理し，その話し合いを乗り切った。 二 **問１** **ア** せんめい **イ** あっけ **ウ** ともな(って) **エ** もさく **オ** しんだん **問２** **Ａ** ウ **Ｂ** イ **Ｃ** ア **問３** ウ **問４** （例） 突然倒れてしまった夕美を前にただオロオロするだけで，役に立つ行動を何も取れなかったから。 **問５** **１** 感情を揺らしちゃいけない **２** 楽しい感じ **問６** イ **問７** エ **問８** 何にもなれ～つかない。 **問９** （例） 自分がずっとそばにいることで，夕美がいつでも喜怒哀楽を表現できるようにすること。

●漢字の書き取り

一 **問１** ア 敬遠 イ 収拾 ウ 抵抗 エ 労力 オ 純化

解説

一 **出典：外《と》山《やま》滋《しげ》比《ひ》古《こ》『思考の整理学』。**筆者は文章を書くときの心構えとして，頭の中で考えていることを先にまとめようとするのではなく，書きながら筋道を立てて推敲《すいこう》を重ねるようすすめている。

問１ **ア** 遠ざけて正面から向き合わないこと。 **イ** 事態が落ち着くこと。 **ウ** 従うまいと逆らったりあらがったりすること。 **エ** 手間や苦労。 **オ** 純度が高まること。

問２ 「途方《とほう》にくれる」は，“どうしたらよいか皆目《かいもく》見当もつかず，戸惑《とまど》う”という意味。ここでは，考える材料が多すぎてかえって考えがまとまらず，頭を抱《かか》えるようすを表す。

問３ 前の部分で筆者は，字を書くことを例にあげながら，「こどものとき」は「うまく書こう」とせず「無心」でいるので「のびのびしたいい字」になるが，「ほめられたい」と思うようになるとかえって伸《の》び悩《なや》むと説明している。文章を書くときも，「いいものを書きたい」と思うと力が入ってしまってあだになるのだから，イがふさわしい。

問４ 前の部分で筆者は，「頭の中」は「立体的な世界」になっており，あちこちで「たくさんのことが同時に自己主張している」と説明している。このような状態が，考えがまとまらないという感覚につながるのだろうというのである。

問５ 頭の中で展開されている「たくさんのこと」，すなわち思考が，まるで人間のような意思をもっているかのように「表現を待っている」と言い表されているので，人でないものを人に見立てる，ウの「擬人法《ぎじんほう》」が正しい。

問６ 本文を通じて筆者は，「書き始める」，「推敲する」，「ひとに話してみる」，「書いたもの」を「音読する」など，頭の中のことを自分の外に向かって「表現してみる」ことをすすめており，「チャンネル」はそのための手段を意味する。本を読むことは，これらとは反対に，情報や考えを自分の中に取り入れることなので，アが正しくない。

問７　筆者は『平家物語』について，琵琶《びわ》法師たちによって長年「くりかえし語られ」る中で表現が磨《みが》かれたため，複雑な筋も整然と頭に入ってくると述べ，「頭脳明晰《めいせき》」な印象を与《あた》えるとしている。よって，エがふさわしい。

問８　本文を通じて筆者は，材料が多すぎてかえって考えがまとまらないことがあると述べたうえで，書いたり口に出したりと行動に移すことで思考の整理が進むと論じている。そのように思考がまとまらず苦労したことについて，自分自身の経験や感じた思い，乗り越《こ》えた方法などを具体的に書くとよい。そのさい，主語と述語が対応しているかや，誤字・脱字《だつじ》はないか，文脈にねじれはないかなどにも注意する。

二　**出典：加納朋子《かのうともこ》『カーテンコール！』**。ほかの人には当たり前のことができず，自分を好きになれずにいる朝子《あさこ》は，友人の夕美《ゆみ》がたびたび倒《たお》れるようになったことをきっかけに，心の内を本音で語り合う。

問１　**ア**　あざやかで印象的なさま。　**イ**　「呆気《あっけ》にとられる」は，“おどろいて何も言えなくなる”という意味。　**ウ**　音読みは「ハン」「バン」で，「伴侶《はんりょ》」「伴奏」などの熟語がある。

エ　何かを求めて試行錯誤《しこうさくご》すること。　**オ**　診察《しんさつ》により病気やけがなどを特定すること。

問２　**Ａ**　学生たちが，校医さんを伴って戻《もど》ってきたのだから，集団が口々に何かを話しているさまを表す「ざわざわと」が合う。　**Ｂ**　力のぬけた朝子が地面にへたりこんでいるので，何かと何かが面で密着するさまを表す「ぺたんと」がよい。　**Ｃ**　毎朝同じ時間に起きる社会人の規則正しさを形容する言葉なので，整然としたさまを表す「きちっと」がふさわしい。

問３　「月とすっぽん」は，似ているようでまったく異なるさま。朝子はそれまで夕美と自分は似た者同士だと思っていたが，夕美の事情を知り，「単なる怠《なま》け者」の自分と病気の夕美とではまるでわけが違《ちが》うと認識《にんしき》をあらためている。

問４　前の部分で朝子は，いきなり倒れてしまった夕美を前にただ「棒立ち」になるばかりで声も出ず，助けを呼ぶことも思いつけずにいる。ほかの人たちが校医さんを呼びに行ったのを見て，朝子は非常事態に「役に立つ行動」ができない自分を責めていることがわかる。

問５　**１**　空欄《くうらん》Ｂに続く部分で夕美は，「ナルコレプシー」という病気の発作《ほっさ》をおさえるため，自分は「感情を揺《ゆ》らしちゃいけない」らしいと話している。　**２**　ぼう線⑤に続く部分で夕美は，感情を揺らしてはいけないからこそ，あえて心を「楽しい感じ」で一定に保つようにしていると明かしている。

問６　前の部分には，ほかの人にとっては「当たり前」のことが苦手で「遅刻魔《ちこくま》」である朝子が，変えられない自分の性質のために信用や友達を失いながら「劣等感《れっとうかん》」や「自己嫌悪《じこけんお》」を感じて生きてきたこと，夕美に出会ってからは夕美も自分に似ていると考え，「少しだけ気が楽になっていた」ことが書かれている。しかし問３でみたとおり，病気と診断されている夕美とそうではない朝子の事情は異なっており，朝子は知らずに同類だと思って安心していた自分を「恥《は》ずかし」く思っているのだから，イがふさわしい。

問７　時々泣きそうな顔をしているのはなぜかと夕美に問われた朝子は，祖母が倒れても何もできなかった過去や，それ以来「嫌《いや》なことから逃《に》げる」ようになった「卑怯《ひきょう》」さを振《ふ》り返り，そんな自分が「大嫌《だいきら》い」なのだと話している。朝子は夕美の言葉で自分の本質を指摘《してき》され，わかっていながら向き合ってこなかった自分の弱さや辛《つら》さを思い起こして自然に涙《なみだ》を流していたと想像できる。

よって，エが合う。

問８　大学を卒業できず，何の肩書《かたが》きもなく生きていくことが「怖《こわ》かった」と話す夕美の告白を受け，朝子は自分やほかの人も似たような気持ちを抱《かか》えていると考えている。この恐怖心《きょうふしん》は，「何にもなれない。何者でもない。将来どころか，明日明後日《あさって》のことですら，おぼつかない」という朝子の心の中の言葉で言い表されている。

問９　前の部分で夕美は，感情を揺らしてはいけないはずの自分が朝子と一緒《いっしょ》にいると，心が豊かに動き，危《あぶ》ないけれど生きている実感があって楽しいと言い，笑顔《えがお》を見せている。その言葉を受け，朝子は「責任持って」自分が夕美を守るので，いくらでも感情を揺らしてよいと宣言《せんげん》している。朝子はこれからも夕美のそばで過ごしながら，夕美を守れるくらい強い人になろうと決意したのである。

2022年度　順天中学校

〔電　話〕　03(3908)2966
〔所在地〕　〒114－0022　東京都北区王子本町１－17－13
〔交　通〕　JR京浜東北線・地下鉄南北線 — 王子駅より徒歩３分

【算　数】〈第１回Ｂ入試〉（50分）〈満点：100点〉

1　次の計算をしなさい。

(1)　$\frac{4}{5}\div\left(1\frac{3}{4}\times2\frac{2}{7}-3\frac{1}{11}\right)=$ □

(2)　$2.2\div\left(5\frac{1}{4}-\frac{7}{8}\times\frac{11}{21}+1\frac{1}{6}\right)=$ □

2　次の □ にあてはまる数を求めなさい。

(1)　異なる整数A，B，Cがあり，どれも１桁《けた》の整数で，小さい順にA，B，Cです。このとき，$A\times B+B\times C=50$ となるのは，例えば，$A=1$，$B=5$，$C=9$ で，これを(1，5，9)と表すことにします。$A\times B+B\times C=50$ となる(A，B，C)は，例に示したものも含《ふく》めて □ 組あります。

(2)　男子４人，女子４人の合計８人のグループから，男子２人の選び方は［ア］通りあり，男子２人と女子２人の合計４人の選び方は［イ］通りあります。

(3)　図のような内側の直径が2.4cmで，外側の直径が３cmのリングがあります。これと同じリングを □ 個つないで，まっすぐのばすと全体の長さは27cmになります。

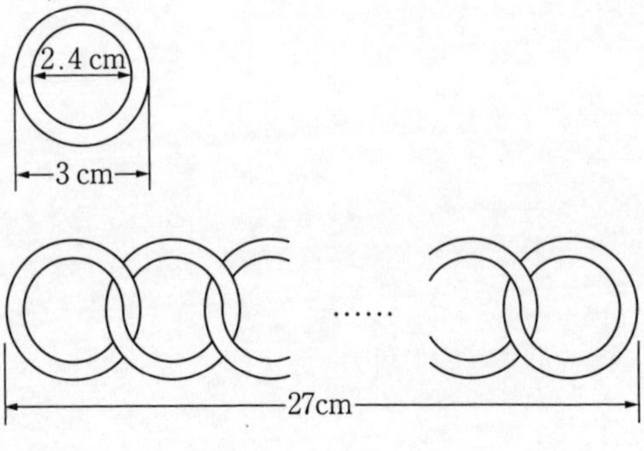

(4) 濃度《のうど》7.5％の食塩水をつくります。食塩を15ｇ使うとき，水は□ｇ必要です。

(5) 果物をカゴに入れます。１カゴに12個ずつ入れると，36個がカゴに入りません。１カゴに15個ずつ入れると，最後の１カゴだけが３個入りになってしまいます。カゴは［ア］個，果物は［イ］個あります。

(6) 図のように，円Ｏの円周上に等間隔に９個の点があります。xは□度です。また，９個の点のうち，となり合う２点を使って正方形をつくります。yは□度です。

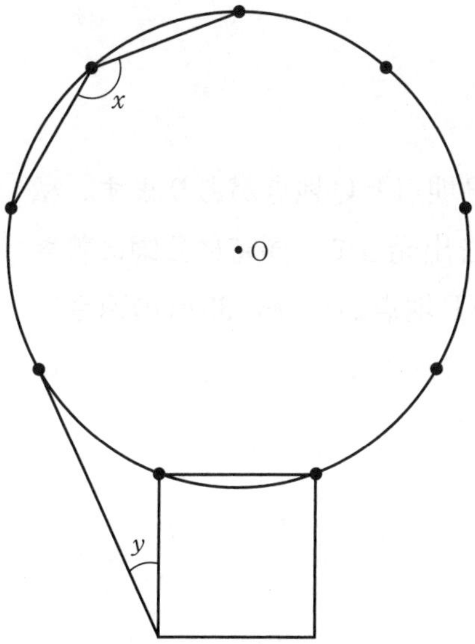

(7) 図は，台形から直角二等辺三角形を切り取った図形です。この図形を軸《じく》を中心に１回転してできる立体の体積は□cm^3です。円周率は3.14とします。

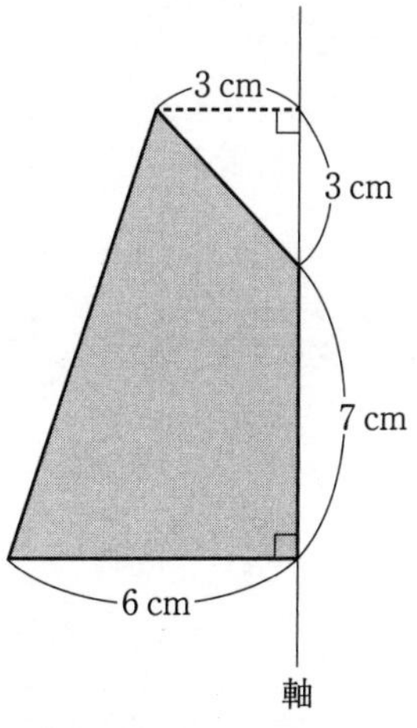

(8) 図は，底面が正方形で，側面がすべて同じ三角形でできた四角すいです。点Ｐから最短で側面を１周するようにひもをかけました。ひもの長さはAPの長さと同じでした。このとき，角BACの大きさは［　　　］度です。

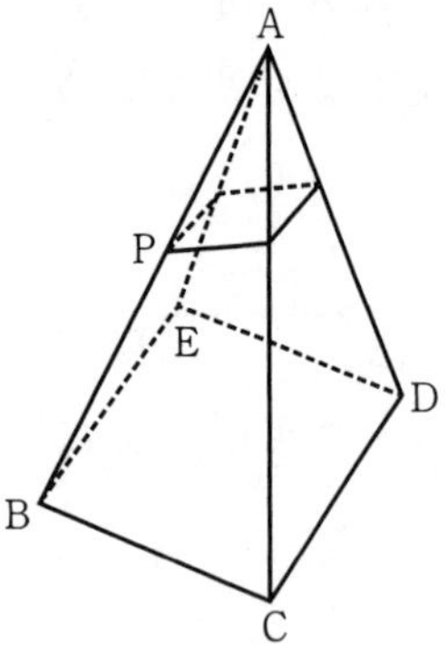

3 家から公園までの道のりは700ｍで，途中《とちゅう》に，Ｐ地点とＱ地点があります。私と妹は家から公園まで行きました。２人は同時に家を出発して，同時に公園に着きました。私は，最初毎分70ｍの速さで行き，途中のＰ地点から毎分35ｍの速さにしました。妹は，途中のＱ地点からそれまでの1.5倍の速さにしました。グラフは，２人が進んだ様子を表しています。次の問いに答えなさい。

(1) グラフのaにあてはまる数を求めなさい。

(2) Ｐ地点からＱ地点までの道のりを求めなさい。

(3) 私と妹が100ｍ離《はな》れたのは，２人が同時に家を出発してから何分後と何分後ですか。

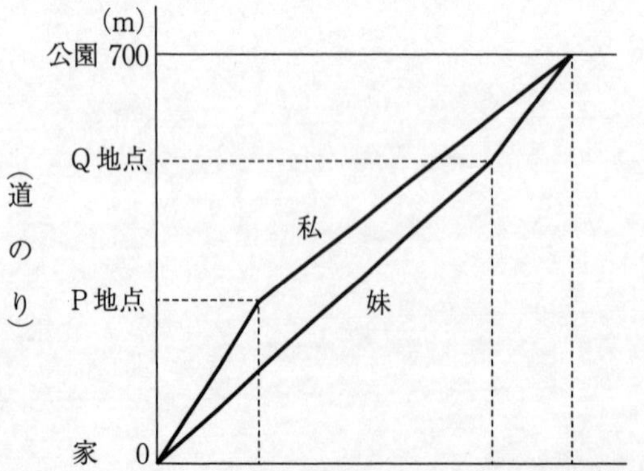

4　図のように，１辺が３cmの正方形12個をすき間なく，重なることなく並べました。点Aと点Cを直線で結び，点Bと点Dを直線で結び，ACとBDの交点をPとします。次の問いに答えなさい。

(1)　xの長さを求めなさい。

(2)　AP：PCを，最も簡単な整数の比で答えなさい。

(3)　三角形PBCの面積を求めなさい。

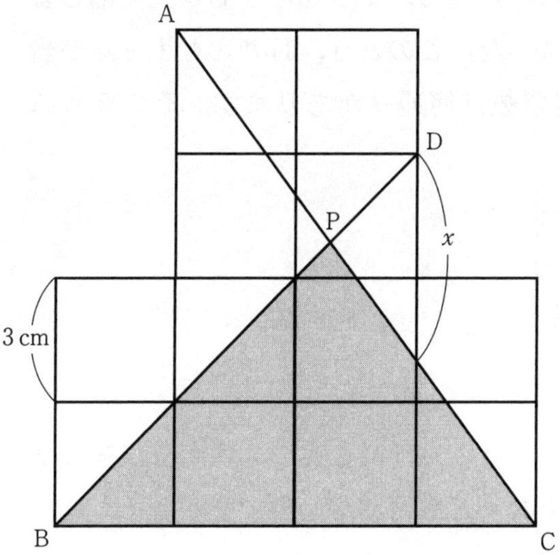

5　中学１年生が100人います。この中から，１人１票を投票し，学年代表を選びます。次の問いに答えなさい。

(1)　学年代表１人を選ぶとき，ＡさんとＢくんの２名が立候補しました。Ａさんが当選確実になるためには，少なくとも何票が必要ですか。

(2)　学年代表１人を選ぶとき，ＣさんとＤくんとＥさんの３名が立候補しました。Ｃさんが当選確実になるためには，少なくとも何票が必要ですか。

(3)　学年代表２人を選ぶとき，Ｆくん，Ｇくん，Ｈさん，Ｉさんの４名が立候補しました。投票の結果，Ｇくんが26票を得票しました。このとき，ＨさんとＩさんが当選し，ＦくんとＧくんが落選する場合の得票数は何通りかあります。そのうちの１通りを答えなさい。

F	G	H	I	合計
票	26 票	票	票	100 票

(4)　学年代表２人を選ぶとき，Ｊくん，Ｋくん，Ｌさん，Ｍさんの４名が立候補しました。Ｊくんが当選確実になるためには，少なくとも何票が必要ですか。

2022年度

順天中学校　▶解説と解答

算数　＜第１回Ｂ入試＞（50分）＜満点：100点＞

解答

[1] (1) $\frac{22}{25}$　(2) $\frac{24}{65}$　[2] (1) ４組　(2) ア　６通り　イ　36通り　(3) 11個　(4) 185g　(5) ア　16個　イ　228個　(6) x　140度　y　25度　(7) 631.14cm^3　(8) 15度　[3] (1) ４　(2) 240m　(3) $3\frac{1}{3}$分後と８分後　[4] (1) ５cm　(2) ３：４　(3) $41\frac{1}{7}$cm^2　[5] (1) 少なくとも51票　(2) 少なくとも51票　(3) （例）　F　20票　G　26票　H　27票　I　27票　(4) 少なくとも34票

解説

[1] 四則計算

(1) $\frac{4}{5}\div\left(1\frac{3}{4}\times 2\frac{2}{7}-3\frac{1}{11}\right)=\frac{4}{5}\div\left(\frac{7}{4}\times\frac{16}{7}-3\frac{1}{11}\right)=\frac{4}{5}\div\left(4-3\frac{1}{11}\right)=\frac{4}{5}\div\left(3\frac{11}{11}-3\frac{1}{11}\right)=\frac{4}{5}\div\frac{10}{11}=\frac{4}{5}\times\frac{11}{10}=\frac{22}{25}$

(2) $2.2\div\left(5\frac{1}{4}-\frac{7}{8}\times\frac{11}{21}+1\frac{1}{6}\right)=2\frac{1}{5}\div\left(\frac{21}{4}-\frac{11}{24}+\frac{7}{6}\right)=\frac{11}{5}\div\left(\frac{126}{24}-\frac{11}{24}+\frac{28}{24}\right)=\frac{11}{5}\div\left(\frac{115}{24}+\frac{28}{24}\right)=\frac{11}{5}\div\frac{143}{24}=\frac{11}{5}\times\frac{24}{143}=\frac{24}{65}$

[2] 整数の性質，場合の数，図形と規則，濃度《のうど》，過不足算，角度，体積

(1) $A\times B+B\times C=B\times(A+C)=50$となり，$50=1\times50=2\times25=5\times10$より，$A$，$B$，$C$がすべて１桁《けた》の整数になるのは，$B=5$，$A+C=10$のときとわかる。よって，$B\times(A+C)$の組み合わせは，$5\times(1+9)$，$5\times(2+8)$，$5\times(3+7)$，$5\times(4+6)$の４組となる。

(2) 男子２人の選び方は，$\frac{4\times3}{2\times1}=6$（通り）（…ア）あり，女子２人の選び方も６通りあるので，４人の選び方は，$6\times6=36$（通り）（…イ）ある。

(3) 右の図１のように，２個目のリング以降は，リングを１個つなぐごとにアの長さずつ長くなる。また，アの長さは，外側の直径からリングの太さ２つ分をひいた長さなので，内側の直径と同じ2.4cmとわかる。よって，$(27-3)\div2.4=10$（個）より，つないだリングは，$1+10=11$（個）と求められる。

図１

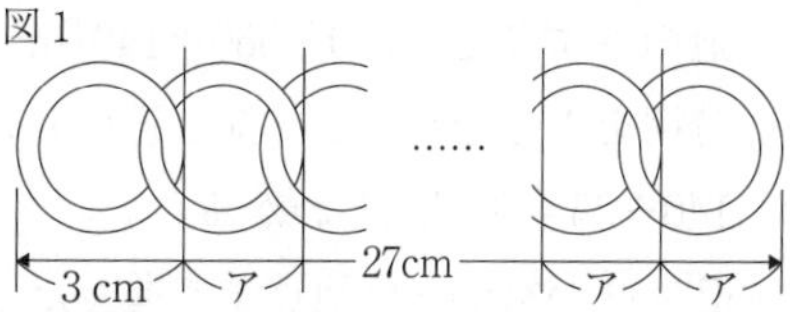

(4) （食塩の重さ）＝（食塩水の重さ）×（濃度）より，（食塩水の重さ）＝（食塩の重さ）÷（濃度）となるから，7.5％の食塩水の重さは，$15\div0.075=200$（g）とわかる。よって，水の重さは，$200-15=185$（g）である。

(5) １カゴに果物を12個ずつ入れると36個余る。また，１カゴに果物を15個ずつ入れると最後の１カゴだけが３個入りになるので，すべてのカゴに果物を15個ずつ入れるためには，$15-3=12$（個）足りないと考えることができる。よって，１カゴに入れる果物の個数の差が，$15-12=3$（個）のとき，すべてのカゴに入れる果物の個数の差が，36＋12＝48(個)になるから，カゴの個数は，48÷３＝16(個)（…ア），果物の個数は，12×16＋36＝228(個)（…イ）と求められる。

(6)　下の図２で，N角形の内角の和は，180×(N－２)(度)で求められるので，九角形の内角の和は，180×(９－２)＝1260(度)になり，正九角形の１つの内角(x)は，1260÷９＝140(度)となる。また，図２の三角形ABCは二等辺三角形で，角BACの大きさは，360－140－90＝130(度)とわかるから，角yの大きさは，(180－130)÷２＝25(度)と求められる。

(7)　下の図３で，三角形ABCと三角形ADEは相似で，AC：AE＝BC：DE＝６：３＝２：１なので，AC：AE：EC＝２：１：(２－１)＝２：１：１となり，ACとAEの長さはそれぞれ，(３＋７)×２＝20(cm)，３＋７＝10(cm)である。すると，できた立体は，底面の円の半径が６cmで高さが20cmの円すいから，底面の円の半径が３cmで高さが10cmと３cmの円すいを除いたものになる。よって，この立体の体積は，$6\times6\times3.14\times20\times\frac{1}{3}-3\times3\times3.14\times(10+3)\times\frac{1}{3}=201\times3.14=631.14$($cm^3$)となる。

(8)　四角すいの展開図は，下の図４のようになり，最短となるようにひもをかけたので，図４でひもはＰとＰ′を結んだ直線となる。すると，図４でAPとPP′の長さは等しくなる。また，ＰとＰ′はもともと同じ点だったから，APとAP′の長さも等しい。よって，三角形APP′は正三角形だから，角PAP′の大きさは60度となり，角BACの大きさは，60÷４＝15(度)と求められる。

図２

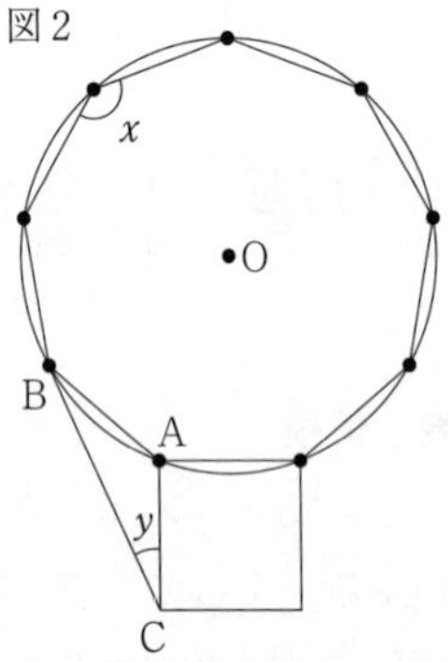

図３

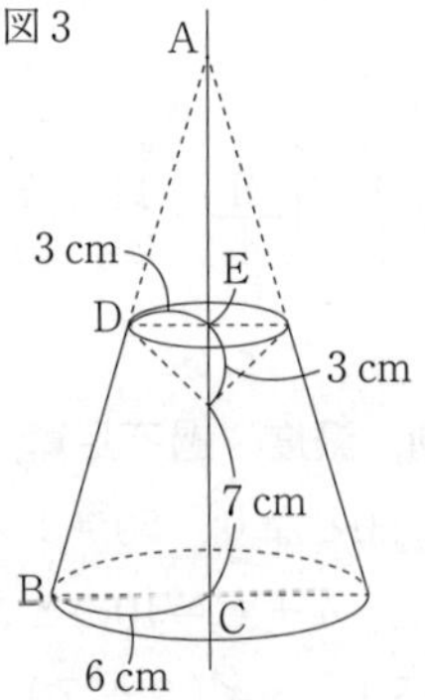

図４

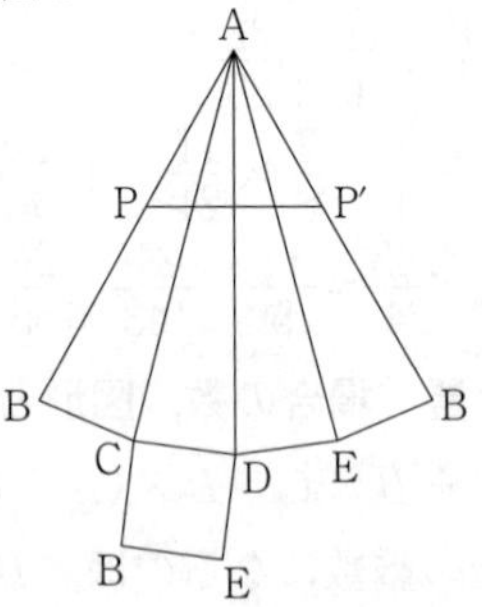

3　グラフ―速さ，つるかめ算，旅人算

(1)　私が毎分35mで16分進むと，進んだ道のりは，35×16＝560(m)となり，16分で実際に進んだ道のりよりも，700－560＝140(m)短くなる。毎分35mで進む時間を１分減らし，毎分70mで進む時間を１分増やすと，進む道のりは，70－35＝35(m)長くなるから，毎分70mで進んだ時間(a)は，140÷35＝４(分)とわかる。

(2)　妹が家からＱ地点まで進んだときの速さを毎分①とすると，Ｑ地点から公園までの速さは毎分$\textcircled{1.5}$となるので，①×13＋$\textcircled{1.5}$×(16－13)＝700と表せる。よって，⑬＋$\textcircled{4.5}$＝700，$\textcircled{17.5}$＝700，①＝700÷17.5＝40より，妹のはじめの速さは毎分40mとわかる。よって，家からＱ地点までの道のりは，40×13＝520(m)で，家からＰ地点までの道のりは，70×４＝280(m)だから，Ｐ地点からＱ地点までの道のりは，520－280＝240(m)と求められる。

(3)　２人が出発してから４分後までは，私は妹より１分間で，70－40＝30(m)多く進むので，１回目に２人が100m離《はな》れたのは，100÷30＝$3\frac{1}{3}$(分後)である。また，４分後の２人の間の道のりは，30×４＝120(m)になる。４分後から13分後までは，妹は私に１分間で，40－35＝５(m)ずつ近づくので，120－100＝20(m)近づくのにかかる時間は，20÷５＝４(分)とわかる。よって，２回目に２人が100m離れたのは，４＋４＝8(分後)と求められる。

4　平面図形―相似，長さ，面積

(1)　右の図で，三角形AECと三角形GFCは相似なので，AE：GF＝EC：FC＝３：１となり，AEの長さは，３×４＝12(cm)だから，GFの長さは，$12\times\frac{1}{3}=4$(cm)である。DFの長さは，３×３＝９(cm)なので，xの長さは，９－４＝５(cm)となる。

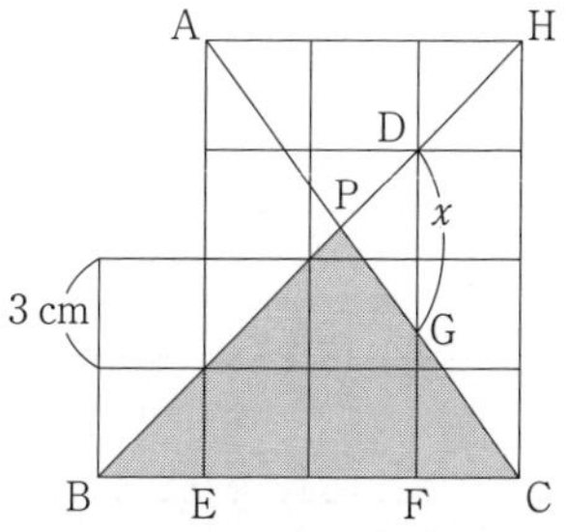

(2)　図のように正方形を２個加えると，三角形PHAと三角形PBCは相似になり，AP：PC＝AH：CB＝３：４になる。

(3)　(2)より，三角形PHAと三角形PBCの相似比は３：４で，２つの三角形の高さの和は12cmだから，三角形PBCの高さは，$12\times\frac{4}{3+4}=\frac{48}{7}$(cm)とわかる。よって，三角形PBCの面積は，$3\times4\times\frac{48}{7}\div2=\frac{288}{7}=41\frac{1}{7}$($cm^2$)と求められる。

5　条件の整理

(1)　100÷２＝50(票)より，Ａさんが当選確実になるためには，少なくとも，50＋１＝51(票)必要である。

(2)　ＤくんとＥさんのどちらかに１票も入らないとき，Ｃさんが当選確実になるために必要な票数は最も多くなる。よって，(1)と同じように考えればよいので，少なくとも51票必要とわかる。

(3)　ＨさんとＩさんが当選するにはそれぞれ27票以上が必要である。Ｇくん以外の３人の得票数は，100－26＝74(票)で，ＨさんとＩさんがそれぞれ27票とすると，Ｆくんの得票数は，74－27×２＝20(票)となり，落選することがわかる。よって，ＨさんとＩさんが27票以上で，４人の和が100票になるようにそれぞれの得票数を決めればよいので，解答例などのようになる。

(4)　Ｊくん以外の３人のうち１人に１票も入らないとき，Ｊくんが当選確実になるために必要な票数は最も多くなる。このとき，100÷３＝33余り１より，当選できない場合の最も多い得票数は33票だから，当選確実になるためには，少なくとも，33＋１＝34(票)必要とわかる。

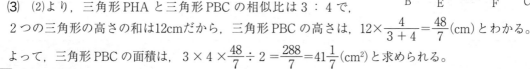

Memo

2021年度　順天中学校

〔電　話〕　03(3908)2966
〔所在地〕　〒114－0022　東京都北区王子本町１－17－13
〔交　通〕　JR京浜東北線・地下鉄南北線 ― 王子駅より徒歩３分

【算　数】〈第１回Ａ入試〉（50分）〈満点：100点〉

1　次の計算をしなさい。

(1)　$\left(\frac{5}{6}-\frac{2}{9}\right)\div\left(1\frac{7}{16}-0.75\right)=$ □

(2)　$\left(1\frac{2}{3}+\frac{3}{8}\right)\times1\frac{3}{5}\times2\frac{1}{7}-3\frac{5}{9}=$ □

2　次の□にあてはまる数を求めなさい。

(1)　250個の分数$\frac{1}{6}$，$\frac{2}{6}$，$\frac{3}{6}$，$\frac{4}{6}$，……，$\frac{248}{6}$，$\frac{249}{6}$，$\frac{250}{6}$を約分したとき，整数になるものは全部で［ア］個，分母が２の既《き》約《やく》分数(これ以上約分できない分数)になるものは全部で［イ］個です。

(2)　今年，叔母《おば》は33才，私は11才です。２人の年令の比が５：３であるのは，今から□(年後，または，年前)です。解答欄《らん》の，年後，または，年前を丸印で囲んで答えなさい。

(3)　一郎君は１本80円の鉛筆《えんぴつ》を何本か買うつもりで，ちょうどのお金□円を持って行きましたが，80円の鉛筆が売り切れていたので１本100円の鉛筆を予定より４本少なく買ったら40円余《あま》りました。

(4)　図のような碁盤《ごばん》の目の形状《けいじょう》をした道路を，最短の道のりで進みます。Ａ地点からＰ地点まで行く道順は［　ア　］通りで，Ａ地点からPQ間を必ず通ってＢ地点まで行く道順は［　イ　］通りです。

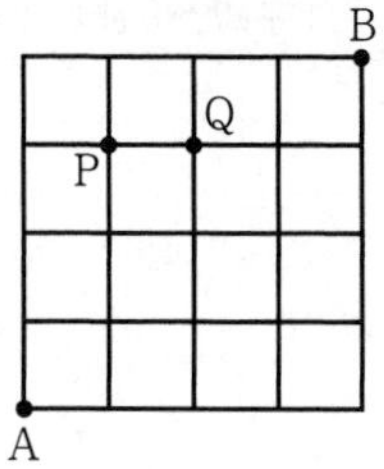

(5)　ある区の人口は，2019年の１年間で10％増加し，2020年の１年間では30％増加しました。2019年と2020年の２年間で，人口は［　　　］％増加したことになります。

(6)　図は，点Ｏを中心とする円の周上に頂点がある正九角形です。x は［　ア　］度，y は［　イ　］度です。

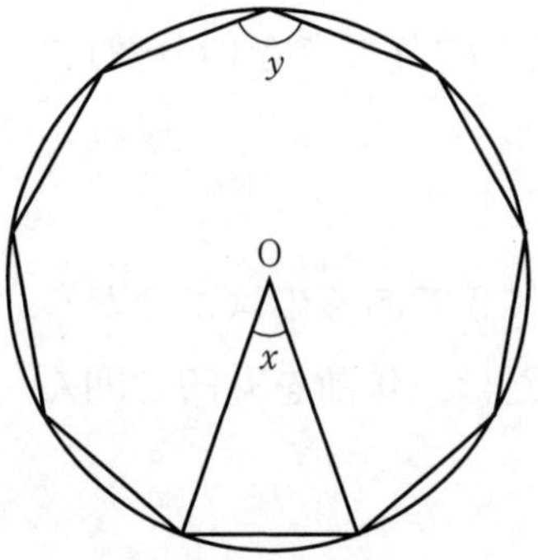

(7) 正六角形ABCDEFがあり，この中に，辺AFを１辺とする正方形AGHFをつくりました。図１で，xは［ ア ］度です。図２で，正六角形ABCDEFの１辺が２cmのとき，影《かげ》をつけた部分の面積は［ イ ］cm^2です。

図１

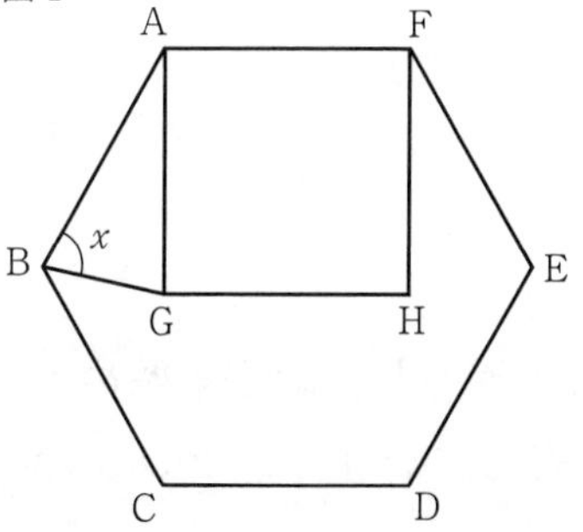

図２

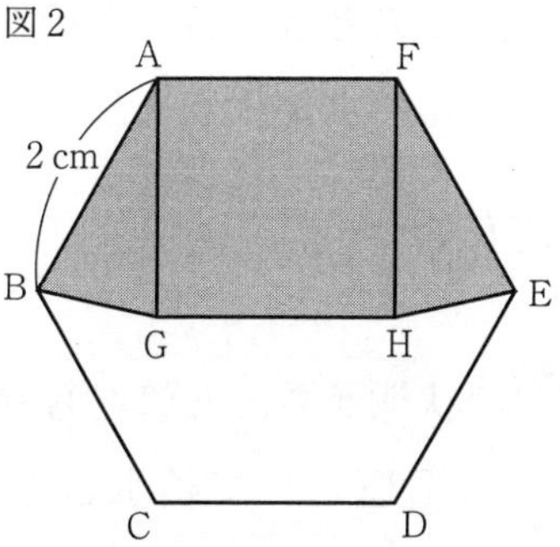

(8) 図は，長方形から大小２つの長方形を切り捨てた図形です。この図形を，直線ABを回転の軸《じく》として１回転させてできる立体の体積は［　　］cm^3です。円周率は3.14とします。

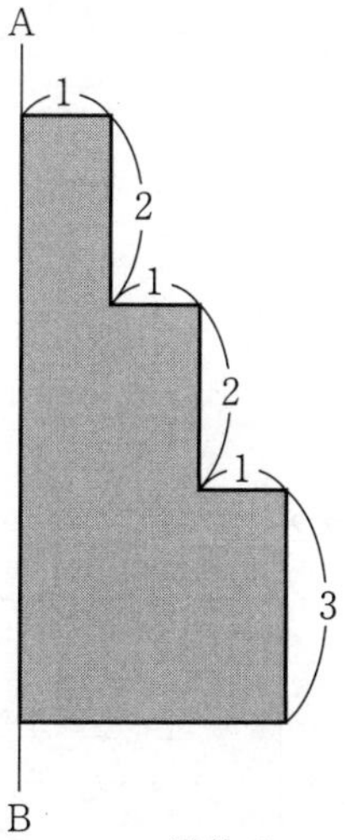

単位はcm

3　水そうに水を入れるのに２つの給水管A，Bを使います。A管の給水量は毎分20Lで，B管の給水量は自由に調節でき，給水を始めるときに設定します。給水中は変更《へんこう》しません。グラフ１は，はじめ，A管だけで給水し，その後，B管だけで給水したことを表しています。このとき，B管の給水量を毎分25Lにしました。この結果，水そうには満水量の65％の水が入りました。次の問いに答えなさい。

(1)　この水そうの満水量は何Lですか。

(2)　グラフ２は，水そうが空《から》の状態から，A管とB管の両方で給水し，給水を始めてから６分後に，A管を閉じてB管だけで給水したことを表しています。グラフの10分後の水の量 c にあてはまる数はいくつですか。

(3)　水そうが空の状態から，A管だけで５分間給水し，その後，B管も開いて，A管とB管の両方でさらに５分間給水したところ，水そうが満水になりました。このとき，B管の給水量は毎分何Lでしたか。

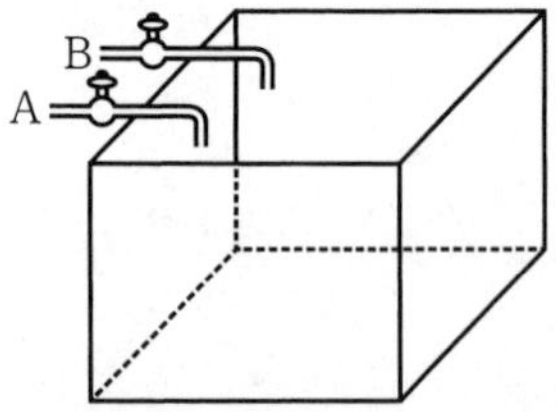

グラフ１

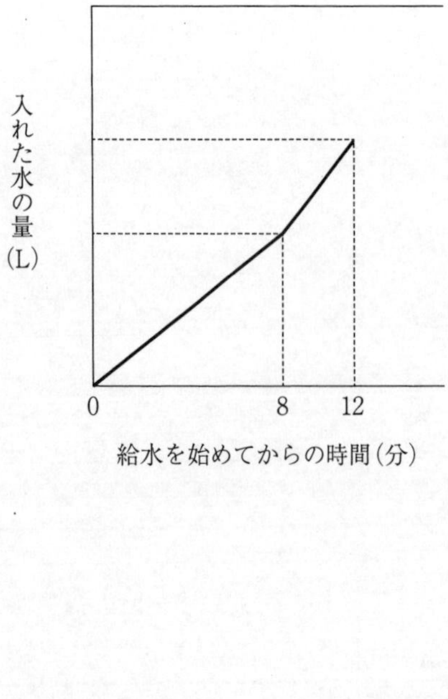

グラフ２

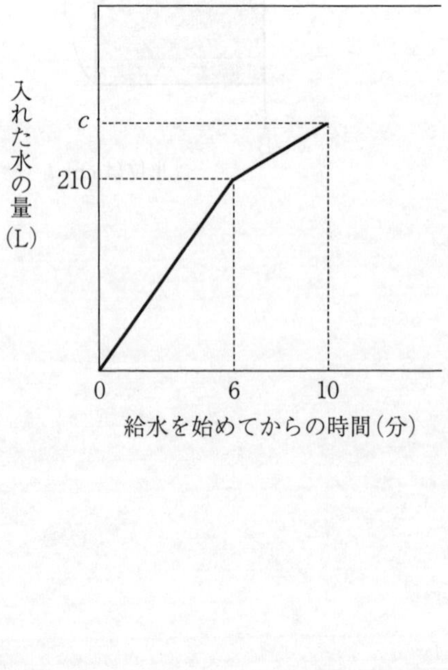

4 　下のように，50個のマス目にそれぞれ１から50までの整数を書き入れました。これらの50個から３つまたは４つの数を選んで，それらの数の和を考えます。数の選び方は，次のルールに従います。

ルール
- 自由に１番目の数を選ぶ。
- １番目の数から右に１マス進み，さらに，そこから上に２マス進んで，２番目の数とする。
- ２番目の数から右に１マス進み，さらに，そこから上に２マス進んで，３番目の数とする。
- ４番目に進めるときも，上のルールと同様にする。

ただし，はじめに４を選ぶと，（４）→(13)で，３番目の数に進めません。また，はじめに６を選ぶと，２番目の数に進めません。このように，３つまたは４つの数が選べないときはこの問題から除外します。

１番目に１を選んだとき，（１）→(10)→(19)→(28)となり，和は58になります。また，１番目に17を選んだとき，(17)→(26)→(35)となり，和は78になります。次の問いに答えなさい。同じ図を２つ印刷してあります。

(1) １番目に９を選んだとき，和はいくつになりますか。

(2) １番目にxを選んだとき，和が75になりました。xはいくつですか。

(3) 和が最も大きくなるとき，１番目に選んだ数と和を答えなさい。

(4) 和が最も小さくなるとき，１番目に選んだ数と和を答えなさい。

						50
7	14	21	28	35	42	49
6	13	20	27	34	41	48
5	12	19	26	33	40	47
4	11	18	25	32	39	46
3	10	17	24	31	38	45
2	9	16	23	30	37	44
1	8	15	22	29	36	43

						50
7	14	21	28	35	42	49
6	13	20	27	34	41	48
5	12	19	26	33	40	47
4	11	18	25	32	39	46
3	10	17	24	31	38	45
2	9	16	23	30	37	44
1	8	15	22	29	36	43

5　図のように，正三角形ABCの点Aから向かいの辺BCに直角に交わるように直線ADを引き，次に点Dから向かいの辺ABに直角に交わるように直線DEを引き，続いて点Eから向かいの辺BDに直角に交わるように直線EFを引きました。次の問いに答えなさい。

(1)　三角形BEFと同じ形で大きさが違《ちが》う三角形をすべて答えなさい。ただし，三角形ABCと答える場合は，「三角形」を省《はぶ》いて，ABCと書きなさい。

(2)　辺ABの長さは，辺BFの長さの何倍ですか。

(3)　正三角形ABCの面積は，三角形BEFの面積の何倍ですか。

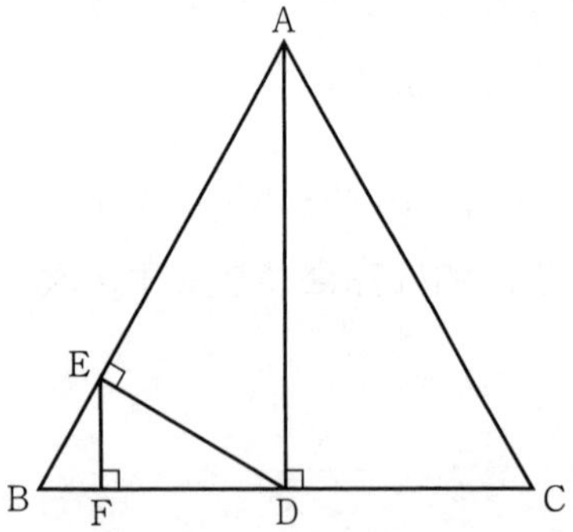

【社　会】〈第１回Ａ入試〉（30分）〈満点：60点〉

1　順天中学校１年生のコウスケくんは，地理の授業で「日本の国立公園の魅力」という題名で発表用の原稿を作成しました。この原稿を読み，後の問いに答えなさい。

みなさん，こんにちは。近年，「観光名所」というと世界遺産が取り上げられますが，以前はa日本の国立公園でした。そこで，ぼくはいくつかの日本の国立公園の魅力を調査したので，その結果を発表します。

１番目は，日本で最初に指定された国立公園の一つであるb瀬戸内海国立公園です。この公園は陸地と海域を含めると，日本最大です。[　あ　]などをはじめ，大小数々の島で構成された内海の景観が特徴です。穏《おだ》やかな海に点在する島々は，様々な場所から眺望《ちょうぼう》でき，四季や朝夕などの時間の変化によってもいろいろな表情が見られます。香川県の県庁所在地の[　い　]市と坂出市にまたがる五色台《ごしきだい》から見た夕景は，とても印象に残っています。また，瀬戸内海国立公園には，c世界文化遺産に登録されている建造物もあります。

次に紹介するのが，南アルプス国立公園です。南アルプスと呼ばれている[　う　]山脈は，d日本アルプスの中でももっとも南に位置し，夏に雨が多く，冬の雪は少ない場所です。また日本で２番目に高い北岳をはじめ，3,000m級の高い山々が10以上あり，この場所から静岡県を流れ太平洋にそそぐ[　え　]の源流部となっています。この国立公園に行ったことはありませんが，雄大な山々を背景に美しいお花畑を見ることができるそうなので，今度ぜひ行ってみたいと思っています。

次は，日本最南端の国立公園である西表石垣国立公園です。原生状態に近い亜熱帯性常緑広葉樹林や，日本最大規模のマングローブ林，サンゴ礁などの豊かな自然環境と，このような自然環境の中で育まれてきたe伝統的な沖縄らしさが見られるのが特徴です。実はこの夏に，順天中学校に合格した記念として，f沖縄島から石垣島に渡る計画を立てていました。

最後はg北海道にある国立公園の中で，中央部に位置している大雪山国立公園です。最高峰の旭岳を主峰《しゅほう》とする大雪火山群など壮大《そうだい》な山々や，北海道を代表する[　お　]川と十勝川の源流地域を含む「北海道の屋根」といわれる一帯が国立公園に指定されています。その美しい景観を，アイヌの人々は「カムイミンタラ(神々の遊ぶ庭)」と呼んでいたそうです。

日本では，アメリカや h オーストラリアなどのように国立公園の土地すべてを公園専用とすることが難しいです。そのため，日本の国立公園は，公園内にも多くの私有地が含まれていて，国立公園内に住んでいる人もいます。今後は，みなさんも国立公園を訪れてその風景などを十分に味わってもらいたいと思っています。ご清聴ありがとうございました。

問１　下線部ａの日本の国立公園に指定された地域の中で，世界自然遺産にも登録されているものを，下の**ア**～**エ**から１つ選び，記号で答えなさい。

ア　奄美群島　　**イ**　小笠原諸島　　**ウ**　鳥取砂丘　　**エ**　三宅島

問２　下線部ｂの瀬戸内海周辺の下の地図を見て，後の問いに答えなさい。

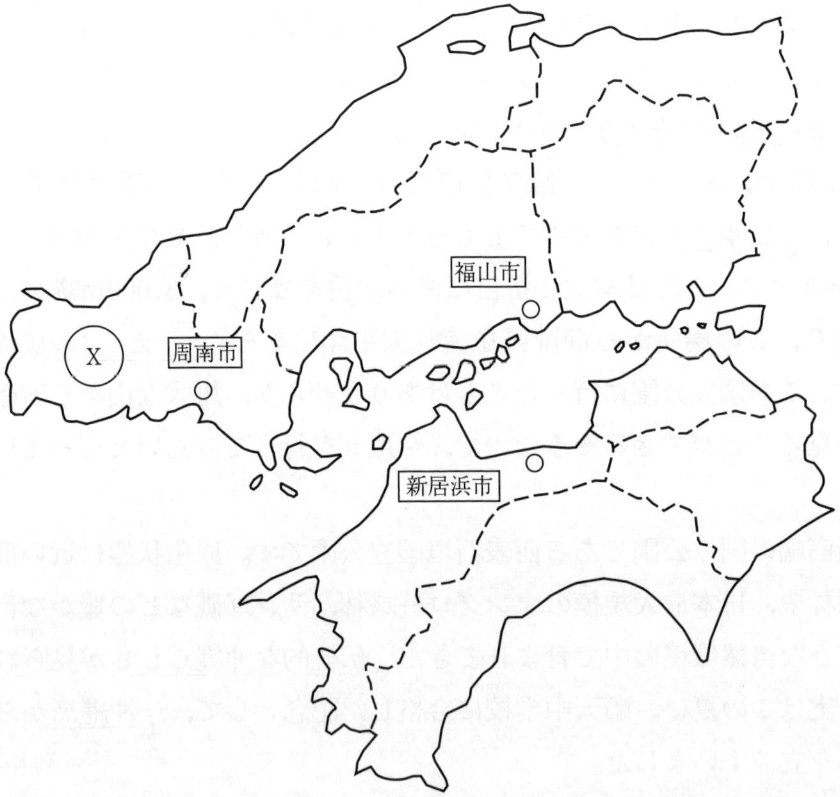

①　図中のＸの地域には，石灰岩が雨水や地下水によって溶かされてできた地形のうち，日本最大級のものが広がっています。その地形を何というか，**カタカナ**で答えなさい。

②　次のＡ～Ｃの文は，前ページの図中の瀬戸内海一帯に広がっている瀬戸内工業地域にある新居浜市，周南市，福山市のいずれかの都市の特徴を説明したものです。都市名とＡ～Ｃとの組み合わせとして正しいものを，下の**ア**～**カ**から１つ選び，記号で答えなさい。

Ａ　旧徳山市のときに形成された石油化学コンビナートがあり，瀬戸内工業地域の重要な位置を占める都市である。

Ｂ　江戸時代に開かれた別子《べっし》銅山を背景に化学工業が発達している都市である。

Ｃ　中国四国地方では広島市，岡山市，倉敷市に次いで人口が多く，世界最大級の製鉄所をもつ重化学工業都市である。

	ア	**イ**	**ウ**	**エ**	**オ**	**カ**
新居浜市	Ａ	Ａ	Ｂ	Ｂ	Ｃ	Ｃ
周南市	Ｂ	Ｃ	Ａ	Ｃ	Ａ	Ｂ
福山市	Ｃ	Ｂ	Ｃ	Ａ	Ｂ	Ａ

問３　空らん［あ］にあてはまる島を，下の文を参考にして**漢字**で答えなさい。

「瀬戸内海では淡路島に次いで２番目に大きく，オリーブなどの栽培がさかんな島です。また，小説『二十四の瞳』の作者壺《つぼ》井栄《いさかえ》の故郷としても知られていて，この島を舞台に２度映画化されています。」

問４　空らん［い］にあてはまる都市名を，**漢字**で答えなさい。また，この都市の月別平均気温と月別降水量を示した雨温図を，下の**ア**～**エ**から１つ選び，記号で答えなさい。

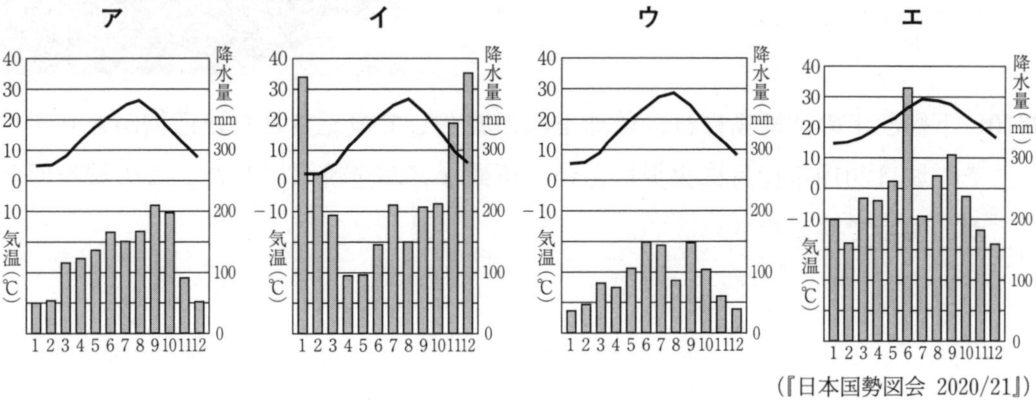

（『日本国勢図会 2020/21』）

問５　右の写真は，下線部ｃの建造物です。日本三景の一つの宮島にある，平氏にゆかりの深いこの神社を何というか，下の**ア**〜**エ**から１つ選び，記号で答えなさい。

ア　厳島神社　　**イ**　出雲大社

ウ　伊勢神宮　　**エ**　春日大社

問６　空らん う にあてはまる語句を**漢字**で答えなさい。

問７　下線部ｄの日本アルプスは標高3,000m級の山々が連なり，《 Ｙ 》州のアルプス山脈に似ているので，そのように呼ばれるようになりました。空らん《Ｙ》にあてはまる地域を，下の**ア**〜**エ**から１つ選び，記号で答えなさい。

ア　アフリカ　　**イ**　ヨーロッパ　　**ウ**　北アメリカ　　**エ**　南アメリカ

問８　空らん え にあてはまる河川を，下の**ア**〜**エ**から１つ選び，記号で答えなさい。

ア　大井川　　**イ**　揖斐川　　**ウ**　相模川　　**エ**　長良川

問９　下線部ｅについて，右の写真の住居は沖縄の伝統的な住居で，周囲を石積みの塀《へい》で囲み，屋根をしっくいで固めています。このような住居をつくる理由を，簡単に説明しなさい。

問10　下線部ｆの沖縄島には，琉球王国の城として復元された建造物がありました。その城は2019年10月に火災にあい，正殿などが全焼しました。この城を何というか，**漢字**で答えなさい。

問11　下線部ｇの北海道について，右のグラフは，北海道が生産量１位の野菜の産地別生産量の割合を表したものです。この野菜を下の**ア**～**エ**から１つ選び，記号で答えなさい。

ア　キャベツ　　　**イ**　ごぼう

ウ　たまねぎ　　　**エ**　にんじん

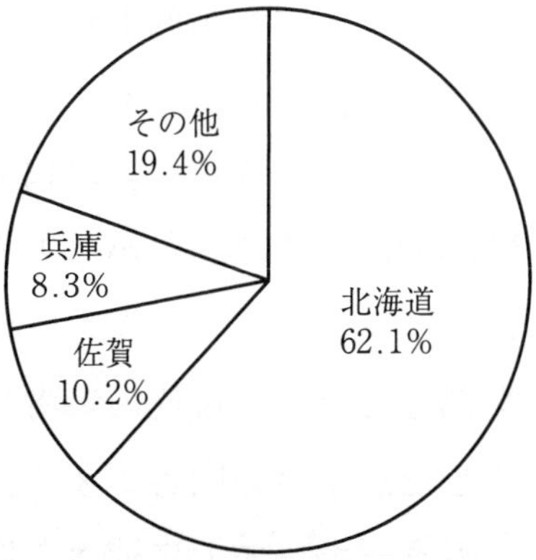

(『日本国勢図会 2020/21』)

問12　空らん［お］には，日本で３番目に長い河川があてはまります。この河川を**漢字**で答えなさい。

問13　下線部ｈのオーストラリアの説明として**適切でないもの**を，下の**ア**～**エ**から１つ選び，記号で答えなさい。

ア　日本が夏のとき，オーストラリアは冬である。

イ　日本とオーストラリアの時差は12時間である。

ウ　日本のオーストラリアからの輸入品は，石炭や鉄鉱石などの鉱産資源が多い。

エ　オーストラリアの内陸は乾燥していて，砂漠なども広がっている。

2　日本における感染症の歴史についての文章を読み，後の問いに答えなさい。

人類の歴史と感染症は，深い関わりがあります。古代エジプトのミイラからは，結核《けっかく》や天然痘《てんねんとう》に感染したあとが見つかっていますし，中国では，ａ後漢の時代に麻《ま》疹《しん》(はしか)が発生していたようです。

日本では，ｂ仏教の伝来とともに入ってきたとされる天然痘により，奈良時代に政治をおこなっていたｃ藤原４兄弟が737年に相次いで亡くなりました。その２年前には，当時の史料に「［あ］に疫死せる者多し」とあるように，九州地方を管《かん》轄《かつ》する［あ］において，天然痘がすでに広まっていたことがわかります。こうした状況に対し，［い］天皇は，仏教の力で疫病《えきびょう》などの社会不安をしずめようと，国分寺や東大寺の大仏をつくらせました。

天然痘は，昔は疱瘡《ほうそう》とも呼ばれました。奈良県にある「疱瘡地蔵」は天然痘よけにつくられたものです。この側面には，ｄ正長の土一揆において徳政が達成されたことを表す文章が刻まれており，柳生《やぎゅう》の徳政碑文《ひぶん》として知られています。

江戸時代においても，約30年に１度の割合で天然痘の流行が起こっており，e徳川将軍15人のうち，実に14人が感染しています。一方で，現在の山口県にあたる岩《いわ》国《くに》藩では歴代の藩主が１人も感染せず，隔離《かくり》政策や生活費の補償《ほしょう》も実施していました。コレラやインフルエンザなど，fいくつもの感染症に襲われた江戸時代の事例を知ることは，現代の参考にもなります。江戸時代の作家g滝沢馬琴の随筆にもそうした感染症の内容が多く，今後さらに研究が進むことがのぞまれます。

もう一つ，すでに述べた麻疹(はしか)も，日本の歴史に影響を与えた感染症です。平安時代に書かれたh『栄花物語』には，その症状や感染状況が細かく正確に記されています。戦国時代の『妙法寺記』という史料には，i甲斐《かい》国での麻疹(はしか)の流行の様子が書かれ，「大概はつるるなり」(ほとんどの人が亡くなった)とあり，感染力の強さがうかがえます。

大正時代には，いわゆるスペイン風邪が大きな被害をもたらしました。日本ではj第一次世界大戦中の1918年の秋ごろから流行し，のちに第二波，第三波も発生したため，合計で約45万人が死亡したといわれています。k日露戦争での戦死者が約９万人，東京大空襲での死者が約10万人ということを考え合わせると，この感染症の被害の深刻《しんこく》さがわかります。

感染症の歴史を現代に活かすには，当時の感染状況や対処方法など，膨大《ぼうだい》な歴史の事実を丁寧《ていねい》に掘り起こし，そこから得た知識・知恵を結集する必要があります。そうすることで，人類はよりよい未来をつくり上げていくことができるはずです。

問１　下線部ａについて，この国の皇帝から授《さず》かった金印に記されていた文字を，**漢字５字**で答えなさい。

問２　下線部ｂは古墳時代の出来事です。古墳時代にあてはまる出来事として適切なものを，下の**ア**～**エ**から１つ選び，記号で答えなさい。

ア　稲作が始まり，脱穀《だっこく》された稲は高床倉庫へ蓄えられるようになった。

イ　磨製石器の使用が始まり，弓矢で中・小型動物の狩りをするようになった。

ウ　竪穴住居にカマドがつくられ，土師器《はじき》・須恵器《すえき》などの焼き物が使用されるようになった。

エ　安産や魔よけの願いを込めて土偶をつくり，墓の周りには埴輪を並べるようになった。

問３　下線部ｃの父で，大宝律令の制定に深く関わった人物を**漢字**で答えなさい。

問４　空らん あ にあてはまる語句を，下の**ア～エ**から１つ選び，記号で答えなさい。

ア　国府　　**イ**　大宰府　　**ウ**　中務省　　**エ**　大蔵省

問５　空らん い にあてはまる天皇を，**漢字**で答えなさい。

問６　下線部ｄについて，この出来事を説明した文として適切なものを，下の**ア～エ**から１つ選び，記号で答えなさい。

ア　畿内一帯の百姓や馬借により，酒屋・土倉・寺院などが襲われた。

イ　守護の畠山氏を追い出し，国人たちが自治をおこなった。

ウ　浄土真宗の信者や農民が守護の富樫《とがし》氏を倒し，自治をおこなった。

エ　生活が苦しくなった御家人を救うために，幕府は徳政令を出した。

問７　下線部ｅについて，唯一感染しなかったとされる江戸幕府７代将軍は徳川家継です。この将軍を支えた人物を，下の**ア～エ**から１人選び，記号で答えなさい。

ア　水野忠邦　　**イ**　田沼意次　　**ウ**　松平定信　　**エ**　新井白石

問８　下線部ｆについて，江戸時代の感染症の流行は，長崎から西日本，東日本へと広がっていくことが多くありました。その理由として考えられることを，**「鎖国」**という語句を用いて説明しなさい。

問９　下線部ｇの人物の作品として正しいものを，下の**ア～エ**から１つ選び，記号で答えなさい。

ア　南総里見八犬伝　　**イ**　東海道中膝栗毛

ウ　国性爺合戦　　**エ**　解体新書

問10　下線部ｈについて，この書物は９世紀後半から，11世紀後半まで約200年間の記録です。この時期の出来事に関する語句を並べ替えたものとして適切なものを，次ページの**ア～エ**から１つ選び，記号で答えなさい。

ア　菅原道真の左遷　→　平将門の乱　→　白河上皇の院政開始　→　前九年の役
イ　平将門の乱　→　菅原道真の左遷　→　白河上皇の院政開始　→　前九年の役
ウ　菅原道真の左遷　→　平将門の乱　→　前九年の役　→　白河上皇の院政開始
エ　平将門の乱　→　菅原道真の左遷　→　前九年の役　→　白河上皇の院政開始

問11　下線部ｉは現在の山梨県にあたります。この地域を治めた戦国大名を，下の**ア**～**エ**から１人選び，記号で答えなさい。

ア　上杉謙信　　**イ**　武田信玄　　**ウ**　北条氏康　　**エ**　今川義元

問12　下線部ｊについて，この出来事を説明した文として**適切でないもの**を，下の**ア**～**エ**から１つ選び，記号で答えなさい。

ア　オーストリア皇太子夫妻が殺害されたサラエボ事件をきっかけに発生した。
イ　ロシアは国内で革命が起こったため，この戦争から離脱した。
ウ　戦車・飛行機・潜水艦《せんすいかん》などの当時の最新の兵器が使用された。
エ　ヨーロッパが戦地となった戦争だったため日本は参戦しなかった。

問13　下線部ｋに関する２つの文Ａ・Ｂを読み，両方とも正しければ**ア**，Ａのみ正しければ**イ**，Ｂのみ正しければ**ウ**，両方ともあやまっていれば**エ**と答えなさい。

Ａ　日露戦争に対して，内村鑑三はキリスト教の立場から反対したが，幸徳秋水は社会主義の立場から賛成し，積極的な姿勢をとった。
Ｂ　日露戦争の講和《こうわ》条約としてポーツマス条約が結ばれ，旅順・大連の租借《そしゃく》権や樺太の南半分などが日本にゆずられることとなった。

問14　右の絵画は，現代まで差別の残る感染症の一つであるハンセン病と思われる人々に対して，僧侶が食事をほどこしている場面です。鎌倉時代にこれらの患者を助け，踊念仏をしながら諸国をめぐり歩いた僧侶を，下の**ア**～**エ**から１人選び，記号で答えなさい。

ア　法然　　**イ**　一遍
ウ　日蓮　　**エ**　親鸞

（東京国立博物館ＨＰより引用）
(https://webarchives.tnm.jp/imgsearch/show/C0081693)

3　次の文章とそれに続く座談会での会話を読んで，後の問いに答えなさい。

順天中学校では，a新型コロナウイルス感染拡大のため，令和２年度文化祭をオンライン形式でおこなうこととなりました。中学３年生は，『新型コロナウイルスと現代社会』というテーマで文化祭に参加することを決めました。生徒たちが，自分の関心をもっている事項について調べ，選ばれた代表者が座談会をおこなう様子を撮影し，編集し，配信する形をとります。以下は文化祭当日(2020年11月３日)に配信された座談会の様子です。司会は先生が担当しています。

司会「本日は，『新型コロナウイルスと現代社会』というテーマで座談会をおこないます。本日，集まっていただいた３人の皆さんから，調べてきてもらったことをもとに自身の考えを述べてもらいます。自由に，堂々と発表してください。それでは，まずはＡくんよろしくお願いします。」

A「私は2020年３月から学校が休校となり，４月にb内閣から東京都などc７都府県に［あ］宣言が出され，休校が延長された期間によくニュースを見ました。その中で，印象に残ったことは，d都道府県知事が毎日のようにテレビに出演していて，独自の見解を述べていたことです。e小池百合子東京都知事やf吉村洋文大阪府知事，鈴木直道北海道知事などが印象に残っています。『東京アラート』『大阪モデル』など，それぞれの都道府県が独自の指標を出し，それがとてもわかりやすかったです。」

司会「なるほど，Ａくんはg地方公共団体による対策に興味をもったようですね。確かに毎日のように，首長がテレビに登場してコメントをしていましたね。それに対して，内閣も様々な政策に取り組んでいましたが，それについてコメントしてくれるのはＢさんかな。」

B「はい，私は新型コロナウイルスの感染拡大が，日本経済に与えた影響があまりにも大きいことを心配しています。日本の４月から６月のh実質経済成長率を１年分に換算すると，昨年と比べ－27.8％となることを，内閣総理大臣を長とし各省庁の総合調整をおこなう［い］が発表しました。これは第二次世界大戦後最大のマイナス成長となるようです。このような経済の悪化を防ぐために，内閣は国民１人あたり［う］万円を定額給付金として支給したり，中小企業などの業績を補うために持続化給付金を支給したりしています。しかし，国内の家計における消費支出も減少していますし，i東京オリンピックも2021年に延期され，海外からの入国・海外への出国制限もおこなわれているため，景気が回復するのはまだ先になると私は考えます。」

司会「Ｂさんは日本の経済に関心をもって，いろいろな政策やデータを調べてくれたんですね。新型コロナウイルス感染拡大によるj不況は，日本だけに限らず，世界経済に大きな影響を与えています。世界全体の貿易額も縮小傾向にあり，2020年の貿易取引が13～32％減少すると世界貿易機関は発表しています。グローバルな視点に立った発表をＣくんよろしくお願いします。」

C「世界各国の新型コロナウイルス感染者数を，k厚生労働省のホームページで調べたところ，10月31日現在，世界第１位はアメリカで約904万人，第２位はインドで約814万人，第３位はブラジルで約552万人でした。ちなみにアメリカとブラジルでは，大統領自身も感染しています。アメリカにとって2020年は大統領選挙の年です。民主党大統領候補の［　え　］氏は公約として新型コロナウイルス対策を最優先課題としているほか，選挙活動においても感染防止対策を講じています。感染者が拡大している国では，国を挙げての対策が必要なのではないでしょうか。」

司会「グローバル化が進む現代において，感染症は国を超えて拡大します。Ｃくんの言うように，各国でウイルス対策をしないと，感染はより拡大します。今回の新型コロナウイルスの拡大により，感染を防止するために各国において新しい生活様式が取り入れられました。日本でも「三密を避ける」など行動様式が大きく変わりました。企業においても様々な点で変化がありました。新型コロナウイルス感染が収束《しゅうそく》した後も，【　A　】などは，引き続き日本企業において定着していくことになるでしょう。ご視聴ありがとうございました。」

問１　空らん［　あ　］～［　え　］にあてはまる語句などを答えなさい。

問２　下線部ａについて，新型コロナウイルス感染を防止するために，制限される基本的人権としてもっとも適切なものを，下の**ア**～**エ**から１つ選び，記号で答えなさい。

ア　生存権　　**イ**　知る権利　　**ウ**　自由権　　**エ**　平等権

問３　下線部ｂについて，内閣の総辞職に関する日本国憲法の規定として**適切でないもの**を，下の**ア**～**エ**から１つ選び，記号で答えなさい。

ア　内閣不信任案が可決され，10日以内に衆議院が解散されない場合に内閣は総辞職する。

イ　国務大臣の過半数が辞任を表明した場合に，内閣は総辞職する。

ウ　内閣総理大臣が何らかの理由で欠けることになった場合に，内閣は総辞職する。

エ　衆議院議員総選挙の後に初めて国会の召集があった場合に，内閣は総辞職する。

問４　右の表は都道府県人口が多い順に上位５位までを表したものです。表の空らん X には，下線部ｃの７都府県に指定されなかった県名が入ります。この県名を下の**ア**～**エ**から１つ選び，記号で答えなさい。

ア　千葉県　　**イ**　兵庫県

ウ　福岡県　　**エ**　愛知県

順位	都府県名	人口(千人)
1	東京都	13921
2	神奈川県	9198
3	大阪府	8809
4	X	7552
5	埼玉県	7350

(2019年10月１日現在)
(『日本国勢図会 2020/21』)

問５　下線部ｄに関する記述として正しいものを，下の**ア**～**エ**から１つ選び，記号で答えなさい。

ア　知事の被選挙権は，衆議院議員と同じ25歳以上である。

イ　知事の任期は，参議院議員と同じ６年である。

ウ　知事は，内閣が衆議院を解散できるように，都道府県議会を解散できる。

エ　知事は，内閣が衆議院から不信任されることとは異なり，議会から不信任されることはない。

問６　下線部ｅの人物は2020年７月５日の東京都知事選挙で再選されました。この選挙に関する記述として正しいものを，下の**ア**～**エ**から１つ選び，記号で答えなさい。

ア　インターネットを活用する選挙活動は禁止されていた。

イ　立候補者は，必ず政党に所属していなければいけなかった。

ウ　レジャーなどの私用のため選挙に行けない場合にも，期日前投票に参加することができた。

エ　投票者は，タッチパネルによる電子投票をおこなうことができた。

問７　次の①～④は都道府県知事の写真です。下線部ｆの吉村大阪府知事と鈴木北海道知事の組み合わせとして正しいものを，下の**ア**～**ク**から１つ選び，記号で答えなさい。

①

②

③

④

（ウィキペディアなどより）

	吉村洋文大阪府知事	鈴木直道北海道知事
ア	①	②
イ	②	③
ウ	③	④
エ	④	①
オ	①	③
カ	②	④
キ	③	①
ク	④	②

問８　下線部ｇに関する下の日本国憲法の条文の空らん［Ｙ］にあてはまる語句を，下の**ア**～**エ**から１つ選び，記号で答えなさい。

第92条「地方公共団体の組織及び運営に関する事項は，地方自治の［Ｙ］に基いて，法律でこれを定める。」

ア　主旨　　**イ**　本題　　**ウ**　主題　　**エ**　本旨

問９　下線部ｈは，国内の経済活動の成果を表す目安である［Ｚ］をもとに算出されています。この空らん［Ｚ］にあてはまるものを，下の**ア**～**エ**から１つ選び，記号で答えなさい。

ア　ODA　　**イ**　WTO　　**ウ**　IMF　　**エ**　GDP

問10　下線部ｉに関して，1940年の開催が決定していた東京オリンピックは，1937年に起きた出来事により延期ではなく中止となりました。この出来事として正しいものを，下の**ア**～**エ**から１つ選び，記号で答えなさい。

ア　日中戦争　　**イ**　満州事変　　**ウ**　世界恐慌　　**エ**　関東大震災

問11　下線部ｊについて，不況の特徴として正しいものを，下の**ア**～**エ**から１つ選び，記号で答えなさい。

ア　倒産する企業の減少　　**イ**　完全失業率の低下
ウ　物価の下落　　**エ**　在庫の減少

問12　下線部ｋについて，厚生労働省がおこなう重要な仕事として社会保障があります。社会保障に関する記述として**適切でないもの**を，下の**ア**～**エ**から１つ選び，記号で答えなさい。

ア　国の運営する社会保険には，医療保険や年金保険，地震保険などがある。
イ　公的扶助の内容は生活保護法で規定され，最低限度の生活を保障する。
ウ　感染症の予防などを保健所が中心となっておこなうことを，公衆衛生という。
エ　社会福祉は，児童・高齢者・障がい者などへの施設やサービスを提供することである。

問13　文章中の空らん【　Ａ　】にあてはまる言葉を自分で考え，意味が通るように記述しなさい。

【理　科】〈第１回Ａ入試〉(30分)〈満点：60点〉

1　順太君と天子さんの２人の会話文を読み，以下の問いに答えなさい。

順 太 君：この前，動物園に行き，ライオンやシマウマなどを見てきたよ。百獣《ひゃくじゅう》の王と言うだけあって，ライオンのオスのたてがみは立派だったよ。

天子さん：そうね，ライオンのたてがみはかっこいいよね。でも，シマウマのシマ模様もおもしろいよね。たてがみもシマ模様も何のためにあるのだろう？

順 太 君：ライオンのたてがみは，「戦うときに首を守るためにある。」という考えをダーウィンがしているよ。そのことを確かめる実験をした研究者がいたんだって。たてがみの無いライオンの等身大の模型を用意し，それをライオンの群れのなわばりの真ん中に置き，①スピーカーからはライオンの声を流したんだって。しばらくすると，スピーカーから流れた声を聞きつけたオスライオン３頭が，警戒《けいかい》しながら近づいてきたんだって。

天子さん：近くで観察していたら迫力《はくりょく》があったでしょうね。私だったら怖《こわ》くて逃げちゃうかも。

順 太 君：本当だね。で，結果はどうなったと思う？

天子さん：もし「ライオンのたてがみは，オスどうしが戦うときに首を守るためにある」というのが本当ならば，この３頭のオスたちはきっと模型の(　　)を攻撃するはずだよね。

順 太 君：でも，３頭とも模型の後ろにまわり，背中からかみついたんだって。同じ内容の実験を他の群れでも試してみても同じ結果になったそうだよ。次に研究者は，たてがみの謎《なぞ》を解くカギは，その色や大きさにあるのではないかと考えたそうだよ。長年の調査から，長くて濃《こ》い色のたてがみを持っているオスの方が，短くて薄《うす》い色のたてがみを持っているオスよりも強くてたくましいことがわかってきたんだって。

天子さん：じゃあ，シマウマのシマ模様は何のためにあるの？　オスもメスもシマ模様があって区別がつかないよね。何のためにあるのかなあ？

順 太 君：いろいろな説があるらしいよ。例えば，天敵に見つからないように草原で姿を隠《かく》すためのカモフラージュとか，体温を下げることができるとか。最近は，虫が寄り付かないようにしている効果があるらしいことが発表され，これが最も可能性が高いそうだよ。

天子さん：たしかに，草原では白と黒のシマ模様は目立つものね。

順 太 君：体温を下げるという説については，ぼくたちの経験でもわかるんじゃないかな。夏に，白と黒のストライプ柄《がら》のシャツを着ると涼《すず》しくなる？

天子さん：あまり違《ちが》いは感じられないかな。

順 太 君：一番可能性が高い，②吸血昆虫《こんちゅう》を寄り付かせない説を確かめるために，どんな実験をしたと思う？

天子さん：そうね。体表が黒いウシを２頭用意して，確かめられないかな。［　　　　　　］，一定時間内に体に付いている虫の数を数えるなんていうのはどうかな。

順 太 君：すごい！　その通り。日本でも研究され，比較《ひかく》すると約50％少なくなったそうだよ。

天子さん：黒と白のシマ模様があるだけで，半分も体に付かなくなるんだね。その他の自然界の模様について調べてみましょう。

問１　文中の波線部①のように，スピーカーからライオンの声を流すことは，どのような効果があるのか答えなさい。

問２　文中の(　)に入る適当な体の部位を答えなさい。

問３　波線部②の吸血昆虫とはどのようなものですか。次から２つ選び，昆虫の名前を書きなさい。

ブユ　　ヒトスジシマカ　　クラゲ　　ハナアブ

スズメバチ　　ヒル　　ヒアリ

問４　２頭の体表が黒いウシを使ってどのような実験を行ったと考えられますか。文中の［　　］に入る文章を具体的に答えなさい。

問５　ライオンとシマウマを正面から見たときの目の位置を，解答用紙にかきこみなさい。ただし，目以外の体毛やシマ模様は記入しなくてかまいません。

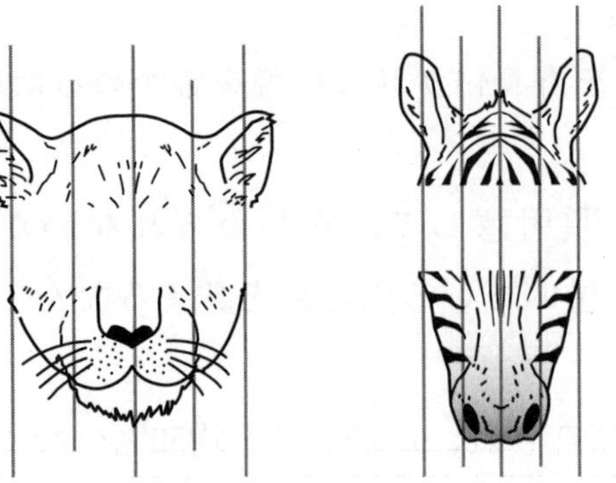

ライオン　　　シマウマ

2　昨年の４月からの生活について，ツヨシ君とサクラちゃんが話しています。次の会話文を読み，以下の問いに答えなさい。

ツヨシ：この４月から小学校が１か月以上休みになって暇《ひま》だったな。学校がないのは良かったんだけど……友達と外に遊びに出られなかったから，つまらなかったなあ。

サクラ：そう？　お母さんにお料理をならったり，お菓子《かし》づくりをならったり，それなりに楽しかったけどな。でも……世界的にはやっている新型（　ア　）感染症は，怖いね。世界中で多くの人が亡《な》くなったってニュースで見たなあ。世界的に大流行することをカタカナで何と言うんだっけ？

ツヨシ：えっと……そうだ！　（　イ　）だったと思う。

サクラ：なんだかカタカナ文字がいっぱい出てきていて，意味がわからないものが多いよね。

ツヨシ：そういえば，９月には<u>大きな台風</u>が沖縄の方を通って行った気がするな。

サクラ：夏の台風は，日本の西の方を通って行って，秋の台風は，夏よりも東寄りの進路になるものが多いよね。何だか台風で大きな被害《ひがい》が出るようなニュースも多くて，怖いね。

ツヨシ：確か台風は，まわりの気圧よりも中心の気圧が（　ウ　）いほど，強い台風になるんだよね。

サクラ：そして，台風の(　　エ　　)側の方が危険なんじゃなかったっけ？

ツヨシ：そうそう！　よく知ってるね。

サクラ：何だか思い出すといろいろとあったね。今年は，東京でオリンピックが開かれる予定だし……今年は良いニュースがたくさん聞けるといいね。

ツヨシ：そうだね。きっと，良いことがあるよ！

問１　文中の(ア)～(エ)に当てはまる言葉を答えなさい。ただし，(エ)は，東・西・南・北で答えなさい。

問２　文中の下線部について，台風が大型になる原因と考えられることを答えなさい。

問３　新型(ア)感染予防のためにあなたが取り組んでいる方法を書きなさい。また，その予防方法はどのような効果が考えられるかも説明しなさい。

3　ジュン君とテンさんはＯ先生に言われて，理科の実験の準備をしていました。

そのとき，ジュン君がビーカーＡ～Ｇに溶液《ようえき》の名前が書いてあるラベルを貼《は》り忘れて，どのビーカーに何の溶液が入っているのか，わからなくなってしまいました。

Ｏ先生に怒《おこ》られたくない２人は，いくつかの実験をして，ビーカーＡ～Ｇに何の溶液が入っているのか確認しました。

溶液は以下の７種類とわかっています。

うすい塩酸	さとう水
うすいアンモニア水	水酸化ナトリウム水溶液
でんぷん溶液	食塩水
炭酸水	

次の実験内容を読み，ビーカーＡ～Ｇに入っている溶液が何であるか考えて，以下の問いに答えなさい。

【実験１】 溶液をアルミホイルでつくった入れ物に少量取って加熱したところ，ＢとＦには黒く焦《こ》げたものが，ＤとＥには白い粉末が残った。

【実験２】 それぞれの溶液をガラス棒で青色リトマス紙につけたところ，ＡとＧだけ赤色になった。

【実験３】 溶液を試験管に少しずつ取り，アルミニウムの切れ端《はし》を入れたところ，ＥとＧから気体が発生した。

【実験４】 溶液を試験管に少しずつ取り，手であおいでにおいを確かめたところ，ＣとＧから鼻をつくにおいがした。

【実験５】 溶液を試験管に少しずつ取り，ヨウ素液を少し入れると，Ｂだけ色が変化した。

問１　【実験３】で発生した気体は何ですか。気体の名前を答えなさい。

問２　うすい塩酸に溶《と》けている気体の名前を答えなさい。

問３　ビーカーＣとビーカーＥの水溶液に溶けている物質を，それぞれ答えなさい。

問４　ビーカーＥの水溶液とビーカーＧの水溶液を混ぜると反応します。この反応を何と呼びますか。反応の名前を答えなさい。

問５　**問４**の反応で水とある物質が生成します。生成する物質の名前を答えなさい。

4　糸，おもり，かっ車，ばねばかりを使った実験について，以下の問いに答えなさい。ただし，ばねばかりと糸の重さは無視できるものとします。

問１　下の図１のように，100ｇのおもりを20ｇの動かっ車につるし，その動かっ車を糸とばねばかりで天井からつるしたところ静止しました。ばねばかりＡとＢの読みは，ともに何ｇになるか答えなさい。

問２　図１の装置に定かっ車を付け足して，図２のような装置につくりかえたところ静止しました。定かっ車は力の向きをかえるだけなので，ばねばかりＡ，Ｂの読みは図１のときとかわりません。おもりＣの重さは何ｇですか。

問３　図２のばねばかりＢから上の部分を，図３のようにつくりかえたところ静止しました。ばねばかりＡ，Ｂ，Ｄの読み，およびおもりＥの重さを答えなさい。

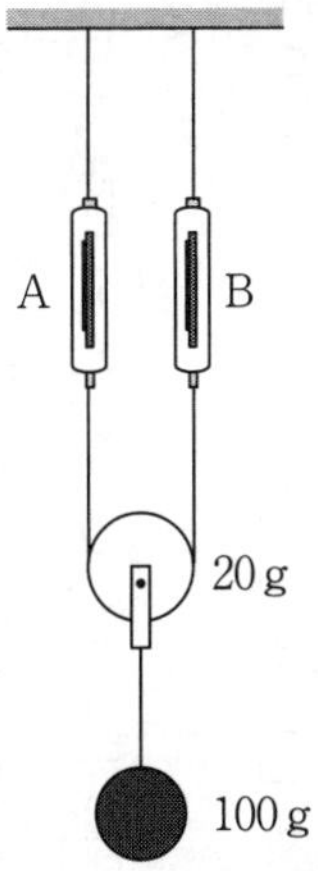

図１

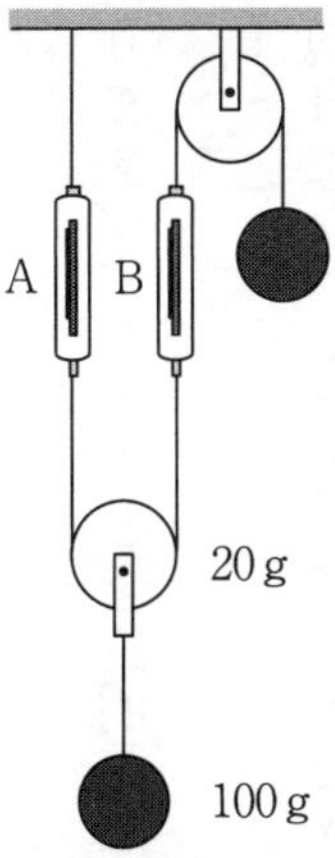

図２

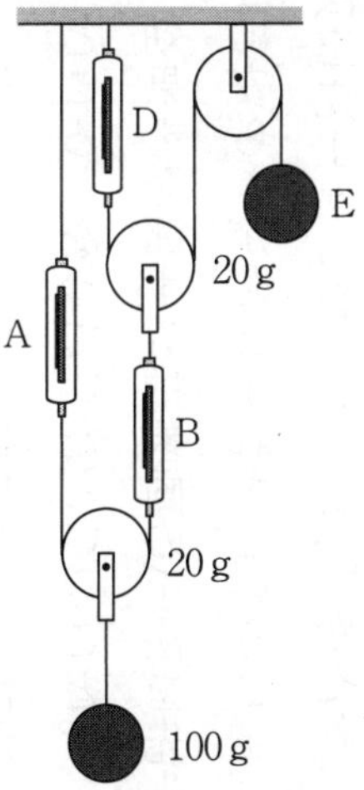

図３

問七 ――線③「あなどられていないこと」とありますが、「私」にこう感じさせるような、子供たちに対する久倉先生の教室運営の方針や指導するうえでの姿勢について説明した次の文の［1］～［4］に入ることばを、指定の字数で本文中からそれぞれ探し、書き抜いて答えなさい。

● ［1（二十五字）］ことを教室運営の方針とし、大人の［2（七字）］るのではなく子供たちの［3（六字）］した指導で［4（二字）］に向き合っていた。

問八 ――線④「それは心強い武器になった」とありますが、このことを説明したものとして最も適当なものを次の**ア**～**エ**から選び、記号で答えなさい。

ア つたない絵に対してもすみずみまで眺《なが》め、親身になって指導してくれる先生の熱意が、思春期を迎え、自分自身を見失っていた「私」の心を奮《ふる》い立たせてくれていたということ。

イ 先生から教わった、自分の考えを色で表し、塗り重ねていく抽象画の手法が、思春期を迎え、自分という存在がゆらいでいた「私」の心を支える大切なよりどころとなっていたということ。

ウ 誰しもが経験する思春期を迎えたときに、効果を発揮する抽象画の手法を先生から学んだことで、急激な心と体の変化にとまどい、混乱していた「私」の心に安らぎがおとずれたということ。

エ 真の絵画を描くために必要な抽象画の手法を先生から教わり、「私」がそれにのめり込めたおかげで絵画への自信がわき、思春期におとずれる心身の不安定さなど気にならなくなったということ。

b「余地」

ア 物をしまっておくすき間　　イ あらかじめ取っておいたスペース
ウ 使いみちのない無駄な空間　　エ 考えをさしはさむゆとり

問三 [Ⅰ]～[Ⅲ]に入ることばとして最も適当なものを次の**ア**～**オ**からそれぞれ選び、記号で答えなさい。ただし、同じ記号を二度以上使ってはいけません。

ア どうしても　　イ かりに　　ウ もし
エ うんと　　オ きっと

問四 本文からは次の文章が抜けています。もどす場所として最も適当なものを本文中の【A】～【D】から選び、記号で答えなさい。

そうやって体を動かしていると、頭の中だけが熱くならなくてすんだ。

問五 ――線①「そんな事情でキュウくんをむかえたとき、説明をするおじいさん先生は、とても誇らしげだった」とありますが、その理由を三十五字以内で説明しなさい。

問六 ――線②「もしも誰かがわざと彼好みの絵や彼の作品に似た絵を描いたりすると、どならんばかりに怒って、そして誰よりも彼がうんと傷つく」とありますが、このときの久倉先生の気持ちを、「嘘の絵」・「手助け」ということばを使って、具体的に説明しなさい。

問七 [※] に入ることばとして最も適当なものを次の**ア**～**エ**から選び、記号で答えなさい。

ア 表裏一体　**イ** 異口同音　**ウ** 有名無実　**エ** 利害得失

問八 ――線④「世界は出発点をもつのか、それともずっと前から続いているのか」とありますが、あなたはこの問いに対してどう考えますか。どちらの立場かを明確にし、理由もふくめて八十字程度で述べなさい。

二

次の文章を読んで、後の問いに答えなさい。ただし、字数制限のある解答については、句読点・記号も一字とします。

〔編集部注：課題文は著作権上の問題により掲載しておりません。作品の該当箇所につきましては次の書籍を参考にしてください〕

・よしもとばなな著『High and dry（はつ恋）』（文春文庫　二〇〇七年七月発行）

一九ページ一一行目～二五ページ七行目

問一 ――線ア～オの漢字の読みをひらがなで答えなさい。

問二 ――線ａ・ｂのことばの本文中での意味として最も適当なものを後の**ア**～**エ**からそれぞれ選び、記号で答えなさい。

ａ 「平凡」

ア つまらないこと　**イ** 浮き沈みのないこと

ウ ありきたりなこと　**エ** 不幸せであること

問三 本文からは次の文章が抜けています。もどす場所として最も適当なものを本文中の[1]～[4]から選び、番号で答えなさい。

> 彼の哲学の本領は、「道徳哲学」にあるとされますが、その前にカントは、認識の本質について、決定的な「原理」を見出しました。

問四 ――線①「哲学と宗教はその方法が違っていた」とありますが、哲学はその独自の方法でどのような問いから出発しましたか。それを端的に表している部分を、本文中から十一字で書き抜いて答えなさい。

問五 ――線②「この哲学観」とはどういうものですか。「根本的な疑問」ということばを使って、六十字以上七十字以内で「～という考え方」に続くように答えなさい。

問六 ――線③「こういう問題については、人間は〝原理的に〟答えられない」とありますが、そのように言える理由として**適当でないもの**を次の**ア**～**エ**から一つ選び、記号で答えなさい。

ア 形而上学的な問いに対する人間の最終的な答えは、科学的に確かめることができないから。

イ 形而上学的な問いに対して、人間は誰でも必ず「どちらかが正しい」と考えるから。

ウ 形而上学的な問い自体が推論しかできないもので、どちらの推論も等価、等権利をもつから。

エ 形而上学的な問いに対して、人間はそれぞれの人間観や世界観によって判断しているから。

ライプニッツという哲学者は、「なぜこの世に〝存在〟があって、一切が無ではないのか?」というユニークな問いを立てました。ギリシャのスティルポンは、「なぜ私は私で、ほかの人間ではないのか」と問うた。なるほどなかなか魅力的問いです。つまり、われわれは自分の存在や世界の存在について、いろんな仕方で、いわば「ぎりぎりの問い」(極限の問い)を問うことができる。でも、カントの考えがはっきりと教えるのは、こういう極限の問いは、誰でも立てられる、でも、誰も決して答えられない、ということです。

世の中に、はっきりした答えを見出せる問いと、問うても決着の出ない問いがあるということ、このことが「原理」として腑《ふ》に落ちていることは、どれだけ人間を聡明にするかわかりません。これを理解できないかぎり、人は、いつまでも一方で極端な「真理」を信奉したり、一方で、世の中の真実は誰にも分からないといった懐疑論を振り回すのです。このふたつは、いわば「形而上学」とその反動形成で、[※]のものです。

(竹田青嗣『中学生からの哲学「超」入門 ―自分の意志を持つということ』による。
作問の都合上、本文の一部を変更しています。)

＊媒介…両方の間に立ってとりもつこと。

＊アンチノミー(二律背反)…互いに対立・矛盾する二つの命題が同等の権利をもって主張されること。

問一 ――線ア~オのカタカナを漢字に直して答えなさい。

問二 [A]~[C]に入ることばとして最も適当なものを次の**ア**~**エ**からそれぞれ選び、記号で答えなさい。ただし、同じ記号を二度以上使ってはいけません。

ア なぜなら　**イ** たとえば　**ウ** したがって　**エ** でも

がけっしてできないこと。この問いは、ただ推論しかできないもので、しかもどちらの推論もまったく等価、等権利をもつこと。[C]答えとしても、まったく同じ権利しかもたない、ということです。そんな馬鹿な、と思う人もいるかもしれないが、これはカントの考えが正しい。

　これにつけ加えて、カントはさらにこんな風に言います。多くの人にこの問題を尋ねると、どちらかの二つに別れる。そして、世界に出発点があると答えた人は、たいてい真面目で、社会の秩序や道徳や神の存在を信じている人が多い。世界に出発点などないという人は、その反対。理屈好きで、常識的な考え方をせず、なんでも自分で考えようとする。道徳や神に対して距離をおいている。

　つまり、常識、真面目派と、ユニーク、自己独立派に別れる。つまりこの二つの答えは、じつは各人の人間観や世界観によって別れるだけだ、というのです。これはとても面白い観点です。事実の問題だと思っていたら、じつは趣味の問題だったということです。

　[4]ともあれ、この問いに決定的な答えは誰も出せない。これはじつはなかなかすごい原理です。「形而上学の不可能性の原理」。これは理屈では理解できる人も多いでしょう。しかし、このことがいったん深く腹の中におちれば、人間はほんとうに聡明になります。

　ちょっと別な風に考えてみましょう。いまこれを「世界はどうやって出てきたか」というはじめの問いに戻して考えるとどうなるでしょうか。

　この大きな問いについて、いままで人間が思いついてきた答えは、ほぼ三つです。一つ、神が創った（創造説）。一つ、自然に出てきた（自然発生説→ビッグバンも入る）。三つ、大昔からずっと存在していて、創られたのでも、発生してきたのでもない（永遠存在、永遠回帰説）。もし、この三つ以外に考えられる人がいたら、その人はそうとうの哲学者です。さて、この三つのうちのどれが正しいでしょう？　そしてその決め手は何でしょう。

　先のアンチノミーの議論をきちんと理解した人なら、こう言うはずです。人間はこういうオシュルイの問いには、決定的な答えを決して出せない、と。

定する点にありました。デカルトは近代哲学のいわば初代チャンピオンですが、つぎのチャンピオンはカント（１７２４〜１８０４）です。そして、カントの最大のエコウセキは、古い「形而上学」を徹底的に〝終わらせた〟点にあります。

[２] つまりそれは、「形而上学の問いには答えがない」、というものです。すなわち「形而上学の不可能性の原理」です（ただ彼は、自分の道徳哲学が真の意味での形而上学だと主張しましたが）。

形而上学とは、さっき言ったように、なぜ世界は存在するのか、人間はどこからきてどこへ行くのか、なぜ人間は生きるのか、神は存在するのか、といった世界と人間の存在の意味についての問いです。カントはこう言いました。じつは③こういう問題については、人間は〝原理的に〟答えられない。そして、なぜ答えられないかは原理的に証明できる、と。

カントのこの証明は、主著『純粋理性批判』の中で、「＊アンチノミー」（二律背反）という議論で扱われます。こんな具合です。

読者の中には、世界はどうして出来たのかと考えたことがある人がいるでしょう。世界はなぜ存在するようになったか。これは人間はなぜ生きているのか、死んだらどうなるのか、といった問いと同じく、「形而上学」の根本的な問いの一つです。

カントはこれを「④世界は出発点をもつのか、それともずっと前から続いているのか」という問いにアレンジして、ある実験を行ないました。あなたはこれをどう考えるだろうか。

ある人は世界は出発点をもつと考えるし、ある人は出発点なんかない、と考えるでしょう。ただこのとき注意すべきは、ほとんどの人は、このどちらかが正しいはずだと思う、ということです。

さて、カントの答えはこうです。この問題の特徴は、世界が出発点をもつかもたないかは事実の問題だから、誰でも必ず、〝どちらかが正しい〟と考える点にある。でもじつは、人間はこれに決して答えを出すことはできない、そして答えが出せないということは、厳密に証明できる……。

[３] カントの証明は、少しあやういところもあるけれど、トータルとしてはまったく正しいと言えます。その要点は、出発点があるという答えも、ないという答えも、人間の出す答えとして、最後の答えを科学的に確かめること

れど、形而上学が哲学の固有の問いではありません。むしろそれは宗教のア センモン領域だった。哲学で大事なのは、あくまでその「方法」なのです。

哲学の方法の特質は、①概念を使うこと、②原理を置くこと、③再始発すること、です（再始発は、後の人が、先人の提出した「原理」に対して、幾度でも新しい「原理」を提示できるということ）。哲学はこの方法で、どんなこともテーマにして考えます。実際、哲学は、自然や社会や人間や神などの問題について徹底的に考えてきました。

ただ、ギリシャ哲学の出発点は、「人間の生の意味」ではなく、むしろ「自然とは何か」という問いでした。「生の意味」について考えたのは、もっとあとのソクラテスからです。

ともあれ、ここで重要なのは、哲学はその独自の方法でまず「自然」を考えるところから出発したこと。そして、この方法がまさしく現代の「科学」の考えの根本的な基礎になった、ということです。

われわれはよく、哲学と科学は違うんだと言います。[B]、カール・ヤスパース（１８８３〜１９６９、ドイツ）という哲学者は、こう言います。科学ではだれもがイ ナットクする明白な答えが出るけれど、哲学にはそういうはっきりした答えがない。けれど、哲学には人間や世界についての根本的な疑問があって、それをどこまでも考え続けるところに、むしろ哲学の存在意義がある、と。

[1] 哲学の問いには、どこまでもはっきりした答えはない。いろんな哲学者が提示した深い知恵を＊媒介《ばいかい》にしながら、われわれもまた人生の意味といったものを考え続けてゆくこと、そこに哲学というものの本領がある、という言い方です。

この言い方は、いま日本の哲学者にかなり大きく受け入れられている哲学観です。なるほどと思う人も多いかもしれない。たしかに哲学にはそういう面もある。しかし、わたしの考えでは、②この哲学観は、近代の優れた哲学者たちの仕事にウ テらして見れば、もうほとんど滅びてしまった哲学観というほかありません。これについて少し話してみます。

近代哲学はデカルト（１５９６〜１６５０）の有名な説「われ考える、ゆえにわれあり」からはじまりますが、このポイントは、中世のキリスト教哲学の「形而上学」性を批判して、誰もが同意できる哲学的な考え方の出発点をもういちど再設

二〇二四年度 順天中学校

【国語】〈第三回入試〉（五〇分）〈満点：一〇〇点〉

一　次の文章を読んで、後の問いに答えなさい。ただし、字数制限のある解答については、句読点・記号も一字とします。

　一般に、「哲学は人間の生きる意味を問うものだ」という言い方があります。人間は、大昔から、「世界はなぜ存在しているのか」とか、「人間はなぜ生きているのか」、「死んだらどうなるのか」という問いを考えていたし、それを深く考えるのが哲学の中心テーマだというのは、多くの人がもっているイメージです。

　[A]、正確に言えば、これらはむしろ宗教がもともともっていた問いです。哲学もこの問題を扱ったけれど、大事なのは、①哲学と宗教はその方法が違っていたということです。

　哲学ではこの問題は、「形而上学《けいじじょうがく》」と言われてきました。形而上学とは、「形として見えるものの向う側にある、見えない世界についての知識、学」という意味です。見たり確かめたり出来ない、いわば「世界」の根本的な成り立ちについて考えること、キーワードにして言うと、「世界の根本原因」とか「究極原理」を考えること、これが形而上学と呼ばれます。

　たとえば、中世では、世界の根本原理、究極原因は「神」だと考えられていたので、神の存在についてあれこれ考えたキリスト教哲学＝スコラ哲学は、基本的に形而上学と言われてきたのです。

　たとえば少し前に『ソフィーの世界』という哲学小説が話題になりましたが、ここでも「人間はどこから来て、どこへゆくのか」といった形而上学の問いがテーマでした。ただ、もう一度言うと、この問いはたしかに哲学の問いの一つだけ

2021年度
順天中学校　▶解説と解答

算数　＜第１回Ａ入試＞（50分）＜満点：100点＞

解答

1 (1) $\frac{8}{9}$　(2) $3\frac{4}{9}$　**2** (1) ア　41個　イ　42個　(2) 22年後　(3) 1440円　(4) ア　４通り　イ　12通り　(5) 43%　(6) ア　40度　イ　140度　(7) ア　75度　イ　6 cm^2　(8) 116.18 cm^3　**3** (1) 400L　(2) 270　(3) 毎分40L　**4** (1) 54　(2) 16　(3) **１番目の数**…23，**和**…146　(4) **１番目の数**…２，**和**…33　**5** (1) EDF，BDE，DAE，BAD，CAD　(2) ８倍　(3) 32倍

解説

1 **四則計算**

(1) $\left(\frac{5}{6}-\frac{2}{9}\right)\div\left(1\frac{7}{16}-0.75\right)=\left(\frac{15}{18}-\frac{4}{18}\right)\div\left(\frac{23}{16}-\frac{3}{4}\right)=\frac{11}{18}\div\left(\frac{23}{16}-\frac{12}{16}\right)=\frac{11}{18}\div\frac{11}{16}=\frac{11}{18}\times\frac{16}{11}=\frac{8}{9}$

(2) $\left(1\frac{2}{3}+\frac{3}{8}\right)\times1\frac{3}{5}\times2\frac{1}{7}-3\frac{5}{9}=\left(\frac{5}{3}+\frac{3}{8}\right)\times\frac{8}{5}\times\frac{15}{7}-3\frac{5}{9}=\left(\frac{40}{24}+\frac{9}{24}\right)\times\frac{24}{7}-3\frac{5}{9}=\frac{49}{24}\times\frac{24}{7}-3\frac{5}{9}=7-3\frac{5}{9}=6\frac{9}{9}-3\frac{5}{9}=3\frac{4}{9}$

2 **分数の性質，年令算，差集め算，場合の数，割合，角度，面積，体積**

(1) 分母が６の分数が約分して整数になるのは，分子が６の倍数のときだから，250÷６＝41あまり４より，約分して整数になる分数は41個(…ア)ある。また，約分して分母が２の既約《きやく》分数になるのは，３で約分できて６で約分できない分数だから，分子が３の倍数であり６の倍数でない分数とわかる。250÷３＝83あまり１より，分子が３の倍数である分数は83個あるので，分母が２の既約分数になるものは，83−41＝42(個)(…イ)ある。

(2) 叔母《おば》と私の年令の差は何年たっても変わらないから，年令の比が５：３になるとき，33−11＝22(才)が，比の，５−３＝２にあたり，比の１にあたる年令は，22÷２＝11(才)とわかる。よって，比の５にあたる年令は，11×５＝55(才)なので，年令の比が５：３になるのは，55−33＝22(年後)となる。

(3) １本100円の鉛筆《えんぴつ》を予定の本数分，つまり，実際より４本多く買うと，持っているお金では，100×４−40＝360(円)不足する。この金額は１本あたり，100−80＝20(円)の差が，買う予定の本数分だけ集まったものだから，買う予定の本数は，360÷20＝18(本)である。よって，持って行ったお金は，80×18＝1440(円)とわかる。

図①

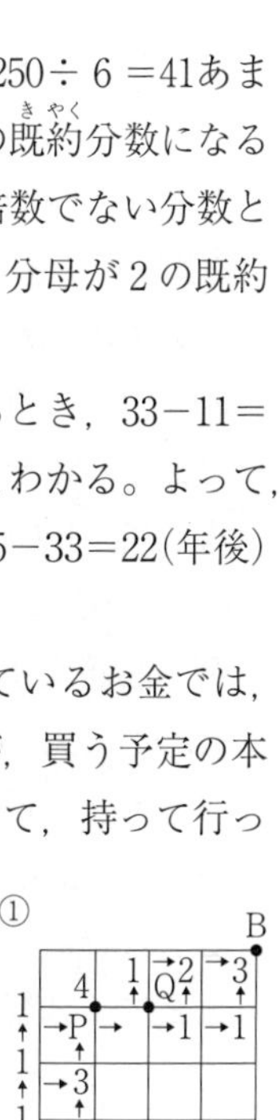

(4) Ａ地点からＰ地点まで最短の道順で行くとき，右の図①のように，右か上に行くことになるので，各交差点に行く道順は図①のようになり，Ａ地点からＰ地点まで行く道順は４通り(…ア)ある。また，PQ間の道順は１通りあり，Ｑ地点からＢ地点までの道順は図①のように３通りあるので，Ａ地点からPQ間を必ず通ってＢ地点まで行く道順は，４×１×３＝12(通り)(…

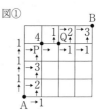

イ）ある。

(5)　2018年の人口を１とすると，2019年の人口は10％増加したので，１×（１＋0.1）＝1.1になる。また，2020年の人口は30％増加したから，1.1×（１＋0.3）＝1.43となる。よって，1.43－１＝0.43より，２年間で人口は43％増加したことになる。

(6)　xは360度を９等分した大きさなので，360÷９＝40(度)（…ア）である。また，N角形の内角の和は，180×(N－２）で求められるから，九角形の内角の和は，180×（９－２）＝1260(度)となる。よって，正九角形の１つの内角の大きさ(y)は，1260÷９＝140(度)（…イ）とわかる。

(7)　右の図②で，六角形の内角の和は，180×（６－２）＝720(度)なので，角BAFの大きさは，720÷６＝120(度)である。また，角GAFの大きさは90度だから，角BAGの大きさは，120－90＝30(度)になる。さらに，三角形ABGは二等辺三角形だから，xの大きさは，(180－30)÷２＝75(度)（…ア）と求められる。次に，正方形AGHFの面積は，２×２＝４(cm^2)である。また，角ABIの大きさは，180－90－30＝60(度)なので，三角形ABIは正三角形を半分にした直角三角形になる。よって，BIの長さは，２÷２＝１(cm)だから，三角形ABGの面積は，２×１÷２＝１(cm^2)とわかる。同様に，三角形FEHの面積も１cm^2だから，影《かげ》をつけた部分の面積は，４＋１×２＝６(cm^2)（…イ）と求められる。

図②

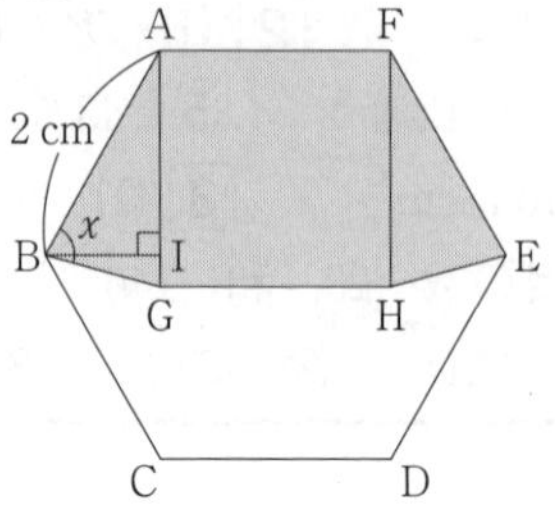

図③

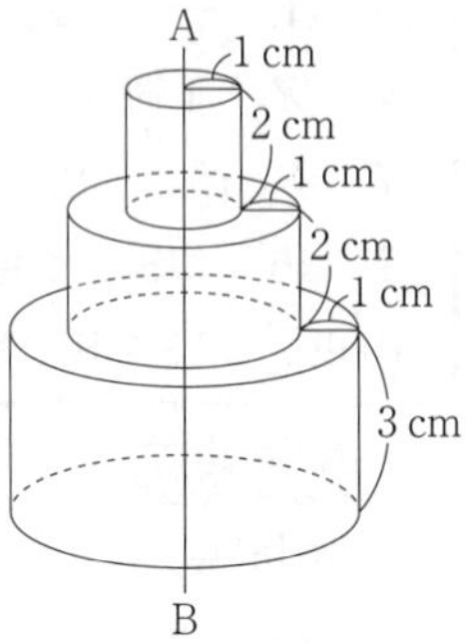

(8)　右上の図③のような，底面の半径が１cmで高さが２cmの円柱と，底面の半径が，１＋１＝２(cm)で高さが２cmの円柱と，底面の半径が，１＋１＋１＝３(cm)で高さが３cmの円柱を組み合わせた立体ができる。よって，この立体の体積は，１×１×3.14×２＋２×２×3.14×２＋３×３×3.14×３＝２×3.14＋８×3.14＋27×3.14＝37×3.14＝116.18(cm^3)とわかる。

3　グラフ―水の深さと体積

(1)　問題文中のグラフ１で，Ａ管だけで８分間に入れた水の量は，20×８＝160(L)である。また，８分から12分までの，12－８＝４(分間)に，Ｂ管だけで入れた水の量は，25×４＝100(L)になる。よって，160＋100＝260(L)が水そうの満水量の65％にあたるので，この水そうの満水量は，260÷0.65＝400(L)と求められる。

(2)　問題文中のグラフ２で，Ａ管とＢ管の両方から給水するとき，給水量は毎分，210÷６＝35(L)だから，Ｂ管だけの給水量は毎分，35－20＝15(L)となる。よって，６分から10分までの，10－６＝４(分間)にＢ管だけで入れた水の量は，15×４＝60(L)なので，cにあてはまる数は，210＋60＝270(L)である。

(3)　Ａ管は，５＋５＝10(分間)給水したから，Ａ管から入れた水の量は，20×10＝200(L)になる。よって，Ｂ管だけで５分間に，400－200＝200(L)の水を入れたので，Ｂ管の給水量は毎分，200÷５＝40(L)とわかる。

4　調べ

(1)　１番目に９を選んだとき，(９)→(18)→(27)となり，和は，９＋18＋27＝54になる。

⑵　選ぶ数は９ずつ増えていくので，２番目の数は１番目の数よりも９大きく，３番目の数は１番目の数よりも，９＋９＝18大きく，４番目の数は１番目の数よりも，18＋９＝27大きい。よって，４つの数を選んだとすると，$x+(x+9)+(x+18)+(x+27)=75$と表すことができる。しかし，このとき，$x\times4=75-(9+18+27)=75-54=21$，$x=21\div4=5.25$となり，条件に合わない。したがって，３つの数を選んだとわかるので，$x+(x+9)+(x+18)=75$となり，$x\times3=75-(9+18)=75-27=48$，$x=48\div3=16$と求められる。

⑶　４番目の数が50のとき和が最も大きくなるから，１番目に選んだ数は，50－27＝23である。また，(23)→(32)→(41)→(50)より，和は，23＋32＋41＋50＝146と求められる。

⑷　１番目に１を選んだとき，(１)→(10)→(19)→(28)で，選ぶ数は４つとなり，１番目に２を選んだとき，(２)→(11)→(20)で，選ぶ数は３つとなる。よって，和が最も小さくなるとき，１番目に選んだ数は２，和は，２＋11＋20＝33とわかる。

５　平面図形—相似

⑴　三角形BEFは，角Bの大きさが60度，角Fの大きさが90度，角Eの大きさが，180－(90＋60)＝30(度)だから，３つの角の大きさが90度，60度，30度である三角形を答えればよい。角FEDの大きさは，角BED－角BEF＝90－30＝60(度)，角EDFの大きさは，180－(90＋60)＝30(度)だから，三角形EDFは，３つの角の大きさが90度，60度，30度になる。ほかの角の大きさも求めていくと，右の図のようになるので，あてはまる三角形は，EDF，BDE，DAE，BAD，CADとわかる。

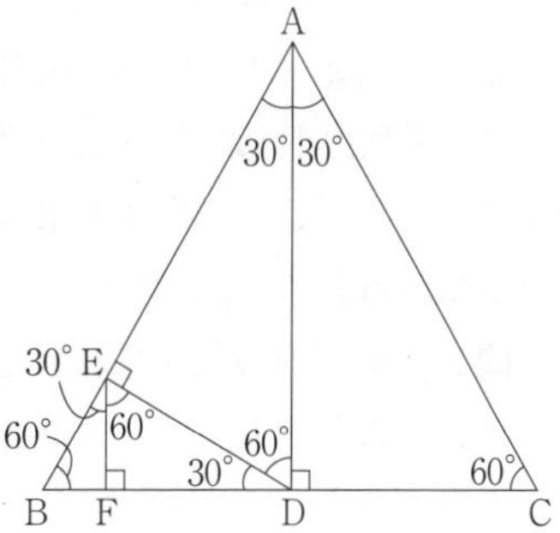

⑵　３つの角の大きさが90度，60度，30度である三角形は，正三角形を半分にした直角三角形だから，三角形BEFで，辺BFの長さを１とすると，辺BEの長さは２となる。同様に，三角形BDEで，辺BDの長さは辺BEの長さの２倍なので，２×２＝４，三角形BADで，辺ABの長さは辺BDの長さの２倍なので，４×２＝８となる。よって，辺ABの長さは辺BFの長さの８倍である。

⑶　⑵より，BF：BD＝１：４だから，三角形BADは三角形BEFを４倍に拡大した三角形とわかる。よって，三角形BADの面積は三角形BEFの面積の，４×４＝16(倍)となる。正三角形ABCの面積は，三角形BADの面積の２倍だから，三角形BEFの面積の，16×２＝32(倍)である。

社　会　＜第１回Ａ入試＞（30分）＜満点：60点＞

解　答

１　**問１**　イ　**問２**　①　カルスト(地形)　②　ウ　**問３**　小豆島　**問４**　高松(市)，ウ　**問５**　ア　**問６**　赤石(山脈)　**問７**　イ　**問８**　ア　**問９**　(例)　ひんぱんに上陸する台風の暴風から家を守るため。　**問10**　首里城　**問11**　ウ　**問12**　石狩(川)　**問13**　イ　**２**　**問１**　漢委奴国王　**問２**　ウ　**問３**　藤原不比等　**問４**　イ　**問５**　聖武(天皇)　**問６**　ア　**問７**　エ　**問８**　(例)　江戸時代の「鎖国」という体制の中でも，長崎は貿易の窓口として開かれていたから。　**問９**　ア　**問10**　ウ　**問11**　イ　**問12**

エ　**問13**　ウ　**問14**　イ　　**3** **問１**　**あ**　緊急事態(宣言)　**い**　内閣府　**う**　10(万円)　**え**　バイデン(氏)　**問２**　ウ　**問３**　イ　**問４**　エ　**問５**　ウ　**問６**　ウ　**問７**　イ　**問８**　エ　**問９**　エ　**問10**　ア　**問11**　ウ　**問12**　ア　**問13**　(例)　リモートワーク(在宅勤務)

解　説

1 日本の地形や気候，産業などについての問題

問１　小笠原《おがさわら》諸島は都心から約1000km南の太平洋上にあり，大小30あまりの島々からなる。一度も大陸と地続きになったことのない海洋島で，固有種が約100種類もあり，動植物が独自の進化をとげていることから，「東洋のガラパゴス」ともよばれる。島々は小笠原国立公園に指定されているほか，2011年にはユネスコ(国連教育科学文化機関)の世界自然遺産に登録された。

問２　①　石灰岩でできた地形が雨水や地下水などによって溶かされてできた地形を，カルスト地形という。地図中Ｘの地域に広がる秋吉台(山口県)は，日本最大級のカルスト台地として知られる。　②　Ａ　山口県南部の周南市には，大規模な石油化学コンビナートが形成されている。Ｂ　愛媛県北部の新居浜《にいはま》市は，江戸時代に開かれた別子銅山を背景に発展し，化学工業が発達している。　Ｃ　広島県南東部の福山市は鉄鋼業がさかんで，瀬戸内工業地域の中心都市の１つとなっている。

問３　瀬戸内の気候に属する小豆島《しょうどしま》(香川県)は，温暖で降水量の少ない気候が地中海沿岸の気候に近いことから，オリーブの栽培がさかんである。また，新任の女性教師と12人の教え子との交流を書いた壺井《つぼい》栄《さかえ》の著作『二十四の瞳《ひとみ》』の舞台《ぶたい》としても知られている。

問４　香川県の県庁所在地である高松市は，夏の南東季節風を四国山地に，冬の北西季節風を中国山地にさえぎられるため，年間を通して降水量が少ない。また，冬でも比較《ひかく》的温暖である。よって，ウがあてはまる。なお，アは太平洋側の気候に属する東京，イは日本海側の気候に属する新潟県高田，エは南西諸島の気候に属する鹿児島県名瀬《なぜ》の雨温図。

問５　写真は，広島県宮島にある厳島《いつくしま》神社である。海の中に立つ朱色の本殿《ほんでん》や鳥居が美しい神社で，平清盛が瀬戸内海航路の守り神としてあつく敬い，一族の繁栄《はんえい》を願ったことで知られる。1996年，原爆ドームとともに世界文化遺産に登録された。なお，イの出雲《いずも》大社は島根県，ウの伊勢《いせ》神宮は三重県，エの春日《かすが》大社は奈良県にある。

問６，問７　本州中部を占《し》める中央高地には，飛騨《ひだ》山脈(北アルプス)・木曽山脈(中央アルプス)・赤石山脈(南アルプス)という3000m級の山々が南北に連なっている。明治時代に日本を訪れたイギリス人が，その姿をヨーロッパ州にあるアルプス山脈にたとえたことが，その由来とされている。

問８　大井川は，赤石山脈の間《あい》ノ岳《だけ》を水源として静岡県中部を南に流れ，駿河《するが》湾に注ぐ。なお，イの揖斐《いび》川とエの長良《ながら》川は木曽川とともに木曽三川とよばれる河川で，どちらも岐阜県から流れ出し，三重県で合流して伊勢湾に注ぐ。ウの相模《さがみ》川は山梨県・神奈川県を流れて，相模湾に注ぐ。

問９　沖縄県には夏から秋にかけて台風がたびたび近づくので，伝統的な家屋は台風の強風から家を守るために平屋建てが多く，屋根はしっくいで塗《ぬ》り固められている。また，軒《のき》を低くして風が屋根の上を通り抜《ぬ》けるようにし，家を石積みの塀《へい》で囲んで防風林を植えている。

問10　首里城は1429年に成立した琉球《りゅうきゅう》王国の国王の居城で，2000年に「琉球王国のグスク及《およ》び

関連遺産群」の１つとして世界文化遺産に登録された。2019年には火災で本殿などが焼失し，再建が計画されている。

問11　たまねぎの生産量は，全国第１位の北海道のほか，淡路島での生産がさかんな兵庫県が上位に入る。なお，キャベツは愛知県や群馬県，ごぼうは青森県の生産量が多い。また，にんじんは北海道が生産量第１位だが，近郊農業がさかんな千葉県の生産量も多い。統計資料は『日本国勢図会』2020／21年版による。

問12　石狩川は，北海道の中央に位置する大雪山系の石狩岳を水源とし，上川盆地や石狩平野を流れて日本海に注ぐ。長さは，信濃川，利根川についで日本で３番目に長い。

問13　時差は経度の差によって生じるが，日本のほぼ真南に位置するオーストラリアと日本に大きな経度差はなく，時差もそれほど大きくない。よって，イが適切でない。

2　各時代の歴史的なことがらについての問題

問１　中国の歴史書『後漢書』東夷伝《とういでん》には，１世紀中ごろに北九州にあった奴国《なこく》の王から後漢(中国)に使いが送られ，奴国王が光武帝から金印を授かったと記されている。この金印は江戸時代に福岡県の志賀島で発見され，そこには「漢委奴《かんのわのなの》国王」と刻まれていた。

問２　ア　稲作は縄文時代末期に九州に伝わり，弥生時代に広く普及《ふきゅう》した。　イ　磨製石器の使用が始まったのは，縄文時代のことである。　ウ　土師器《はじき》と須恵器《すえき》はともに古墳時代からつくられるようになった焼き物。竪穴《たてあな》住居は縄文時代から人々の住居として使用されているが，平安時代になってからも地方の農民は竪穴住居で暮らしていたという記録があり，長く使用されていた。よって，正しい。　エ　埴輪《はにわ》は古墳時代につくられたものだが，土偶《どぐう》は縄文時代につくられた土製の人形である。

問３　藤原不比等《ふひと》は藤原氏の祖である藤原(中臣)鎌足の子で，文武天皇の命を受け，刑部《おさかべ》親王とともに大宝律令(701年)を完成させた。なお，不比等の子である武智麻呂《むちまろ》・房前《ふささき》・宇合《うまかい》・麻呂の４兄弟は，左大臣の長屋王を自殺に追いこんで政権を握《にぎ》ったが，天然痘《とう》によりあいついで亡くなった。

問４　大宰府は，律令政治のもと福岡県に置かれた朝廷の出先機関で，外国の使節のもてなしや九州の支配・防衛などを行って大きな役割をはたし，「遠《とお》の朝廷《みかど》」ともよばれた。

問５　奈良時代前半には，天然痘の流行や貴族どうしの争い，ききんなどの社会不安があいついでいた。こうした時期に即位《そくい》した聖武天皇は，仏教の力で国を安らかに治めようと願い，地方の国ごとに国分寺・国分尼《に》寺を建てるよう命じ，都の平城京には総国分寺として東大寺を創建した。また，743年には大仏づくりを命じ，東大寺の中に金銅の大仏がつくられた。

問６　1428年，近江《おうみ》(滋賀県)坂本の馬借の蜂起《ほうき》をきっかけに京都周辺の農民が徳政を求めて立ち上がり，酒屋・土倉・寺院などの高利貸しを襲《おそ》った。これを正長の土一揆《いっき》という。なお，イは山城の国一揆，ウは加賀の一向一揆，エは永仁の徳政令について説明した文。

問７　新井白石は，江戸幕府の第６代将軍徳川家宣《いえのぶ》・第７代将軍家継《いえつぐ》に仕えた儒学《じゅがく》者である。新井白石は正徳の治(政治)とよばれる政治を行い，金の割合を増やした小判をつくったり，長崎での貿易を制限して金銀の海外流出を防いだりした。

問８　江戸時代の鎖国中も，キリスト教の布教を行わない清(中国)とオランダに限り，長崎を唯一《ゆいいつ》の貿易港として幕府との貿易が行われた。江戸時代の感染症は，長崎に来た外国人によって日本に持ちこまれ，その後，人々の交流を介して東へと広がっていったのだと考えられる。

問９　『南総里見八犬伝』は，19世紀初めに滝沢馬琴《ばきん》によって著された読本である。なお，イは十《じっ》返舎一九《べんしゃいっく》，ウは近松門左衛門《もんざえもん》，エは杉田玄白《げんぱく》・前野良沢《りょうたく》らの作品。

問10　年代の古い順に並べ替えると，菅原道真の左遷《させん》(901年)→平将門の乱(935～40年)→前九年の役(1051～62年)→白河上皇の院政開始(1086年)となる。

問11　武田信玄は，甲斐《かい》国(山梨県)を治めた戦国大名で，「甲州法度之《はっとの》次第(信玄家法)」という分国法を定め，「信玄堤」とよばれる堤防を築いて治水をすすめるなど，すぐれた領国支配を行った。なお，アは越後国(新潟県)，ウは相模国(神奈川県)，エは駿河国(静岡県中部)の戦国大名。

問12　サラエボ事件をきっかけに第一次世界大戦(1914～18年)が起こると，日本は日英同盟(1902年)を理由として連合国側で参戦し，ドイツの根拠《こんきょ》地であった中国の山東半島やドイツ領の南洋諸島などを占領した。

問13　幸徳秋水は社会主義の立場から日露戦争に反対したので，Ａはあやまっている。

問14　一遍は鎌倉時代に時宗を開いた僧で，南無阿弥陀仏《なむあみだぶつ》と書かれた札を人々に配るため，踊《おどり》念仏をしながら諸国をめぐり歩いた。なお，アは浄土《じょうど》宗，ウは日蓮《にちれん》宗(法華宗)，エは浄土真宗(一向宗)を開いた僧である。また，示された絵は一遍の一生を描いた絵巻物「一遍上人《しょうにん》絵伝」の一部。

３　新型コロナウイルスと現代社会についての問題

問１　**あ**　新型コロナウイルスの感染拡大を防ぐため，2020年４月７日，安倍晋三首相は東京都・神奈川県・埼玉県・千葉県・大阪府・兵庫県・福岡県の７都府県に緊急事態宣言を出した。　**い**　内閣府は，2001年の中央省庁再編のさい，内閣の機能を強化するために発足した省で，政策の企画立案や各省庁間の調整などを担当している。　**う**　2020年４月，政府は新型コロナウイルス感染症緊急経済対策を閣議決定した。これにより，申請した国民に１人あたり一律10万円の特別定額給付金が支払われた。　**え**　2020年11月３日に行われたアメリカ大統領選挙では，民主党のジョー＝バイデンが現職で共和党のドナルド＝トランプに勝利し，2021年１月，第46代アメリカ大統領に就任した。

問２　新型コロナウイルスの感染拡大を防止するため，2020～21年には百貨店や映画館など多くの人が集まる施設や飲食店に対して休業要請や営業時間の短縮要請が出された。これは，経済活動の自由の制限といえる。また，音楽や演劇，スポーツなど人が多く集まるイベントに対しても開催《かいさい》の中止や制限の要請・指示が出されており，これは精神の自由の１つである表現の自由の制限ととらえることができる。これらはいずれも，自由権に分類される。

問３　アは日本国憲法第69条，ウとエは日本国憲法第70条でそれぞれ規定されているが，イのような規定はない。なお，日本国憲法第68条には，内閣総理大臣が任命する国務大臣の過半数は国会議員でなくてはならないという規定がある。

問４　2019年10月１日時点の各都道府県の人口は，1000万人を超《こ》える東京都が最も多く，以下，神奈川県，大阪府，愛知県，埼玉県の順となっている。

問５　住民から選挙で直接選ばれた知事には，地方議会の議決に対する拒否《きょひ》権があり，議決のやり直しを求めることができる。一方，地方議会が知事の不信任を議決したときには，知事は10日以内に都道府県議会を解散するか自ら辞職しなくてはならない。よって，ウが正しい。なお，アとイについて，知事の被選挙権は30歳《さい》以上で参議院議員と同じ，任期は４年で衆議院議員と同じである。

問６　ア　インターネットによる投票は認められなかったが，インターネットを活用した選挙活動は認められていた。　イ　政党に所属せず，無所属で立候補する候補者もいる。　ウ　選挙の当日に仕事や私的な用事などがあって投票に行けない場合，投票日を公示した日の翌日から投票日の前日までの間に，選挙期日と同じように投票できる期日前投票の制度を利用できる。よって，正しい。　エ　電子投票の制度は，2020年の都知事選では導入されていない。

問７　①は黒岩祐治《ゆうじ》神奈川県知事，②は吉村洋文大阪府知事，③は鈴木直道北海道知事，④は森田健作千葉県知事(いずれも2021年２月時点)である。なお，2021年４月から，千葉県知事は熊谷俊人《くまがいとしひと》が務めている。

問８　都道府県や市区町村などの地方公共団体(地方自治体)が地域の住民のために行う政治を地方自治という。日本国憲法第92条には，地方公共団体に関することがらは，地方自治の本旨《ほんし》(本来のものごとのねらいや目的)にもとづいて法律で定めると明記している。

問９　GDP(国内総生産)とは，国内で一年間に新しくつくり出されたモノやサービスの合計のことで，国内の経済活動の成果を表す目安として用いられている。なお，アは政府開発援助，イは世界貿易機関，ウは国際通貨基金の略称。

問10　1937年に北京《ペキン》郊外の盧溝橋《ろこうきょう》付近で日本軍と中国軍が衝突《しょうとつ》し，日中戦争が始まった。1940年の夏季オリンピック開催が決定していた東京は，この影響で開催権を返上したため，オリンピック招致《しょうち》で次点であったフィンランドのヘルシンキでのオリンピック開催が決定された。しかし，1939年に第二次世界大戦が起こり，翌40年のオリンピックは中止された。

問11　生産活動が縮小し，物価が下がり始めると，企業の売上や利益が減って在庫が増加し，倒産する企業や失業する人が増える。このような状況を不況という。不況になると収入や給料が減るので人々はお金を使わなくなり，物価はさらに下落する。よって，ウが正しい。

問12　社会保険は，事前に保険料を納める国民に対して国が一定の援助をするしくみで，健康保険・年金保険・雇用《こよう》保険・労働者災害補償保険・介護保険があるが，地震保険は民間企業によって取りあつかわれる保険なので，アが適切でない。

問13　柔軟《じゅうなん》な働き方として，会社からはなれた場所で仕事をするリモートワークやテレワーク，自宅にいながら仕事をする在宅勤務などがすすめられている。

理　科　＜第１回Ａ入試＞（30分）＜満点：60点＞

解　答

１　**問１**　(例)　群れのライオンたちに侵入者が来たと思わせる。　**問２**　首　**問３**　ブユ，ヒトスジシマカ　**問４**　(例)　一方の牛はそのままにして，もう一方の牛をシマ模様にぬって　**問５**　解説の図を参照のこと。　**２**　**問１**　**ア**　コロナウイルス　**イ**　パンデミック　**ウ**　低　**エ**　東　**問２**　(例)　海水の温度が高いこと。　**問３**　(例)　**方法**…手を石けんで洗う　**効果**…手についたウイルスを落とし，家庭に持ちこまない。　**３**　**問１**　水素　**問２**　塩化水素　**問３**　**C**　アンモニア　**E**　水酸化ナトリウム　**問４**　中和(反応)　**問５**　食塩(塩化ナトリウム)　**４**　**問１**　60g　**問２**　60g　**問３**　**A**　60g　**B**　60g　**D**　40g　**E**　40g

解　説

1 ライオンとシマウマの生態についての問題

問１　模型のライオンには動きやにおいなどがないため，群れの中のライオンたちが興味を示さない可能性がある。そこで，スピーカーからライオンの声を流すことで，群れの中のライオンたちに侵入《しんにゅう》者が来たと思わせることができると考えられる。

問２　ライオンのたてがみは，「戦うときに首を守るためにある」という考えに基づくと，逆に，攻撃するときには，首をねらうと考えられる。

問３　ほかの動物の血を吸う身近な動物には，ブユやヒトスジシマカ，ノミやシラミ，ヒルなどがいる。ただし，ヒルは昆虫《こんちゅう》ではないので選べない。

問４　白と黒のシマ模様が吸血昆虫を寄り付かせないためにあるのかどうか，ということを確かめるための実験なので，２頭の黒いウシのうち，１頭はそのままにし，他の１頭のウシの体表に白い線をつけてシマ模様をかいておく。そして，一定時間にそれぞれのウシの体に付いている吸血昆虫の数を調べればよい。このとき，白い線はできるだけにおいなどがないものを用いるようにする。

問５　ライオンの目は，えものまでの距離《きょり》がつかみやすいように正面についている。一方，シマウマの目は，敵を発見しやすく，広い範囲《はんい》が見わたせるように側面についている。よって，目の位置は右の図のようになる。なお，図には毛や模様もかかれているが，目の位置だけをかきこめばよい。

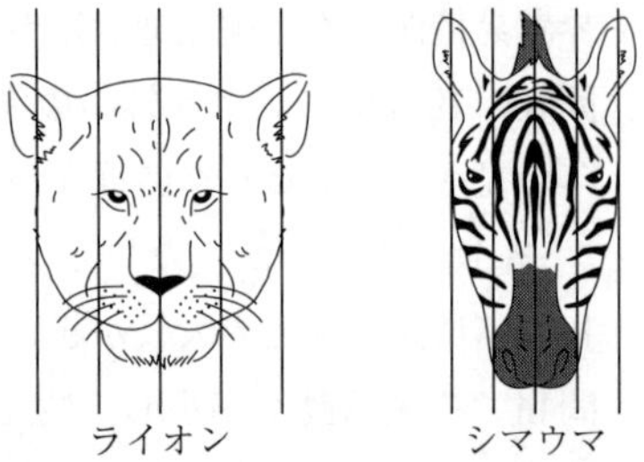

ライオン　　シマウマ

2 新型コロナウイルス感染《かんせん》症と台風についての問題

問１　**ア**　2020年から世界的に流行している感染症は，新型コロナウイルス感染症である。　**イ**　新型コロナウイルス感染症は，おもに人の移動によって多くの国に広がり，世界的に大流行した。このような，感染症の世界的な大流行をパンデミックという。　**ウ**　台風はまわりの気圧よりも中心の気圧が低いほど中心にふきこむ風が強くなり，強い台風になる。　**エ**　台風には反時計回りに風がふきこんでいて，台風の東側では，台風の進行方向と台風にふきこむ風の向きが同じ向きになるため風が強まり，災害《さいがい》発生などの危険が高くなる。

問２　台風が発達する条件は，あたたかくしめった空気が絶え間なく供給されることである。よって，今後は地球温暖化による海上の気温の上昇《じょうしょう》，海水温度の上昇などが原因で大型の台風が増える可能性などが考えられる。

問３　帰宅時に，石けんやアルコールで手を消毒することによって，外から家庭内にウイルスを持ちこまないなどの効果がある。また，人と人の距離をあけたり，マスクをしたりすることによって，他人から出た飛沫《ひまつ》を浴びるのを防ぎ，自分も飛沫をまわりの人に浴びせることを少なくする効果などがある。

3 水溶液《すいようえき》の性質についての問題

問１　うすい塩酸や水酸化ナトリウム水溶液にアルミニウムを入れると，アルミニウムが溶《と》け，水素が発生する。

問２　うすい塩酸は，塩化水素という気体が溶けた水溶液である。

問３　実験１で，黒く焦《こ》げたものが残ったのはさとう水かでんぷん溶液で，実験５でヨウ素液の色が変化するのはでんぷん溶液だから，Ｂがでんぷん溶液，Ｆがさとう水とわかる。また，実験２で，青色リトマス紙を赤色に変えるのは酸性の水溶液のうすい塩酸か炭酸水で，実験４で鼻をつくにおいがあるのはうすい塩酸か，アルカリ性のうすいアンモニア水なので，Ｇがうすい塩酸，Ａが炭酸水，Ｃがうすいアンモニア水になる。さらに，実験３で，アルミニウムと反応して気体が発生するのはうすい塩酸か水酸化ナトリウム水溶液だから，Ｅが水酸化ナトリウム水溶液とわかり，残りのＤが食塩水になる。

問４　アルカリ性の水酸化ナトリウム水溶液と酸性のうすい塩酸を混ぜると，たがいの性質を打ち消し合う，中和という反応が起こる。

問５　水酸化ナトリウム水溶液とうすい塩酸の中和では，水と食塩(塩化ナトリウム)が生成する。

4　かっ車と力のはたらきについての問題

問１　100ｇのおもりと20ｇの動かっ車をばねばかりＡとばねばかりＢで支えているので，ばねばかりＡとばねばかりＢはともに，(100＋20)÷２＝60(ｇ)を示す。

問２　定かっ車は力の大きさは変えずに，力の向きだけを変える。したがって，おもりＣの重さは，ばねばかりＢが糸を引く力と同じ60ｇである。

問３　下側の動かっ車は，図１と同じ状態になっているので，ばねばかりＡ，ばねばかりＢの読みは，ともに60ｇになる。また，上側の動かっ車を支えている左右の糸にかかる重さはそれぞれ，(60＋20)÷２＝40(ｇ)なので，ばねばかりＤの読みは40ｇになり，おもりＥの重さも40ｇになる。

国　語　＜第３回入試＞（50分）＜満点：100点＞

解　答

一　**問１**　下記を参照のこと。　**問２**　**A**　エ　**B**　イ　**C**　ウ　**問３**　2　**問４**　「自然」を考えるところ　**問５**　（例）　哲学の問いには明白な答えはないが，いろいろな哲学者の深い知恵を媒介にして，われわれも根本的な疑問を考え続けていくことに，哲学の本質がある（という考え方）　**問６**　イ　**問７**　ア　**問８**　（例）「世界は出発点をもつ」ことに共感する。あらゆる物事には必ず始まりがある。世界もまた，想像もつかないはるか昔のある地点で生まれ，そこに我々の命が芽生えたのだろうと考える。　二　**問１**　**ア**　いんたい　**イ**　しげき　**ウ**　ゆうどう　**エ**　ちゅうしょう　**オ**　みにく（さ）　**問２**　**a**　ウ　**b**　エ　**問３**　Ⅰ　エ　Ⅱ　ア　Ⅲ　オ　**問４**　C　**問５**　（例）　自分の開いた絵画教室が，キュウ君の絵の才能を育てたと考えているから。　**問６**　（例）　嘘の絵をひとつ描いたら，本当の意味での絵を描くという行為から遠ざかってしまうことを知りながら，自分の存在や自分の絵が，子供たちにそんな絵を描かせる手助けをしてしまったと思って衝撃を受け，悲しく思っている。　**問７**　**1**　どんな絵を描いても絶対に文句を言わないし，直さない　**2**　考えを押し付け　**3**　個性を大切に　**4**　真剣　**問８**　イ

●漢字の書き取り

一　**問１**　ア　専門　イ　納得　ウ　照（らして）　エ　功績　オ　種類

解　説

一　**出典：竹田青嗣《たけだせいじ》『中学生からの哲学《てつがく》「超《ちょう》」入門―自分の意志を持つということ』**。筆者は宗教や科学と対比したり，哲学者の考えを引用したりして，哲学がどういうものかを述べている。

問１　**ア**　一つの分野をもっぱら研究したり，それに従事したりすること。　**イ**　理解し，もっともだと認めること。　**ウ**　音読みは「ショウ」で，「照合」などの熟語がある。　**エ**　てがら。すぐれた働き。　**オ**　いろいろなものの中で，同じような性質を持っている仲間。

問２　**A**　一般《いっぱん》に，「人間の生きる意味を問う」のが「哲学の中心テーマ」とされているが，これはもともと「宗教」における問いだったのだから，前のことがらを受けて，それに反する内容を述べるときに用いる「でも」が入る。　**B**「われわれはよく，哲学と科学は違《ちが》う」と言う，とした後で，筆者はその違いについて語った「カール・ヤスパース」の言葉を紹介《しょうかい》しているので，具体的な例をあげるときに用いる「たとえば」があてはまる。　**C**「世界は出発点をもつのか，それともずっと前から続いているのか」という問題に対する「答え」は科学的に確かめられず，「ある」というのも「ない」というのも，「推論」でしかない点で「まったく等価，等権利をもつ」のだから，必然的に「答えとしても，まったく同じ権利しかもたない」ことになるのである。よって，前のことがらを受けて，順当に次のことが起こるさまを表す「したがって」がよい。

問３　もどす文では，「カント」（＝「彼《かれ》」）が，「認識《にんしき》の本質について，決定的な『原理』を見出《みいだ》し」たと述べられている。２に入れると，「カントの最大の功績は，古い『形而上学《けいじじょうがく》』を徹底《てってい》的に“終わらせた”点」にあると前置きした後，筆者が彼の見出した「形而上学の不可能性の原理」について続く部分で説明する流れになり，文意が通る。

問４　六つ後の段落で，哲学は独自の方法で「まず『自然』を考えるところ」から出発したと説明されている。

問５　「この哲学観」とは，直前の二段落で説明されている「カール・ヤスパース」の哲学観を指す。つまり，哲学の問いには明白な答えはないが，いろいろな哲学者の深い知恵を媒介《ばいかい》に，「根本的な疑問」を考え続けることに哲学の本質があるという考え方である。なお，ここでの「根本的な疑問」とは，哲学が内包し，われわれが考え続ける人間や世界についての疑問を指す。

問６　「世界と人間の存在の意味」に人間が“原理的に”答えられない理由として，六つ後の段落で「科学的に確かめることがけっしてできない」こと，この問いがそもそも「推論」しかできないもので，「どちらの推論もまったく等価，等権利をもつ」ことがあげられている。また，八つ後の段落では，答えが「各人の人間観や世界観」によるものでしかない，つまり「趣味《しゅみ》の問題」でしかないことが取り上げられている。よって，ア，ウ，エは正しい。

問７　すぐ前にある「このふたつ」とは，「『形而上学』とその反動形成」を指す。これらは一見対立しているが，実は一方があるからこそ他方もあるという関係にあるので，密接につながり，切り離《はな》せない関係にあることを表す，アの「表裏一体」があてはまる。なお，イの「異口同音」は，大勢が口をそろえて同じことを言うこと。ウの「有名無実」は，名があるばかりで実質がともなわないこと。エの「利害得失」は，利益と損失のこと。

問８　カントが言っているとおり，この問いの答えは科学的に確かめることができないため，どちらの推論も等価，等権利をもつ。したがって，いずれの立場を支持してもよいという点を念頭に置いたうえで，「どちらの立場かを明確に」し，どうしてそう考えたのかの理由もふくめて説明する。そのさい，主語と述語はきちんと対応しているかや，誤字・脱字《だつじ》はないか，文脈にねじれはないかなどにも注意してまとめる。

□二 **出典：よしもとばなな『High and dry（はつ恋《こい》）』**。「私」が子どものころ通っていた絵画教室の先生だった，キュウくんの絵に対する考え方や教わったことを回想している。

問１　**ア**　それまでの仕事や役割などをやめて，しりぞくこと。　**イ**　気持ちに何らかの反応をもたらしたり，奮い立たせたりすること。　**ウ**　相手をさそって，目的の場所に導くこと。
エ　物事からある要素や性質をぬき出し，つかむこと。　**オ**　音読みは「シュウ」で，「醜悪」などの熟語がある。

問２　**a**　「平凡《へいぼん》」は，ありふれているようす。「絵の先生に恋《こい》をする」などありきたりなことだというのである。　**b**　「余地」は，ここでは考えるだけのよゆう，ゆとりを指す。

問３　**Ⅰ**　キュウくんの絵に対する信念（「自分の絵」ではないもの（個性のない絵）を許さない考え）に対し，人気キャラクターを描《か》く小さい子がすごく「楽しそう」にしているのなら，好きに描かせれば「いいんじゃないの？」と「私」は考えている。よって，“非常に”“とても”という意味を表す，エの「うんと」があてはまる。　**Ⅱ**　絵に対して強い信念を持っているキュウくんは，「教室」で人に教える立場にある以上，「嘘《うそ》の絵」（人気キャラクターの絵など）を描く「手助けはできない」と言っている。よって，“絶対に”という意味を表す，アの「どうしても」が入る。
Ⅲ　考えにはそれぞれに色があるだろうとキュウくんは推測している。よって，“確実にそうだろうと予測する”という意味を表す，オの「きっと」が合う。

問４　もどす文に「そうやって」とあるので，前には「頭の中だけが熱くなら」ずにすむよう，

「体を動かしている」「私」のようすが描かれていると推測できる。【C】に入れると，「思春期を迎《むか》えていろいろな変化があり心と体がばらばらになって，足場がどうにもはかなくなっていた頭でっかちの私」が，キュウくんのアドバイスを受け，「夢中で考えを紙の上に置き換《か》えて」いったことをもどす文が受ける形になり，文意が通る。

問５　幼いころに通っていた(この)絵画教室が「才能を育てるのに役にたった」ので，ここで「子供に絵を教えたい」と言ったキュウくんの話をきき，おじいさん先生は自分の開いた絵画教室が「プロの芸術家」を育てたこと，そしてその彼が次の世代のためにもどってきてくれたことを，誇《ほこ》りに感じたと想像できる。

問６　「嘘の絵をひとつ描いたら，絵を描くことから一歩離《はな》れるだけだ」と経験を通じて知っており，そうした行為《こうい》を心から嫌《きら》っていたキュウくんは，子供たちが「わざと」自分「好みの絵や」自分の「作品に似た絵を描」かれるなどしようものなら，「どならんばかりに怒《おこ》って，そして誰《だれ》よりも」傷ついたのである。つまり彼は，「個性」を自らつぶそうとしている子供たちを強く戒《いまし》める一方で，自分の存在や自分の絵が，「嘘の絵」を描かせる「手助け」をしてしまったのではないかと衝撃《しょうげき》を受け，悲しんだものと想像できる。

問７　**１**　ぼう線②の少し前で「私」は，「どんな絵を描いても絶対に文句を言わないし，直さない」ことがこの絵画教室の方針だと考えている。　**２**　ぼう線③をふくむ段落で，キュウくんの絵に対する考えを聞いた「私」は，大人の「考えを押《お》し付け」られているという気持ちにならずにすんだと思っている。　**３**　ぼう線②の直前で，キュウくんは自分たちの「個性を大切に」してくれたと，「私」は評している。　**４**　これまでみてきたとおり，キュウくんは絵に対していつも「真剣《しんけん》勝負」だったのである。

問８　「それ」は，自分の考えを色に置き換えて抽象《ちゅうしょう》画にするやり方を指す。キュウくんから教わったその方法で抽象画を描くことが，思春期の変化の中で心と体のバランスがくずれ，自分の存在が不安定になっていた「私」の心を安定させ，支えてくれたのだから，イがふさわしい。

2021年度　順天中学校

〔電　話〕　03(3908)2966
〔所在地〕　〒114－0022　東京都北区王子本町１－17－13
〔交　通〕　JR京浜東北線・地下鉄南北線 ― 王子駅より徒歩３分

【算　数】〈第１回Ｂ入試〉（50分）〈満点：100点〉

1　次の計算をしなさい。

(1)　$\left(\dfrac{2}{3}+0.8\right)\times\left(3\dfrac{1}{4}-1\dfrac{3}{8}\right)=$［　　　］

(2)　$1\dfrac{1}{6}-2\dfrac{1}{4}\times\dfrac{2}{9}+1\dfrac{2}{3}\div\dfrac{5}{8}=$［　　　］

2　次の［　　］にあてはまる数を求めなさい。

(1)　２つの整数A，Bがあり，AはBより７小さく，Aを２倍するとBより11大きくなります。Aは［　ア　］，Bは［　イ　］です。

(2)　姉は1200円，妹は800円持って買い物に行きました。姉が妹より200円多く使ったので，姉と妹の残金の比は４：３になりました。姉が使った金額は［　　　］円です。

(3)　順くんの２回目までのテストの平均は81点でしたが，３回目のテストの得点が１回目の得点より23点高い点数だったので，１回目から３回目までを合わせた全部の平均が86点になりました。１回目から３回目までの得点はそれぞれ［　ア　］点，［　イ　］点，［　ウ　］点でした。

(4)　Ａ地点とＢ地点があり，ＡＢ間の道のりは700ｍです。グラフは，愛子さんと敬子さんの２人がＡＢ間を徒歩で進んだ様子を表しています。愛子さんと敬子さんの歩く速さの比は［　ア　］です。最も簡単な整数の比で答えなさい。また，２人がすれ違《ちが》った地点をＰ地点とします。グラフの x にあてはまる数は［　イ　］です。

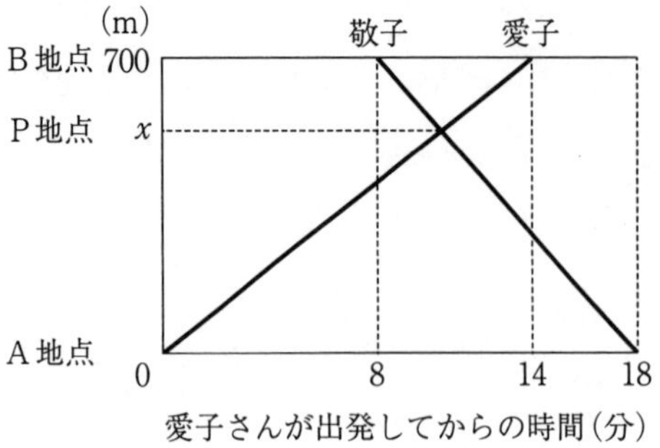

(5)　図のように，同じ長さの棒を並べて正方形をつくります。つくる正方形の個数は，１列目には１個，２列目には２個，３列目には３個，……です。図は，４列目までつくったものです。５列目までつくるとき棒は全部で［　ア　］本必要で，また，10列目までつくるとき棒は全部で［　イ　］本必要です。

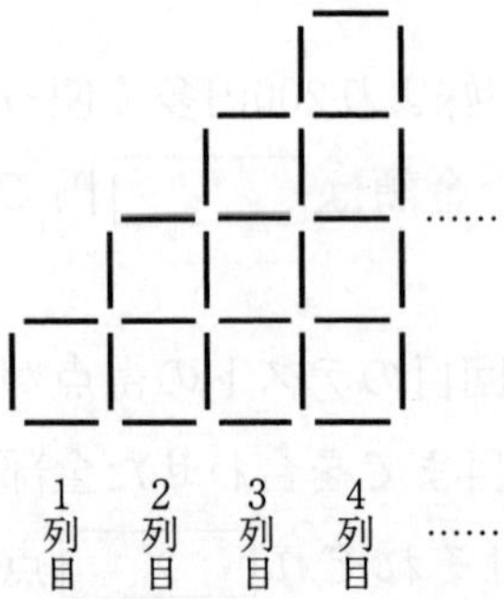

(6)　図の三角形ABCにおいて，点Dは角Bを二等分する直線と，角Cを二等分する直線の交点です。xは［　　　］度です。

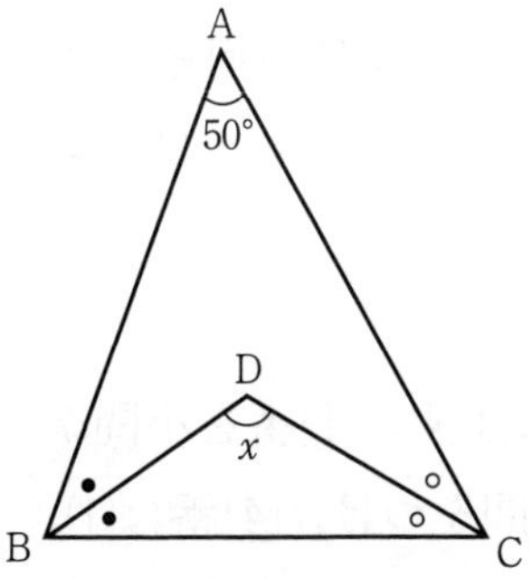

(7)　図は，大，中，小３種類の半円を合計４個組み合わせた図形です。影《かげ》をつけた部分の面積は［　　　］cm^2です。円周率は3.14とします。

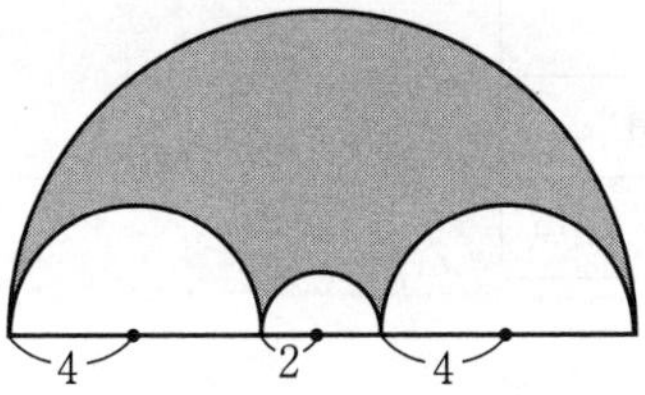

単位はcm

(8)　底面が１辺２cmの正方形で，高さ６cmの四角柱２個が図のように互《たが》いに１cmずつくいこんで直角にかみ合っています。この立体の体積は［　　　］cm^3です。

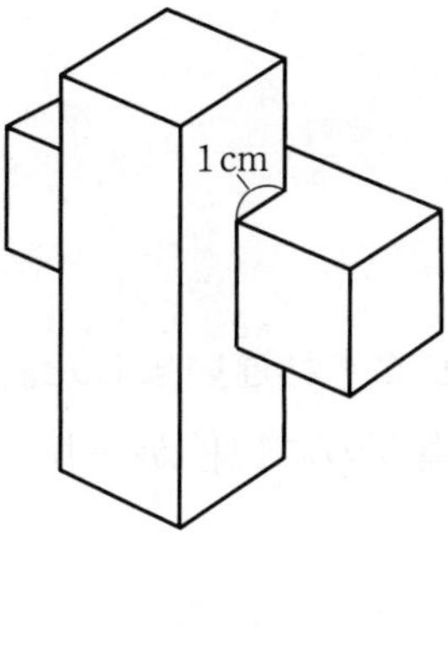

[3]　テスト問題を作成して，その配点を考えます。全体を100点満点になるようにします。次の問いに答えなさい。

(1)　問題数を17題にして，全体を100点満点になるようにします。はじめ何題かを１題につき５点にして，残りの問題を１題につき６点にします。５点配点の問題数を何題にすればよいですか。

(2)　問題は大問を４題にして，全体を100点満点になるようにします。[1]番を小問７題に分けた問題にして，また，[2]番と[3]番は(1)，(2)，(3)の小問をつけ，[4]番は(1)，(2)，(3)，(4)の小問をつけます。下の表は，大問別の小問の数とその合計点を示します。この表は，たとえば，大問[2]には，小問が３題あり，その合計点が20点になることを表しています。

大　問	[1]	[2]	[3]	[4]
小問の数	７題	３題	３題	４題
配　点	合計　　点	合計20点	合計20点	合計　　点

大問[4]の合計点を25点にします。①，②に答えなさい。

①　大問[1]で，小問７題を均等配点にするとき，１題につき何点ですか。

②　大問[4]で，４題の小問を何点にするかを考えます。たとえば，（３点，５点，８点，９点）や（４点，４点，８点，９点）がありますが，１題につき４点以上８点以下にするときは，何通り考えられますか。ただし，（４点，８点，５点，８点）と（４点，５点，８点，８点）などは同じものとします。

[4]　秒速20ｍで走る列車Ａと，秒速15ｍで走る列車Ｂが鉄橋上ですれ違《ちが》いました。Ａは鉄橋を渡《わた》るのに33秒，Ｂは48秒かかり，列車どうしがすれ違うのに12秒かかりました。次の問いに答えなさい。

(1)　列車Ａと鉄橋を合わせた長さは何ｍですか。

(2)　列車Ａと列車Ｂを合わせた長さは何ｍですか。

(3)　鉄橋の長さは何ｍですか。

5　右の図のような１辺が10cmのひし形があります。これと合同なひし形を９個並べて，大きなひし形ABCDをつくりました。重なることなく，すき間なく並べてあります。次の問いに答えなさい。

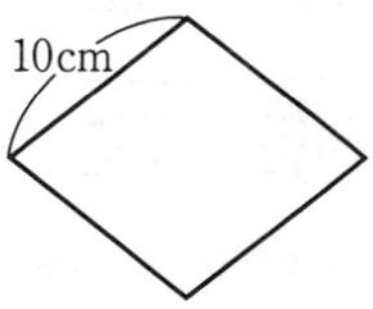

(1)　図１のように，頂点Aと点Pを直線で結びました。①，②に答えなさい。

①　xの長さは何cmですか。

②　影をつけた四角形の面積は，１辺が10cmのひし形の面積の何分のいくつですか。

図１

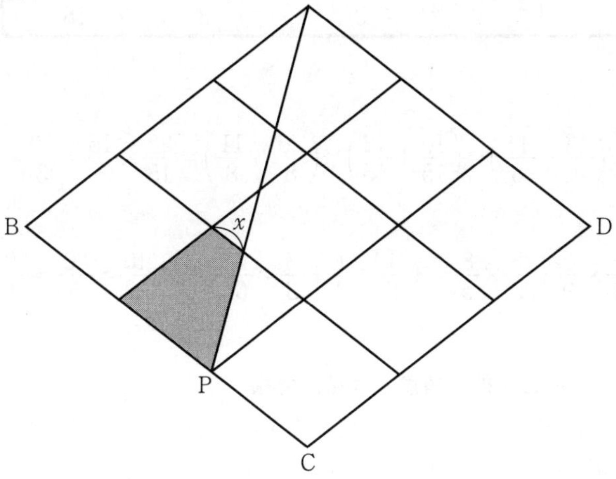

(2)　図２で，影をつけた三角形APQの面積は，ひし形ABCDの面積の何分のいくつですか。

図２

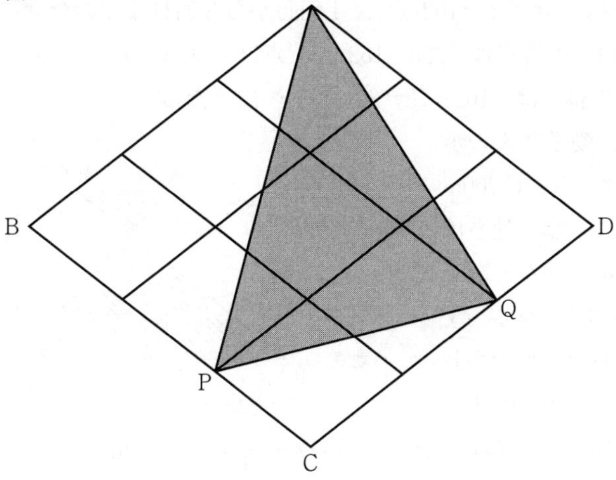

2021年度

順 天 中 学 校　▶解説と解答

算　数　＜第１回Ｂ入試＞（50分）＜満点：100点＞

解　答

[1] (1)　$2\frac{3}{4}$　(2)　$3\frac{1}{3}$　[2] (1)　ア　18　イ　25　(2)　400円　(3)　ア　73点　イ　89点　ウ　96点　(4)　ア　5：7　イ　525　(5)　ア　40本　イ　130本　(6)　115度　(7)　100.48cm^2　(8)　44cm^3　[3] (1)　２題　(2)　①　５点　②　７通り　[4] (1)　660m　(2)　420m　(3)　480m　[5] (1)　①　$3\frac{1}{3}$cm　②　$\frac{2}{3}$　(2)　$\frac{7}{18}$

解　説

[1] 四則計算

(1)　$\left(\frac{2}{3}+0.8\right)\times\left(3\frac{1}{4}-1\frac{3}{8}\right)=\left(\frac{2}{3}+\frac{4}{5}\right)\times\left(\frac{13}{4}-\frac{11}{8}\right)=\left(\frac{10}{15}+\frac{12}{15}\right)\times\left(\frac{26}{8}-\frac{11}{8}\right)=\frac{22}{15}\times\frac{15}{8}=\frac{10}{3}=2\frac{3}{4}$

(2)　$1\frac{1}{6}-2\frac{1}{4}\times\frac{2}{9}+1\frac{2}{3}\div\frac{5}{8}=1\frac{1}{6}-\frac{9}{4}\times\frac{2}{9}+\frac{5}{3}\times\frac{8}{5}=1\frac{1}{6}-\frac{1}{2}+\frac{8}{3}=\frac{7}{6}-\frac{3}{6}+\frac{16}{6}=\frac{20}{6}=\frac{10}{3}=3\frac{1}{3}$

[2] 倍数算，比の性質，平均，速さ，グラフ，図形と規則，角度，面積，体積

(1)　Aを□とすると，Bは(□＋７)となり，□×２＝(□＋７)＋11と表すことができる。よって，□×２－□＝７＋11，□＝18になるから，Aは18(…ア)，Bは，18＋７＝25(…イ)となる。

(2)　初めに姉は妹よりも，1200－800＝400(円)多く持っていて，姉は妹より200円多く使ったので，姉の残金は妹の残金よりも，400－200＝200(円)多くなる。よって，４：３の比の，４－３＝１にあたる金額が200円となるので，姉の残金は，200×４＝800(円)とわかる。したがって，姉が使った金額は，1200－800＝400(円)と求められる。

(3)　順くんの２回目までのテストの合計点は，81×２＝162(点)，１回目から３回目までの合計点は，86×３＝258(点)である。よって，３回目の得点は，258－162＝96(点)(…ウ)なので，１回目の得点は，96－23＝73(点)(…ア)，２回目の得点は，162－73＝89(点)(…イ)となる。

(4)　愛子さんは700mを14分で歩いたから，愛子さんの歩く速さは分速，700÷14＝50(m)である。敬子さんは700mを，18－８＝10(分)で歩いたので，敬子さんの歩く速さは分速，700÷10＝70(m)である。よって，愛子さんと敬子さんの歩く速さの比は，50：70＝５：７(…ア)になる。また，右の図１で，斜線《しゃせん》をつけた２つの三角形は相似であり，相似比は，18：(14－８)＝３：１だから，ウとエの比も３：１となる。この和が700mなので，ウの部分の道のり(x)は，$700\times\frac{3}{3+1}$＝525(m)(…イ)と求められる。

図１

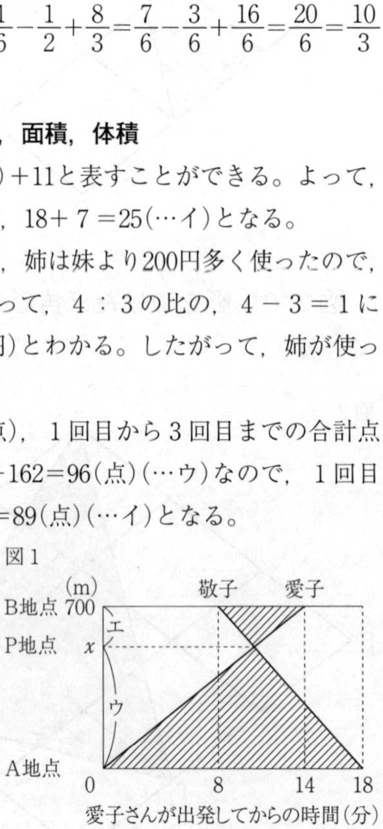

(5)　右の図２のように，１列目には棒が４本あり，２列目，３列目，４列目，…と加えていくと，棒はそれぞれ，６本，８本，10本，…とふえていく。そして，５列目には棒が12本ふえるから，５列目までつくるとき棒は，４＋６＋８＋10＋12＝40(本)(…ア)必要となる。また，10列目までつくるとき棒は，40＋14＋16＋18＋20＋22＝130(本)(…イ)必要になる。

図２

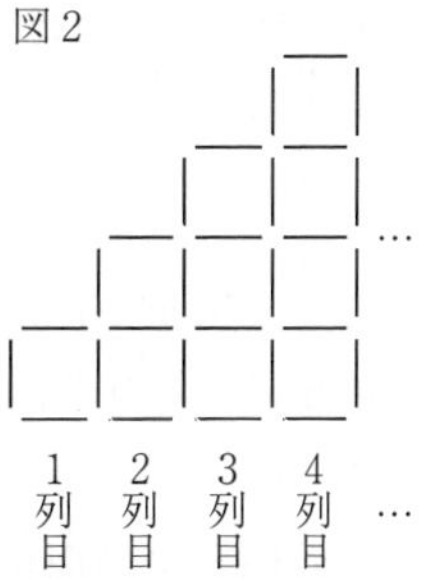

(6)　三角形ABCで，(•＋•＋◦＋◦)の角の大きさは，180－50＝130(度)だから，三角形DBCで，(•＋◦)の角の大きさは，130÷２＝65(度)となる。よって，xは，180－65＝115(度)とわかる。

(7)　大，中，小３種類の半円の半径はそれぞれ，４×２＋２＝10(cm)，４cm，２cmなので，面積はそれぞれ，$10\times10\times3.14\times\frac{1}{2}=50\times3.14(\mathrm{cm}^2)$，$4\times4\times3.14\times\frac{1}{2}=8\times3.14(\mathrm{cm}^2)$，$2\times2\times3.14\times\frac{1}{2}=2\times3.14(\mathrm{cm}^2)$である。よって，影《かげ》をつけた部分の面積は，$50\times3.14-8\times3.14\times2-2\times3.14=32\times3.14=100.48(\mathrm{cm}^2)$と求められる。

(8)　四角柱１個の体積は，$2\times2\times6=24(\mathrm{cm}^3)$，くいこんでいる部分の体積は，$1\times2\times2=4(\mathrm{cm}^3)$である。よって，この立体の体積は，$24\times2-4=44(\mathrm{cm}^3)$とわかる。

3　つるかめ算，調べ

(1)　６点の問題数を17題とすると，合計点は，６×17＝102(点)となり，100点よりも，102－100＝２(点)高くなる。そこで，６点の問題をへらし，かわりに５点の問題をふやすと，合計点は１題あたり，６－５＝１(点)ずつ低くなる。よって，５点の問題数は，２÷１＝２(題)とわかる。

(2)　①　大問1の合計点は，100－20－20－25＝35(点)だから，１題につき，35÷７＝５(点)になる。　②　１題につき４点以上８点以下なので，(４点，５点，８点，８点)，(４点，６点，７点，８点)，(４点，７点，７点，７点)，(５点，５点，７点，８点)，(５点，６点，６点，８点)，(５点，６点，７点，７点)，(６点，６点，６点，７点)の７通り考えられる。

4　通過算

(1)　右の図１より，列車Ａは33秒で列車Ａと鉄橋を合わせた長さを進むから，列車Ａと鉄橋を合わせた長さは，20×33＝660(m)である。

図１

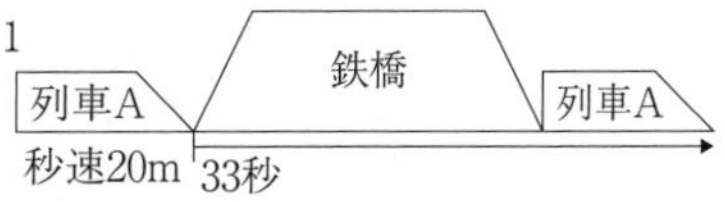

図２

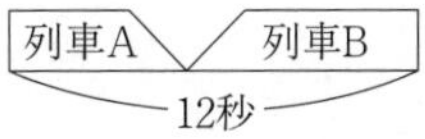

(2)　列車Ａと列車Ｂがすれ違《ちが》うときのようすは，右の図２のようになる。このとき，列車Ａと列車Ｂの速さの和は秒速，20＋15＝35(m)であり，列車Ａの最後尾《さいこうび》と列車Ｂの最後尾が出会うまでの時間が12秒なので，列車Ａと列車Ｂを合わせた長さは，35×12＝420(m)となる。

(3)　(1)と同様に考えると，列車Ｂは48秒で列車Ｂと鉄橋を合わせた長さを進むから，列車Ｂと鉄橋を合わせた長さは，15×48＝720(m)になり，右の図３のように表すことができる。図３で，アの式とイの式の和からウの式を引くと，鉄橋の長さの２倍が，660＋720－420＝960(m)とわかるので，鉄橋の長さは，960÷２＝480(m)と求められる。

図３

(列車Ａ)＋(鉄　橋)＝660(m)…ア
(列車Ｂ)＋(鉄　橋)＝720(m)…イ
(列車Ａ)＋(列車Ｂ)＝420(m)…ウ

5　平面図形―相似，長さ，面積

(1)　①　下の図①で，三角形AEFと三角形ABPは相似だから，EF：BP＝AE：AB＝２：３になり，BPの長さは，$10\times2=20$(cm)なので，EFの長さは，$20\times\frac{2}{3}=13\frac{1}{3}$(cm)となる。よって，$x$の長さは，$13\frac{1}{3}-10=3\frac{1}{3}$(cm)である。　②　１辺が10cmのひし形を台形と考えると，影《かげ》をつけた四角形の面積と１辺が10cmのひし形の面積の比は，それぞれの台形の上底と下底の和の比と等しくなるから，$\left(3\frac{1}{3}+10\right):(10+10)=2:3$とわかる。よって，影をつけた四角形の面積は，１辺が10cmのひし形の面積の，$2\div3=\frac{2}{3}$である。

図①

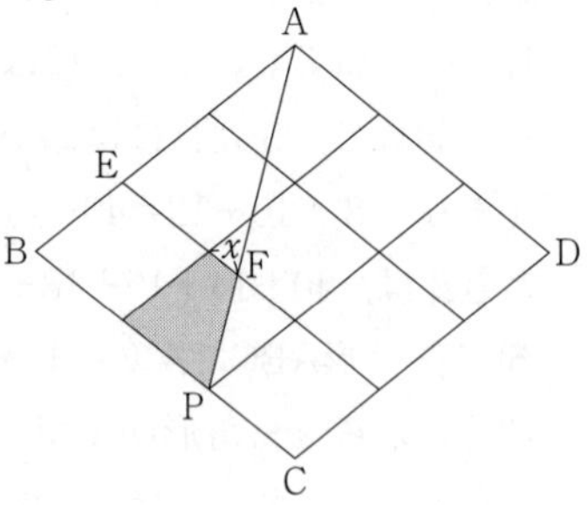

(2)　右の図②で，三角形ABCと三角形ADCと三角形BCDの面積は，それぞれひし形ABCDの面積の$\frac{1}{2}$である。また，BP：PC＝２：１なので，三角形ABPの面積は三角形ABCの面積の，$\frac{2}{2+1}=\frac{2}{3}$になり，ひし形ABCDの面積の，$\frac{1}{2}\times\frac{2}{3}=\frac{1}{3}$となる。同様に，CQ：QD＝２：１だから，三角形ADQの面積はひし形ABCDの面積の，$\frac{1}{2}\times\frac{1}{2+1}=\frac{1}{6}$になる。また，三角形CPQの面積は三角形BCDの面積の，$\frac{1}{2+1}\times\frac{2}{2+1}=\frac{2}{9}$なので，ひし形ABCDの面積の，$\frac{1}{2}\times\frac{2}{9}=\frac{1}{9}$とわかる。よって，三角形APQの面積は，ひし形ABCDの面積の，$1-\left(\frac{1}{3}+\frac{1}{6}+\frac{1}{9}\right)=1-\frac{11}{18}=\frac{7}{18}$と求められる。

図②

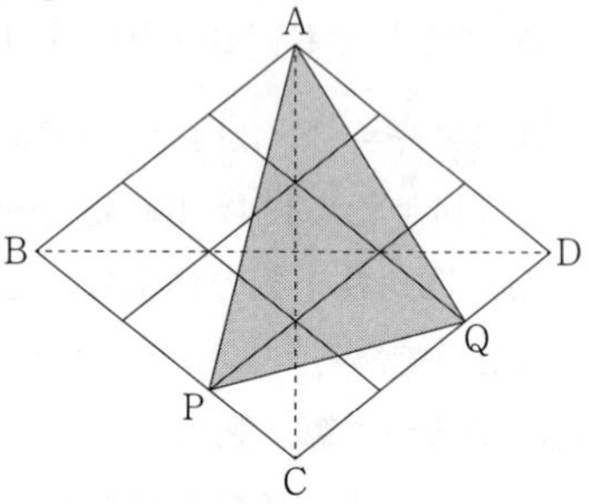

Memo

Memo

出題ベスト10シリーズ

①国語読解ベスト10

②漢字合格の2790題

③計算合格の820題

④図形問題ベスト10

■過去の入試問題から出題例の多い問題を選んで編集・構成。受験関係者の間でも好評です！

有名中学入試問題集

●男子校編

●女子校編

■中学入試の全容をさぐる!!
■首都圏の中学を中心に、全国有名中学の最新入試問題を収録!!

※表紙は昨年度のものです。

算数の過去問25年分

■筑波大学附属駒場
■麻布
■開成

○名門３校に絶対合格したいという気持ちに応えるため過去問実績No.1の声の教育社が出した答えです。

都立中高一貫校 適性検査問題集

■都立一貫校と同じ検査形式で学べる！

●自己採点のしにくい作文には「採点ガイド」を掲載。
●保護者向けのページも充実。
●私立中学の適性検査型・思考力試験対策にもおすすめ！

スーパー過去問の 解説執筆・解答作成スタッフ（在宅）募集！

※募集要項の詳細は、10月に弊社ホームページ上に掲載します。

2025年度用

中学スーパー過去問

■編集人 声の教育社・編集部
■発行所 株式会社 声の教育社
〒162-0814 東京都新宿区新小川町8-15
☎03-5261-5061(代) FAX03-5261-5062
https://www.koenokyoikusha.co.jp

本書の内容についての一切の責任は当社にあります。内容・解説・解答・その他は当社ホームページよりお問い合わせ下さい。

ストリーミング配信による入試問題の解説動画

2025年度用web過去問　ラインナップ

■ 男子・女子・共学（全動画）見放題
36,080円（税込）

■ 男子・共学 見放題
29,480円（税込）

■ 女子・共学 見放題
28,490円（税込）

● 中学受験「声教web過去問（過去問プラス・過去問ライブ）」（算数・社会・理科・国語）

3〜5年間 **24校**

過去問プラス

麻布中学校	桜蔭中学校	開成中学校	慶應義塾中等部	渋谷教育学園渋谷中学校
女子学院中学校	筑波大学附属駒場中学校	豊島岡女子学園中学校	広尾学園中学校	三田国際学園中学校
早稲田中学校	浅野中学校	慶應義塾普通部	聖光学院中学校	市川中学校
渋谷教育学園幕張中学校	栄東中学校			

過去問ライブ

栄光学園中学校	サレジオ学院中学校	中央大学附属横浜中学校	桐蔭学園中等教育学校	東京都市大学付属中学校
フェリス女学院中学校	法政大学第二中学校			

● 中学受験「オンライン過去問塾」（算数・社会・理科）

3〜5年間 **50校以上**

東京	青山学院中等部	東京	国学院大学久我山中学校	東京	明治大学付属明治中学校	千葉	芝浦工業大学柏中学校	埼玉	栄東中学校
	麻布中学校		渋谷教育学園渋谷中学校		早稲田中学校		渋谷教育学園幕張中学校		淑徳与野中学校
	跡見学園中学校		城北中学校		都立中高一貫校 共同作成問題		昭和学院秀英中学校		西武学園文理中学校
	江戸川女子中学校		女子学院中学校		都立大泉高校附属中学校		専修大学松戸中学校		獨協埼玉中学校
	桜蔭中学校		巣鴨中学校		都立白鷗高校附属中学校		東邦大学付属東邦中学校		立教新座中学校
	鷗友学園女子中学校		桐朋中学校		都立両国高校附属中学校		千葉日本大学第一中学校	茨城	江戸川学園取手中学校
	大妻中学校		豊島岡女子学園中学校	神奈川	神奈川大学附属中学校		東海大学付属浦安中等部		土浦日本大学中等教育学校
	海城中学校		日本大学第三中学校		桐光学園中学校		麗澤中学校		茗渓学園中学校
	開成中学校		雙葉中学校		県立相模原・平塚中等教育学校		県立千葉・東葛飾中学校		
	開智日本橋中学校		本郷中学校		市立南高校附属中学校		市立稲毛国際中等教育学校		
	吉祥女子中学校		三輪田学園中学校	千葉	市川中学校	埼玉	浦和明の星女子中学校		
	共立女子中学校		武蔵中学校		国府台女子学院中学部		開智中学校		

web過去問 Q&A

過去問が動画化！
声の教育社の編集者や中高受験のプロ講師など、
過去問を知りつくしたスタッフが動画で解説します。

Q どこで購入できますか？

A 声の教育社のHPでお買い求めいただけます。

Q 受講にあたり、テキストは必要ですか？

A 基本的には過去問題集がお手元にあることを前提としたコンテンツとなっております。

Q 全問解説ですか？

A 「オンライン過去問塾」シリーズは基本的に全問解説ですが、国語の解説はございません。「声教web過去問」シリーズは合格のカギとなる問題をピックアップして解説するもので、全問解説ではございません。なお、「声教web過去問」と「オンライン過去問塾」のいずれでも取り上げられている学校がありますが、授業は別の講師によるもので、同一のコンテンツではございません。

Q 動画はいつまで視聴できますか？

A ご購入年度２月末までご視聴いただけます。
複数年視聴するためには年度が変わるたびに購入が必要となります。

よくある解答用紙のご質問

01

実物のサイズにできない

拡大率にしたがってコピーすると，「解答欄」が実物大になります。配点などを含むため，用紙は実物よりも大きくなることがあります。

02

A3用紙に収まらない

拡大率164％以上の解答用紙は実物のサイズ（「出題傾向＆対策」をご覧ください）が大きいために，Ａ３に収まらない場合があります。

03

拡大率が書かれていない

複数ページにわたる解答用紙は，いずれかのページに拡大率を記載しています。どこにも表記がない場合は，正確な拡大率が不明です。

04

１ページに２つある

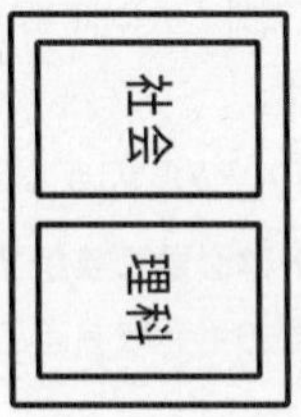

１ページに２つ解答用紙が掲載されている場合は，正確な拡大率が不明です。ほかの試験回の同じ教科をご参考になさってください。

順天中学校

【別冊】入試問題解答用紙編

解答用紙は本体からていねいに抜きとり、別冊としてご使用ください。

※　実際の解答欄の大きさで練習するには、指定の倍率で拡大コピーしてください。なお、ページの上下に小社作成の見出しや配点を記載しているため、コピー後の用紙サイズが実物の解答用紙と異なる場合があります。

●入試結果表

年度	回	項目	国語	算数	社会	理科	2科合計	4科合計	2科合格	4科合格
2024	第１回A	配点(満点)	100	100	60	60		320		最高点
		合格者平均点	79	75	37	38		229		260
		受験者平均点	73	65	32	33		203		最低点
		キミの得点								220
	第１回B	配点(満点)	100	100			200		最高点	
		合格者平均点	70	77			147		167	
		受験者平均点	61	56			117		最低点	
		キミの得点							138	
	〔参考〕：第２回Aの国語(満点 100)の合格者平均点は非公表、受験者平均点は 48、第２回Bの国語(満点 100)の合格者平均点は非公表、受験者平均点は 57、第３回の国語(満点 100 を 35 換算)の合格者平均点は非公表、受験者平均点は 20 です。									
2023	第１回A	配点(満点)	100	100	60	60		320		最高点
		合格者平均点	76.1	71.9	40.7	40.8		229.5		268
		受験者平均点	71.5	55.2	34.7	35.1		196.5		最低点
		キミの得点								210
	第１回B	配点(満点)	100	100			200		最高点	
		合格者平均点	66.8	78.6			145.4		171	
		受験者平均点	57.8	63.1			120.9		最低点	
		キミの得点							134	
2022	第１回A	配点(満点)	100	100	60	60		320		最高点
		合格者平均点	65.7	70.1	40.6	39.9		216.3		240
		受験者平均点	60.9	57.7	34.8	34.1		187.5		最低点
		キミの得点								195
	第１回B	配点(満点)	100	100			200		最高点	
		合格者平均点	76.2	68.5			144.7		178	
		受験者平均点	68.9	53.0			121.9		最低点	
		キミの得点							130	
2021	第１回A	配点(満点)	100	100	60	60		320		最高点
		合格者平均点	67.6	73.7	37.4	45.9		224.6		269
		受験者平均点	62.1	66.0	32.1	41.8		202.0		最低点
		キミの得点								208
	第１回B	配点(満点)	100	100			200		最高点	
		合格者平均点	73.6	78.6			152.2		183	
		受験者平均点	65.5	69.1			134.6		最低点	
		キミの得点							135	

※　表中のデータは学校公表のものです。ただし、２科合計・４科合計は各教科の平均点を合計したものなので、目安としてご覧ください。

声の教育社

２０２４年度　順天中学校

算数解答用紙　第１回Ａ

番号		氏名		評点	／100

1	(1)				
	(2)				
2	(1)	%			
	(2)	ア	人	イ	人
	(3)	ア	人	イ	人
	(4)	ア	個		
		イ	個		
	(5)				
	(6)	度			
	(7)	cm^2			
	(8)	ア	cm^3		
		イ	cm^2		

3	(1)	整数ア			
		最初から	番目		
	(2)	A			
		B			
	(3)				
4	(1)	a		b	
		c			
	(2)	倍			
	(3)	：			
5	(1)				
	(2)		x ： y ： z		
		①	： ：		
		②			

（注）この解答用紙は実物を縮小してあります。Ｂ５→Ａ４（115%）に拡大コピーすると、ほぼ実物大の解答欄になります。

〔算　数〕100点（学校配点）

1　各５点×２　2　(1)　５点　(2)～(4)　各３点×６　(5)～(7)　各５点×３　(8)　各３点×２　3　(1)　各２点×２　(2)　Ａ　２点　Ｂ　３点　(3)　６点　4　(1)　各２点×３　(2)，(3)　各５点×２　5　各５点×３

２０２４年度　順天中学校

社会解答用紙　第１回Ａ

番号		氏名		評点	/60

1

問1	あ　　　市	い　　　市
	う　　　市	
問2	問3	問4
問5		
問6	問7	問8
問9	問10	

2

問1	問2	問3
問4	問5	
問6	→　→　→	
問7	問8	
問9		
問10	名称	内容
問11	問12	問13

3

問1	問2	①	②
問3	問4	問5	
問6			
問7	記号	正しい答え	
問8	大統領	問9	
問10	問11	問12	権
問13			
問14			

（注）この解答用紙は実物を縮小してあります。189%拡大コピーをすると、ほぼ実物大の解答欄になります。

〔社　会〕60点(学校配点)

1　問1，問2　各１点×4　問3～問10　各２点×8　2　問1　２点　問2，問3　各１点×2　問4　２点　問5　１点　問6，問7　各２点×2<問6は完答>　問8，問9　各１点×2　問10　名称…１点，内容…２点　問11，問12　各１点×2　問13　２点　3　問1，問2　各１点×3　問3　２点　問4～問10　各１点×8<問6は完答>　問11，問12　各２点×2　問13　１点　問14　２点

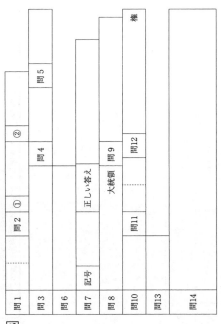

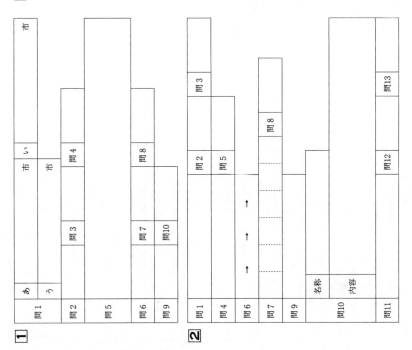

２０２４年度　順天中学校

理科解答用紙　第１回Ａ

番号		氏名	

評点	/60

1

問１	g	問２	g
問３	g	問４	
問５		問６	
問７	色	問８	
問９			

2

問１	(1)	m	(2)	m
問２	Cさん		Dさん	
問３				

3

問１	名前		図の番号	

3

問２		問３	
問４			
問５			
問６			
問７	カメムシの仲間	ハダニの仲間	はっきり決めることができない
	理由		

4

問１		問２	
問３		問４	
問５			

（注）この解答用紙は実物を縮小してあります。185％拡大コピーをすると、ほぼ実物大の解答欄になります。

〔理　科〕60点(学校配点)

1　問１～問３　各２点×３　問４，問５　各１点×２　問６～問８　各２点×３　問９　３点　2　各３点×５　3　問１～問３　各１点×５　問４，問５　各３点×２　問６　各１点×２　問７　○で囲むもの…１点，理由…２点　4　問１，問２　各３点×２　問３，問４　各２点×２　問５　各１点×２

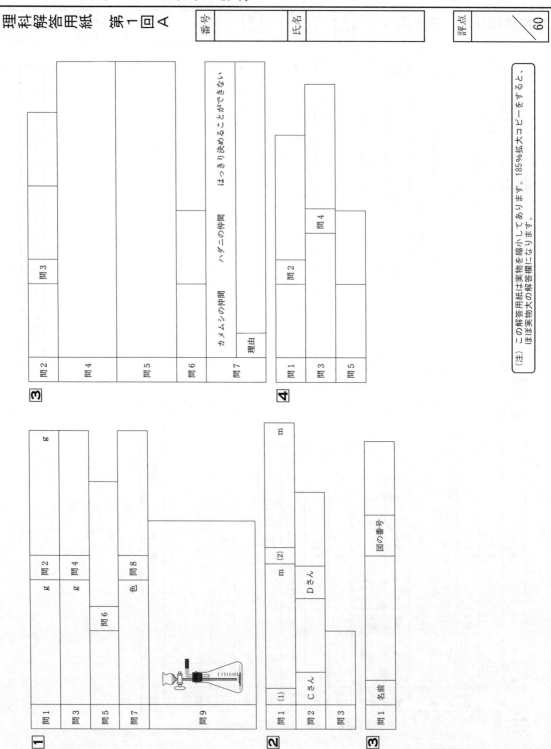

２０２４年度　順天中学校

国語解答用紙　第一回Ａ

番号		氏名		評点	／100

一

問一	ア		イ	か	ウ		エ		オ
問二	a		b						
問三	A		B		C		D		
問四									
問五	（60字）								
問六		問七							
問八	（100字）								

二

問一	ア	い	イ		ウ		エ		オ
問二	A		B		問三		問四		問五
問六	（50字）								
問七									
問八	（70字）								
問九									

（注）この解答用紙は実物を縮小してあります。Ｂ５→Ａ３（163％）に拡大コピーすると、ほぼ実物大の解答欄になります。

〔国　語〕100点(学校配点)

一　問1～問3　各2点×11　問4　4点　問5, 問6　各6点×2　問7　4点　問8　8点　二　問1～問3　各2点×8　問4, 問5　各4点×3　問6　6点　問7　4点　問8, 問9　各6点×2

２０２４年度　順天中学校

算数解答用紙　第１回Ｂ

番号		氏名		評点	／100

大問	小問	解答欄	
1	(1)		
1	(2)		
2	(1)	ア	イ
2	(2)	点	
2	(3)	ページ	
2	(4)	時速　　km	
2	(5)	通り	
2	(6)	度	
2	(7)	cm^2	
2	(8)		
3	(1)	1122の次	
3	(1)	3桁の数	個
3	(1)	4桁の数	個
3	(2)	32番目	
3	(2)	60番目	
3	(3)	番目	
4	(1)	a	
4	(2)	b	
4	(2)	c	
4	(3)	分速　　m	
5	(1)	cm	
5	(2)	：	
5	(3)	：	

（注）この解答用紙は実物を縮小してあります。Ｂ５→Ａ４（115%）に拡大コピーすると、ほぼ実物大の解答欄になります。

〔算　数〕100点(学校配点)

1，2　各５点×10＜2の(1)，(8)は完答＞　3　(1)　各２点×３　(2)　32番目…３点，60番目…４点　(3)　６点　4　(1)　５点　(2)　各３点×２　(3)　５点　5　各５点×３

２０２４年度　順天中学校

国語解答用紙　第一回Ｂ

番号		氏名		評点	/100

一

問一	ア	まれて	イ		ウ		エ		オ	
問二	Ⅰ		Ⅱ		Ⅲ		Ⅳ		Ⅴ	
問三	A		B		C		D			
問四	(70)									
問五	(30)									
問六										
問七	(1)									
	(2)	(100)								

二

問一	ア		イ		ウ		エ	しく	オ	
問二	Ⅰ		Ⅱ		Ⅲ		Ⅳ		Ⅴ	
問三		問四		問五						
問六	(60)									
問七										
問八		問九								

（注）この解答用紙は実物を縮小してあります。Ｂ５→Ａ３（163％）に拡大コピーすると、ほぼ実物大の解答欄になります。

〔国　語〕100点(学校配点)

一　問1～問3　各2点×14　問4　6点　問5，問6　各3点×2　問7　(1)　2点　(2)　8点　二　問1～問3　各2点×11　問4，問5　各4点×2　問6，問7　各6点×2　問8，問9　各4点×2

２０２３年度　　順天中学校

算数解答用紙　第１回Ａ

番号		氏名		評点	／100

1	(1)				
	(2)				
2	(1)				度
	(2)				
	(3)				枚
	(4)	ア			時間
		イ	時	ウ	分
	(5)				通り
	(6)				cm^2
	(7)	ア	度	イ	度
	(8)				cm

3	(1)		個
	(2)		個
	(3)		個
4	(1)		
	(2)	①	cm
		②	
5	(1)	棒	本
		止め具	個
	(2)	棒	本
		止め具	個
	(3)		本
	(4)		本

（注）この解答用紙は実物を縮小してあります。Ｂ５→Ａ４(115%)に拡大コピーすると、ほぼ実物大の解答欄になります。

〔算　数〕100点(学校配点)

1　各５点×２　2　(1)～(3)　各５点×３＜(2)は完答＞　(4)　各３点×２　(5)，(6)　各５点×２　(7)　各３点×２　(8)　５点　3　(1)　４点　(2)　５点　(3)　６点　4　(1)　５点　(2)　①　５点　②　６点　5　(1)，(2)　各２点×４　(3)　４点　(4)　５点

2023年度　順天中学校

社会解答用紙　第1回A

番号		氏名		評点	／60

（注）この解答用紙は実物を縮小してあります。196%拡大コピーをすると、ほぼ実物大の解答欄になります。

1

問1	
問2	①　②　時間
問3	
問4	
問5	
問6	
問7	
問8	
問9	県
問10	
問11	
問12	
問13	①　②

2

問1	
問2	
問3	
問4	
問5	
問6	
問7	
問8	
問9	
問10	
問11	
問12	
問13	①　②

3

問1	あ　い　理事会
	う　え
	お
問2	
問3	
問4	
問5	
問6	
問7	
問8	X　主義　Y
問9	
問10	

〔社　会〕60点(学校配点)

1　問1　1点　問2　①　2点　②　1点　問3　1点　問4　2点　問5　1点　問6　2点　問7，問8　各1点×2　問9　2点　問10～問12　各1点×3　問13　①　1点　②　2点　2　問1，問2　各1点×2　問3，問4　各2点×2　問5，問6　各1点×2　問7　2点　問8，問9　各1点×2　問10　2点　問11，問12　各1点×2　問13　各2点×2　3　問1～問4　各1点×8　問5　2点　問6　1点　問7，問8　各2点×3　問9　1点　問10　2点

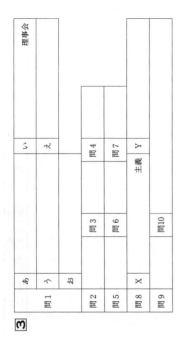

2023年度　順天中学校

理科解答用紙　第1回A

番号		氏名		評点	/60

1

問1	
問2	
問3	A　　B
問4	：
問5	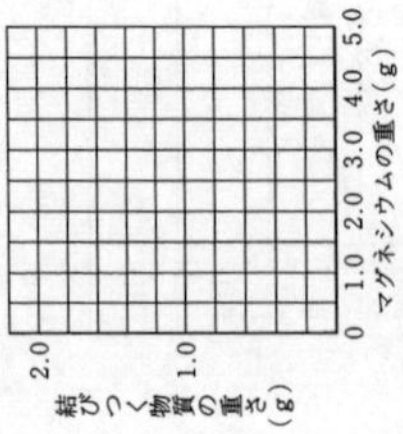

2

問1	
問2	

3

問1 明るさ	
問1 理由	
問2	

4

問1	
問2	
問3	
問4	
問5	
問6	匹

5

問1	
問2	
問3	
問4	

（注）この解答用紙は実物を縮小してあります。185％拡大コピーをすると、ほぼ実物大の解答欄になります。

〔理　科〕60点(学校配点)

1 問1　3点　問2　2点　問3，問4　各3点×3　問5　2点　2，3　各3点×5　4　問1　2点　問2～問6　各3点×5　5　各3点×4

２０２４年度　順天中学校

国語解答用紙　第二回Ａ

番号		氏名		評点	/100

一

問一	ア		イ		ウ		エ		オ	されて
問二	A		B		C		D		問三	
問四	（90字）									
問五	(1)	（10字）こと	(2)	（40字）						
問六	(1)		(2)		問七					

二

問一	ア	せた	イ		ウ	い	エ		オ			
問二	a		b		問三	A		B	C	D	E	
問四												
問五												
問六												
問七	（5字）											
問八												

（注）この解答用紙は実物を縮小してあります。Ｂ５→Ａ３（163％）に拡大コピーすると、ほぼ実物大の解答欄になります。

〔国　語〕100点（学校配点）

一　問１～問３　各２点×10　問４　８点　問５　(1)　４点　(2)　６点　問６，問７　各４点×３　二　問１～問３　各２点×12　問４　４点　問５　６点　問６，問７　各４点×２　問８　８点

2023年度　順天中学校

算数解答用紙　第1回B

番号		氏名		評点	／100

1	(1)		
	(2)		
2	(1)	ア	イ
	(2)	： ：	
	(3)	問	
	(4)	個	
	(5)	ア	通り
		イ	通り
	(6)	度	
	(7)	cm^2	
	(8)	ア	cm^3
		イ	cm^2

3	(1)	●	個
		○	個
	(2)	●	個
		○	個
	(3)	番目と　番目	
4	(1)	ボート	分速　m
		川	分速　m
	(2)	分間	
5	(1)	①	cm^2
		②	cm^2
	(2)	①	
		②	

（注）この解答用紙は実物を縮小してあります。B5→A4（115%）に拡大コピーすると、ほぼ実物大の解答欄になります。

〔算　数〕100点（学校配点）

1　各5点×2　2　(1)　6点<完答>　(2)～(4)　各5点×3　(5)　各3点×2　(6)，(7)　各5点×2　(8)　各3点×2　3　(1)，(2)　各5点×2<各々完答>　(3)　6点<完答>　4　(1)　各4点×2　(2)　6点　5　(1)　各4点×2　(2)　①　4点　②　5点

2022年度　　順天中学校

算数解答用紙　第1回A

番号		氏名		評点	／100

1	(1)		
	(2)		
2	(1)		通り
	(2)		題
	(3)		分
	(4)	*A*	
		B	
	(5)		個
	(6)		度
	(7)		cm^2
	(8)	ア	cm^3
		イ	cm^2

3	(1)		度		
	(2)	ア	：		
		イ	cm^2		
		ウ	cm^2		
		エ	cm		
4	(1)		皿A	皿B	皿C
		最初	個	個	個
		操作3の後	個	個	個
	(2)				
	(3)				
5	(1)		番目		
	(2)				
	(3)				

(注) この解答用紙は実物を縮小してあります。B5→A4(115%)に拡大コピーすると、ほぼ実物大の解答欄になります。

〔算　数〕100点(学校配点)

1　各5点×2　2　(1)～(3)　各5点×3　(4)　6点＜完答＞　(5)～(7)　各5点×3　(8)　6点＜完答＞　3　(1)　5点　(2)　ア　3点　イ～エ　各2点×3　4　(1)　6点＜完答＞　(2)，(3)　各5点×2　5　各6点×3

2022年度　順天中学校

社会解答用紙　第1回A

番号		氏名		評点	/60

1

問1		
問2	①	②
問3		問4　県
問5	問6　市	
問7		問8
問9	米	
問10	①	②
問11		問12
問13		

2

問1	あ	い　貿易
	う	
問2		問3
問4		問5

2

問6		問7
問8		問9
問10	問11	問12
問13		

3

問1	あ		い
	う		え　国会
	お	教	か
	き		
問2		問3	問4　年体制
問5		問6	問7
問8		問9	問10

（注）この解答用紙は実物を縮小してあります。189%拡大コピーをすると、ほぼ実物大の解答欄になります。

〔社　会〕60点(学校配点)

1 問1　1点　問2　①　1点　②　2点　問3～問6　各1点×4　問7　2点　問8　1点　問9　2点　問10　各1点×2　問11　2点　問12　1点　問13　2点　2 問1　各2点×3　問2～問8　各1点×7　問9　2点　問10～問12　各1点×3　問13　2点　3 問1～問4　各1点×10　問5　2点　問6　1点　問7　2点　問8　1点　問9　2点　問10　各1点×2

２０２２年度　順天中学校

理科解答用紙　第１回Ａ

番号		氏名		評点	／60

（注）この解答用紙は実物を縮小してあります。185％拡大コピーをすると、ほぼ実物大の解答欄になります。

1

問１	
問２	
問３	
問４	

2

問１	cm³
問２	g
問３	cm³
問４	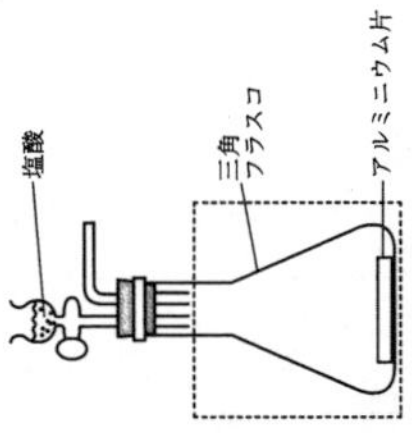

3

問１	ア　　イ　　ウ
問２	――――から――――へ公転している。

3

問３	
問４	

4

問１	(1)	秒
	(2)	秒
問２		g
問３		g
問４	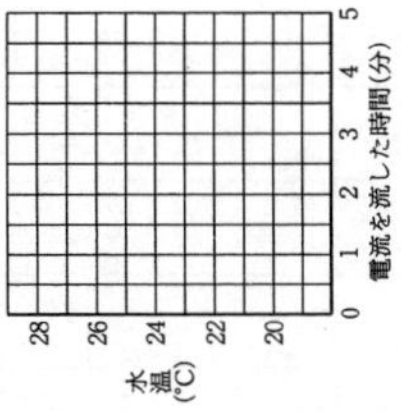	

〔理　科〕60点(学校配点)

1 問１　３点　問２　４点　問３　３点　問４　５点　2 問１，問２　各３点×２　問３　４点　問４　５点　3 問１　各２点×３　問２～問４　各３点×３　4 各３点×５

２０２４年度　順天中学校

国語解答用紙　第二回Ｂ

番号　　氏名　　評点　／100

一

- 問一　ア　イ　ウ　エ　オ
- 問二
- 問三
- 問四（10・20・30）
- 問五
- 問六
- 問七
- 問八（10・20・30・40・50・60・70・80・90・100）

二

- 問一　ア　イ　ウ　って　エ　オ
- 問二　A　B　C
- 問三
- 問四（10・20・30・40・50）
- 問五　1（12）　2（5）
- 問六
- 問七
- 問八　最初　最後
- 問九（10・20・30・40）

（注）この解答用紙は実物を縮小してあります。Ｂ５→Ａ３（163%）に拡大コピーすると、ほぼ実物大の解答欄になります。

〔国　語〕100点(学校配点)

一　問1，問2　各2点×6　問3～問7　各6点×5　問8　8点　二　問1～問3　各2点×9　問4　6点　問5～問8　各4点×5　問9　6点

２０２２年度　　順天中学校

算数解答用紙　第１回Ｂ

番号		氏名		評点	／100

1	(1)		
	(2)		
2	(1)		組
	(2)	ア	通り
		イ	通り
	(3)		個
	(4)		g
	(5)	ア	個
		イ	個
	(6)	x	度
		y	度
	(7)		cm^3
2	(8)		度
3	(1)		
	(2)		m
	(3)		分後と　　　分後
4	(1)		cm
	(2)		：
	(3)		cm^2
5	(1)		少なくとも　　　票
	(2)		少なくとも　　　票
	(3)		F　　票　G　26 票
			H　　票　I　　票
			合計100票
	(4)		少なくとも　　　票

（注）この解答用紙は実物を縮小してあります。Ｂ５→Ａ４（115%）に拡大コピーすると、ほぼ実物大の解答欄になります。

〔算　数〕100点(学校配点)

1　各５点×２　2　(1)　５点　(2)　６点＜完答＞　(3)，(4)　各５点×２　(5)，(6)　各６点×２＜各々完答＞　(7)，(8)　各５点×２　3　(1)，(2)　各５点×２　(3)　６点＜完答＞　4　(1)，(2)　各５点×２　(3)　６点　5　(1)，(2)　各４点×２　(3)　３点＜完答＞　(4)　４点

２０２１年度　　順天中学校

算数解答用紙　第１回Ａ

番号		氏名		評点	／100

1	(1)		
	(2)		
2	(1)	ア	個
		イ	個
	(2)		年後・年前
	(3)		円
	(4)	ア	通り
		イ	通り
	(5)		%
	(6)	ア	度
		イ	度
	(7)	ア	度
		イ	cm^2

2	(8)	cm^3			
3	(1)	L			
	(2)				
	(3)	毎分　L			
4	(1)				
	(2)				
	(3)	1番目の数		和	
	(4)	1番目の数		和	
5	(1)				
	(2)	倍			
	(3)	倍			

（注）この解答用紙は実物を縮小してあります。Ｂ５→Ａ４(115%)に拡大コピーすると、ほぼ実物大の解答欄になります。

〔算　数〕100点(学校配点)

1　各５点×2　2　(1)　各３点×2　(2)，(3)　各５点×2　(4)　各３点×2　(5)　５点　(6)　各３点×2　(7)　各４点×2　(8)　５点　3　各５点×３　4　各４点×4＜(3)，(4)は完答＞　5　(1)　５点＜完答＞　(2)，(3)　各４点×2

２０２１年度　順天中学校

社会解答用紙　第１回Ａ

番号		氏名		評点	/60

1

問１	
問２	① 　地形 ②
問３	
問４	都市名 　市 雨温図
問５	山脈
問６	
問７	
問８	
問９	
問10	
問11	
問12	川
問13	

2

問１	
問２	
問３	
問４	
問５	天皇
問６	
問７	
問８	
問９	
問10	
問11	
問12	
問13	
問14	

3

問１	あ 　宣言 い
	う 　万円 え 　氏
問２	
問３	
問４	
問５	
問６	
問７	
問８	
問９	
問10	
問11	
問12	
問13	

（注）この解答用紙は実物を縮小してあります。196%拡大コピーをすると、ほぼ実物大の解答欄になります。

〔社　会〕60点(学校配点)

1 問１　１点　問２　①　１点　②　２点　問３　２点　問４～問８　各１点×６　問９，問10　各２点×２　問11　１点　問12　２点　問13　１点　**2** 問１　２点　問２　１点　問３　２点　問４　１点　問５　２点　問６，問７　各１点×２　問８　２点　問９　１点　問10　２点　問11，問12　各１点×２　問13　２点　問14　１点　**3** 問１，問２　各１点×５　問３　２点　問４，問５　各１点×２　問６　２点　問７～問11　各１点×５　問12，問13　各２点×２

2021年度 順天中学校

理科解答用紙 第1回A

番号		氏名		評点	/60

1

問1	
問2	
問3	
問4	
問5	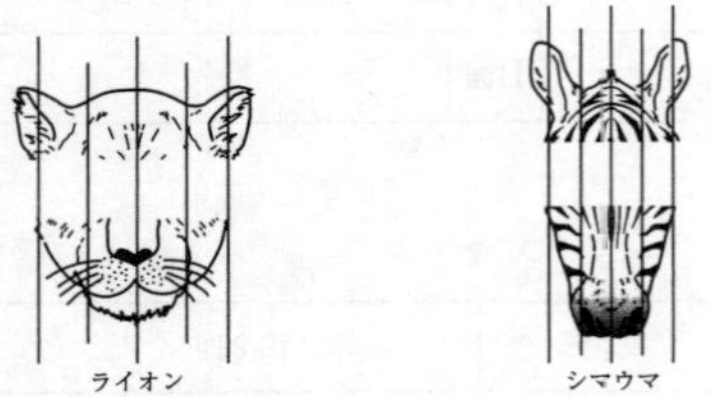

2

問1	ア		イ	
	ウ	いほど	エ	側

2

問2		
問3	方法	
	効果	

3

問1			問2		
問3	C		E		
問4			問5		

4

問1		g	問2		g
問3	A	g	B	g	
	D	g	E	g	

（注）この解答用紙は実物を縮小してあります。189%拡大コピーをすると、ほぼ実物大の解答欄になります。

〔理　科〕60点(学校配点)

1 問1, 問2　各2点×2　問3　4点<完答>　問4　3点　問5　4点<完答>　2 問1　各2点×4　問2　3点　問3　各2点×2　3 問1, 問2　各2点×2　問3, 問4　各3点×3　問5　2点　4 問1, 問2　各2点×2　問3　A　2点　B, D, E　各3点×3

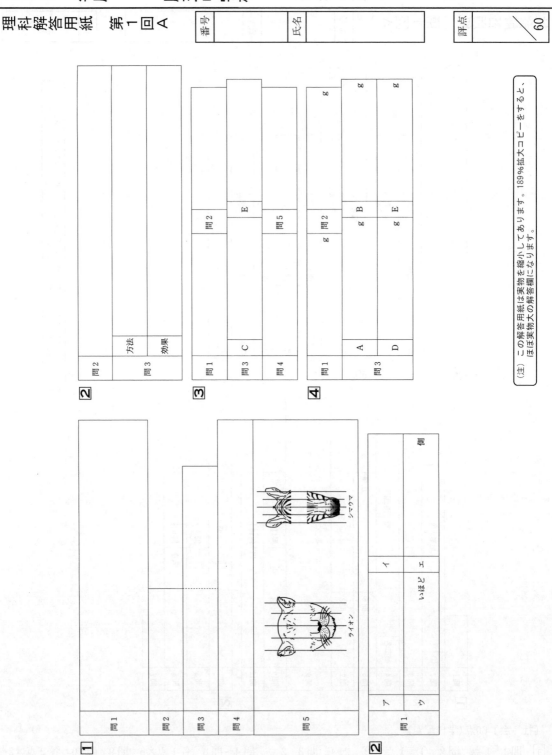

２０２４年度　順天中学校

国語解答用紙　第三回

番号　　氏名　　評点　／100

一

問一　ア　イ　ウ　らして　エ　オ

問二　A　B　C

問三　問四

問五　という考え方

問六　問七

問八

二

問一　ア　イ　ウ　エ　オ　さ

問二　a　b

問三　Ⅰ　Ⅱ　Ⅲ　問四

問五

問六

問七　1　2　3　4

問八

（注）この解答用紙は実物を縮小してあります。Ｂ５→Ａ３（163％）に拡大コピーすると、ほぼ実物大の解答欄になります。

〔国　語〕100点(学校配点)

一　問１，問２　各２点×８　問３，問４　各５点×２　問５　６点　問６，問７　各５点×２　問８　８点　二　問１〜問３　各２点×10　問４，問５　各４点×２　問６　６点　問７　各３点×４　問８　４点

2021年度　　順天中学校

算数解答用紙　第１回Ｂ

番号		氏名		評点	／100

1	(1)			2	(6)		度
	(2)				(7)		cm^2
2	(1)	ア			(8)		cm^3
		イ		3	(1)		題
	(2)		円		(2)	①	点
	(3)	ア	点			②	通り
		イ	点	4	(1)		m
		ウ	点		(2)		m
	(4)	ア	：		(3)		m
		イ		5	(1)	①	cm
	(5)	ア	本			②	
		イ	本		(2)		

（注）この解答用紙は実物を縮小してあります。Ｂ５→Ａ４（115%）に拡大コピーすると、ほぼ実物大の解答欄になります。

〔算　数〕100点(学校配点)

1　各５点×２　2　(1)　各３点×２　(2)　５点　(3)　各２点×３　(4)　ア　３点　イ　４点　(5)　ア　３点　イ　４点　(6)～(8)　各５点×３　3　(1)　４点　(2)　①　４点　②　６点　4, 5　各５点×６

Memo

Memo